服务创新着力保护
促进行业高质发展

——第八届知识产权论坛优秀论文集

中华全国专利代理师协会 编

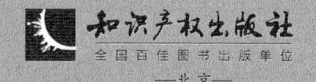

知识产权出版社
全国百佳图书出版单位
—北京—

图书在版编目（CIP）数据

服务创新着力保护　促进行业高质发展：第八届知识产权论坛优秀论文集/中华全国专利代理师协会编. —北京：知识产权出版社，2023.6
ISBN 978 – 7 – 5130 – 8639 – 4

Ⅰ.①服… Ⅱ.①中… Ⅲ.①知识产权—中国—文集　Ⅳ.①D923.404 – 53

中国国家版本馆 CIP 数据核字（2023）第 002784 号

内容提要

本书为中华全国专利代理师协会年会暨第八届知识产权论坛优秀论文集，内容涉及知识产权领域的多个方面，作者结合自身的知识产权工作实践，提出了很多新观点、新思路、新创意，对我国知识产权制度的发展和进步具有良好的借鉴和启迪作用。

责任编辑：卢海鹰　王瑞璞　　　　　　　责任校对：潘凤越
版式设计：卢海鹰　王瑞璞　　　　　　　责任印制：孙婷婷

服务创新着力保护　促进行业高质发展
——第八届知识产权论坛优秀论文集
中华全国专利代理师协会　编

出版发行：知识产权出版社 有限责任公司	网　　址：http：//www.ipph.cn
社　　址：北京市海淀区气象路 50 号院	邮　　编：100081
责编电话：010 – 82000860 转 8116	责编邮箱：wangruipu@ cnipr.com
发行电话：010 – 82000860 转 8101/8102	发行传真：010 – 82000893/82005070/82000270
印　　刷：北京九州迅驰传媒文化有限公司	经　　销：新华书店、各大网上书店及相关专业书店
开　　本：720mm×960mm　1/16	印　　张：15.5
版　　次：2023 年 6 月第 1 版	印　　次：2023 年 6 月第 1 次印刷
字　　数：280 千字	定　　价：99.00 元
ISBN 978 – 7 – 5130 – 8639 – 4	

出版权专有　侵权必究
如有印装质量问题，本社负责调换。

中华全国专利代理师协会
第八届知识产权论坛征文评审委员会

主　任：贺　化
副主任：马　浩　　王达佐　　龙　淳　　吴大建　　汪旭东
　　　　陈　浩　　郝传鑫　　党晓林　　徐　宏　　蹇　炜
　　　　赵建军　　寿　宏　　曾凡夫
成　员：马　涛　　于泽辉　　王茂华　　任　重　　刘　芳
　　　　汤茂盛　　汤建武　　李卫东　　李雁翔　　吴玉和
　　　　范　征　　胡建平　　段晓玲　　黄书凯　　尉伟敏
　　　　董文倩　　程　伟　　姜鸿祥　　张　炜　　朱　姜
　　　　李晓莉　　白朝品
秘书组：李晓莉　　白朝品

序　言

  党的二十大报告明确提出"加强知识产权法治保障,形成支持全面创新的基础制度",为当前和今后一个时期的知识产权工作提供了根本遵循和行动指南。为深入学习贯彻党的二十大精神和习近平总书记关于知识产权工作重要指示论述,学习贯彻《知识产权强国建设纲要(2021—2035年)》《"十四五"国家知识产权保护和运用规划》,认真落实《关于加快推动知识产权服务业高质量发展的意见》,全面加强知识产权保护工作,持续强化"保护知识产权就是保护创新"理念,激发创新活力,推动构建新发展格局,加快推进专利代理行业高质量发展,中华全国专利代理师协会制定并印发了《推进专利代理行业高质量发展行动计划(2022—2025年)》,组织开展了主题为"服务创新着力保护,促进行业高质发展"第八届知识产权论坛征文活动。

  本次征文活动围绕新形势下的专利服务行业建设、高质量和高价值专利、新《专利法》修正案施行和新技术运用对专利代理服务业的机遇与挑战、专利审查与代理实务等方面的热点、难点问题开展,旨在引发广大业内外人士深入全面的思考和总结,提出可行性意见、建议,分享独到见解和设想,为我国知识产权服务业的高质量发展献计献策。

  本次活动得到了各级知识产权局、相关法院、企业、大专院校以及广大专利代理机构知识产权工作者的热情参与和大力支持,共收到稿件127篇。文章题材广泛,观点新颖,论证严谨,从不同层面、不同角度反映了知识产权工作者卓有成效且艰辛的探索,饱含着作者对知识产权事业的满腔热忱、对专利代理行业长远发展的热切期望。中华全国专利代理师协会专门成立了由协会会长、副会长、学术委员会委员和部分常务理事等组成的评审委员会,组织评审委员严格按照评审原则和标准,进行了两轮匿名制评审和推荐,精选出25篇优秀论文。这25篇论文都是作者丰富经验和深入思考的结晶,其中的观点和建议都值得我们认真思考和学习借鉴。现将这些优秀论文集结成册并出版，以期与更广大的读者朋友分享学习。

　　本次活动的成功不仅反映了广大知识产权工作者对专利代理行业的高度关注，也为中华全国专利代理师协会今后的工作开拓了思路，注入了信心和动力。在此，我谨代表中华全国专利代理师协会衷心感谢广大参与者对专利代理行业给予的高度热情与大力支持，感谢各位投稿人对本届论坛征文活动贡献的思想智慧，感谢评审委员会全体评委的辛勤付出和无私奉献！希望今后的征文活动越办越精彩！

中华全国专利代理师协会会长

贺化

目 录

第一部分 行业发展、机构建设

浅谈知识产权代理机构的质量管理 …………………………… 钱静芳（3）
浅谈专利服务机构助推乡村振兴 ……………………………… 王美健（11）
浅析专利代理机构的复合型服务人才的培养和搭建复合型的
　业务服务团队的重要性 …………………………… 马文峰　沈丹丹（22）
专利代理机构应加速开展专利证券化业务 ………… 李小童　徐　菲（30）

第二部分 高质量、高价值专利

企业高价值专利培育前期分析 …………… 梅安石　丁　伟　向　洋（43）
高质量专利服务支撑科研成果转移转化 ……………………… 王美健（50）
专利申请高质量代理的四大维度 ……………………………… 江耀纯（57）

第三部分 专利审查与专利代理实务

造法与司法：发明专利临时保护的限度 ……………………… 陈鹏玮（67）
　——论最高人民法院指导案例20号的存与废
人工智能医学诊断软件的专利申请及保护 …………………… 张政权（83）
浅谈新产品制造方法专利侵权诉讼中新产品的认定问题 …… 吕元辉（93）

关于性能参数限定的组合物权利要求的专利性的
  初步思考 ·· 项　丹　乐洪咏（101）
从审查角度浅谈如何提升药物晶型发明的专利质量 ············ 陈　昊（109）
专利创造性判断的认知偏差研究 ································· 刘　耘（119）
参数特定化要求对技术属性审查的作用 ························· 杨　丽（129）
  ——以计算机实施的发明为例
浅析中国专利授权后的修改制度 ································· 金红莲（141）
浅析人工智能技术的权利要求布局 ······························ 徐　迪（149）
浅谈多主体实施的方法专利的侵权事实认定方式
  对专利撰写的启示 ······························ 杨　丽　邵月星（155）
不应将外领域对比文件确定为最接近的现有技术 ······ 徐敏刚　王小东（164）
  ——最高人民法院案例分析及对《专利审查指南2010》的修改建议
用外观设计专利和发明专利来保护人机交互的
  发明创造 ·· 张启程　张　琛（173）
如何通过制度创新来提高实用新型、外观设计
  专利质量探讨 ··· 周晓东（181）
从诉讼案例浅谈高质量专利 ····················· 王美健　钱成岑　黄艳福（190）
专利侵权案件中举证妨碍制度探究 ························ 赵臻淞　倪歆晨（202）
  ——以破坏保全证据行为的法律责任承担为视角
有专门知识的人参与专利诉讼及复审无效程序之
  实务探析 ···························· 慕　弦　刘兰兰　贾庆忠　邵　伟（211）
论专利审查、无效中的"福尔摩斯"现象 ························ 管高峰（223）
无效宣告过程中马库什权利要求的修改 ························· 丁文蕴（229）

（优秀论文排名不分先后。——编者注）

第一部分

行业发展、机构建设

浅谈知识产权代理机构的质量管理

钱静芳[*]

【摘　要】

　　质量管理对于知识产权代理机构有着非常重要的意义。代理机构需要根据知识产权代理行业的特点以及自身特有的业务及管理需求，个性化地设计质量管理框架和内容，从而能为企业提供高质量的知识产权代理服务。

【关键词】

　　知识产权　质量　管理　制度　意识

　　质量是任何一家企业的生命。对知识产权代理机构而言，在经过了行业的初期迅猛发展之后，数量已经不再是首要追逐的目标，取而代之的是以质量作为生命线，使机构始终在激烈的竞争中保持旺盛的生命力。笔者接下来以所在代理机构为例，探讨知识产权代理机构质量管理的综合建设。

　　知识产权代理机构的质量管理综合建设可分为质量管理框架和质量管理内容两方面。知识产权代理机构在进行质量管理时，应针对各自的业务特点来对两者进行个性化的设计，使其符合知识产权代理机构的运营和发展要求。

---

[*] 作者单位：上海专利商标事务所有限公司。

一、质量管理框架

1. 管理体系

质量管理体系由组织体系和制度体系两方面组成。组织体系确定了知识产权代理机构质量管理的层级、具体组成人员以及各自的职责。制度体系则是质量管理活动开展的规范保障。

（1）组织体系

一个典型的知识产权代理机构质量管理组织体系如图1所示。

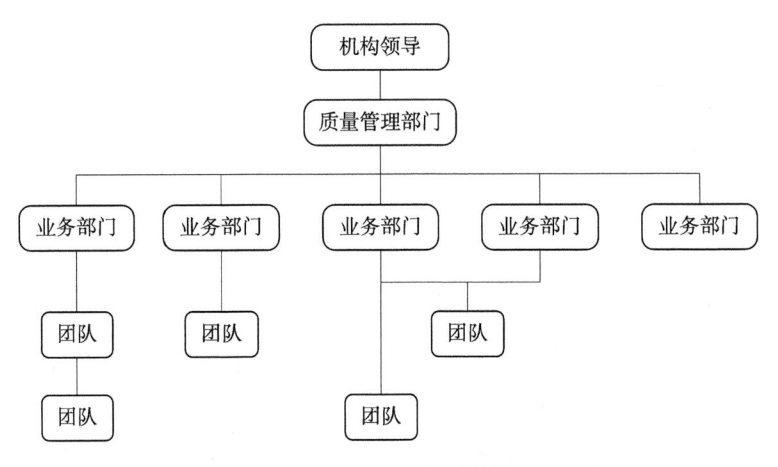

图1 典型知识产权代理机构质量管理组织体系

根据知识产权代理机构的业务特点，质量管理方面一般可由机构领导层作为最高管理层级，主要职责为明确质量目标和原则，制定质量方针，明确质量管理的组织和制度，以及在宏观上做好人力、物力、财力方面的资源保障。机构领导层之下可以设三个管理层级。

第一级是专职质量管理部门，应由经验丰富的专职人员组成，其主要负责制定质量管理制度，督促、检查制度的实施，进行质量检查、抽查、评估、反馈和讲评，督促落实改进措施，定期向机构领导报告质量管理体系的工作情况，进行与质量管理体系有关事宜的外部联络等。

第二级为设置在各业务部门的质量管理小组，主要职责有：具体案件质量的审核、把关，部门级质量讲评及交流，改进措施的落实等。

若代理机构中存在以客户为中心的管理单位（例如客户团队），则可存在第三级质量管理层级，主要负责客户特殊要求的收集、落实，客户质量反馈的收集、报告、改进，客户案件质量的特殊监控等。

（2）制度体系

质量管理制度体系具体通过质量管理体系文件这一载体来实现，可分为四级：

一级文件：质量手册——可包括质量目标、质量原则，质量的管理、执行，或评审人员的权责、权限和相互关系等。

二级文件：程序要求——可包括质量管理活动的工作流程及工作内容等。程序一般可分为质量抽查程序和质量审核程序两类。质量抽查程序指已经完成工作后的事后质量检查，例如，在专利领域中，可以有新申请质量抽查程序、转答实审质量抽查程序、复审无效质量抽查程序等。质量审核程序指完成工作前的事前质量检查，同样以专利领域为例，可以有新申请处理审核程序、转答实审处理审核程序、复审无效质量审核程序等。

三级文件：工作规范——可分为流程工作规范和实质性工作规范两大类。在专利领域中，流程工作规范可以有新申请发文工作规范、中间文转发文工作规范、档案管理工作规范等。实质性工作规范则可以有专利文件撰写工作规范、专利文件翻译工作规范、转答实审工作规范等。工作规范的作用是使各个岗位在工作中有据可依。

四级文件：质量记录——可包括已经进行的各种质量管理活动所留下的记录，如上述提到的各种质量抽查的记录，是用以证明质量管理体系是否有效运行的客观证据，例如，翻译工作质量评分表、转答实审工作质量评分表、质量抽查报告等。

2. 管理资源

质量管理的资源可分为"人"和"事"两大类。

"人"是质量实现的主体。质量管理中对"人"管理的目的应是提高各个岗位人员的代理工作能力。对人的管理主要有以下三种方式。

业务培训——知识产权代理机构应针对不同人员的不同业务水平和学习需求，开展不同的培训。例如，对于刚入行的新人，可以考虑以基础法律知识和代理工作实务为主，辅以客户服务技巧、外语运用技巧以及机构内部管理要求等，使新人能够快速对行业和机构有一个相对全面的了解。而对于已经工作了一定年限的员工，可以更多地借助外部资源，比如各类外部协会或其他机构组织的培训或论坛，对某个主题进行更深入的培训以及分享交流。

带教培养——知识产权代理机构应建立健全的带教培养体系，为缺乏独立工作能力或经验的人员配备带教老师，最优模式为进行一对一的带教培养。带教内容不仅包括代理实务本身，还应包括服务意识、沟通技巧、应变能力等综合性内容，以实现高级人员丰富经验的传承。

考核晋级——检验管理效果的有效手段，应将质量因素作为高权重因素纳入其中。在质量管理过程中，所有的质量检查、抽查、监督数据应都有记录，与考核晋级挂钩。

"事"的呈现形式主要是质量信息。在知识产权代理机构中，该类信息主要由质量管理部门负责收集。业务部门或团队若收集到此类信息，则应及时提交给质量管理部门。质量信息可包括机构内部或外部的质量信息及相关信息，如从客户和机构主管客户关系部门收集的有关代理质量的投诉、从代理部门和流程相关部门收集的有关不合格服务的信息等。知识产权代理机构应为各类质量信息建立专门的质量信息数据库，便于相关数据的调阅和统计。以专利的实审质检流程为例，可以包括所抽检的实审所涉及的法律条款、难度指数、各项评分指标及其得分等，这些都应全部记录进数据库中。后续若需要对某一问题进行专门的学术研究，则可进行快速的数据汇总统计。

3. 管理过程

质量管理的最终目的是要使知识产权代理服务符合国家的法律和法规，确保服务满足客户的要求。知识产权代理机构质量管理组织体系中的不同层级在管理过程中应有不同的侧重点：

客户团队（若有）——重点针对特定的客户制定个性化的代理工作质量要求并实施个性化的代理服务工作。

业务部门——重点确保代理过程中质量要求的实现，如确保代理服务应站在客户的立场处理案件、正确运用相关法规和规定、准确反映客户的诉求和意愿、与客户作充分的沟通、合理收费，以及充分并及时向客户报告等。

质量管理部门——重点发现、检查代理工作质量要求的执行情况，以及抽查、评估业务胜任能力，如外语能力、相关法律知识水平、语言文字能力、逻辑思维能力、疑难问题解决能力和人际沟通能力等。

此外，在质量管理中，除日常审核、抽查之外，另一部分重要工作是利用收集到的各类质量资源信息进行全方位的测量和分析，验证知识产权代理服务过程以及质量管理过程的符合性、适宜性和有效性，并进一步落实改进措施。例如，可基于对客户意见（表扬、投诉和建议）以及流失或新增业务的分析，对代理服务质量作出综合评价，对优秀的服务进行及时的推广，而对于不合格的服务除提请具体业务部门进行处理外，还需跟踪记录其处理结果。利用此类测量和分析，进一步评价质量管理体系的执行效果，以其为基础对质量管理体系进行优化和完善，形成良好的 PDCA（计划、执行、检查、处理）循环，从而进一步提高整个代理工作的质量。

二、质量管理内容

根据知识产权代理机构业务的特点，质量管理内容可以分为流程质量、代理质量和服务质量三方面。

1. 流程质量

知识产权代理流程涉及的要素多，例如时限、文件、费用等。各个要素之间互相穿插，再加上知识产权代理机构内部针对知识产权代理工作往往会制定个性化的操作流程，使得流程质量管理显得错综复杂。根据该特点，知识产权代理机构的流程质量管理可从以下三方面来下功夫。

工作规范是基础。工作规范的划分可以有多种方式。例如，可以从内容上划分，分为通用规范和专项规范；也可以从流向上划分，例如国外案件、国内案件、出国案件等；还可以从程序类型上划分，比如新申请工作规范、中间文件工作规范、档案管理工作规范等。不论如何划分，工作规范的共性在于要清楚明确地规定每一个工作阶段（类型）由哪个岗位完成以及完成的工作所需要达到的质量，以此作为流程质量管理的书面依据。除机构级操作规程之外，若代理机构规模较大，则需要分层管理，另设部门级工作规范。部门级工作规范应着眼于本部门各个岗位是如何操作的，不一定追求完全统一，其目的：一是鼓励各部门梳理内部岗位操作规范，提高工作质量；二是在当前大多数知识产权代理机构实行精细化管理的现状下，每个流程可能会由多个岗位协作完成，岗位之间的交接会在很大程度上影响流程质量，因此这类部门级工作规范使代理机构整体流程中的各个岗位对前后道岗位的操作有所了解，避免因交接不当引发的各类质量问题。另外，若知识产权代理机构中还有"团队"这一质量管理单位，则团队应编制其特有的工作规范。该团队工作规范应在机构级或部门级工作规范的基础上，着眼于对客户个性化工作要求的配合与落实。

业务系统是保障。如上所述，流程工作中的各个要素互相穿插关联，使知识产权代理的流程工作非常复杂，需要一个强大的业务系统来支撑。一个理想的知识产权代理机构业务系统应有以下特点：

（1）每一个内部工作流程都能信息化，确保流程中的每项工作都分配到相应岗位并监控落实，从而保证流程质量，并实现无纸化办公。

（2）各项信息输入和处理窗口能根据业务规则加入自动化校验与判断，提高人工处理的效率和质量。

（3）能与各类官方接口，例如专利和商标的电子申请接口、银联 B2B 在线支付系统等完美对接，大幅提高工作效率。

（4）业务工作量与工作任务执行情况能被数字化记录，可以自动产生各种工作需要的文档、报表，可以通过数据分析来发现业务流程中的瓶颈与难点，提高业务的处理效率和质量。

（5）业务系统界面能由每个使用人员根据需要自行定制符合自己工作习惯的布局风格，满足不同人员、不同业务、不同流程、不同客户的精确化管理需求。

（6）保障不同人员处理同样的工作达到同样的质量要求，有效避免因人员业务不熟练、繁忙或者疏忽等原因发生质量事故。若能有这样一个现代化业务系统的辅助，流程质量则能得以进一步提高。

协调优化是灵魂。不论是个案上还是整体上，要确保流程质量，大量的协调是必不可少的。从个案来看，某些复杂的个案处理涉及内部多个部门的协作，并且要与客户进行不断的沟通。一次到位的协调，对内应全面考虑到本次工作所涉及的所有事项和相应处理岗位，并向各岗位充分告知工作与交接信息情况；对外在与客户沟通时，则应将需请客户确认的问题、处理方式、回复时间等清楚、全面地告知客户，并在沟通无果的情况下，兼顾机构与客户利益，适时作出决定并向客户清楚交代。这样到位且优秀的协调，能确保复杂案件的流程处理质量。而从整体来看，流程并不是一成不变的，需要跟踪其执行情况，并结合外部和内部情况的变化，比如官方要求的变化、客户要求的变化，甚至是机构内部适应时势变化而引发的需求，随时对流程进行协调优化，才能整体提升流程质量。

2. 代理质量

代理质量管理是知识产权代理机构质量管理的核心，应从三方面同时进行。

（1）建立全面的代理工作质量规范。代理工作质量规范的编制架构可以与流程工作规范相似。除常规所见的翻译、撰写、转实审、答实审等工作的质量规范之外，还可以考虑编写特殊的专项规范来着眼于代理工作中的特别注意要点，例如带教规范、收费规范等。

（2）执行严格的质检流程。质检流程首先要制定质检本身的规范，例如质检的范围、质检的内容、打分标准等，作为质检工作实施的基础。其次是具体执行质检，可以是随机的抽检，也可以是根据收集到的各类外部或内部信息进行的专项抽检，例如针对《专利法》第2条第2款的专项质检、实用新型专项质检、海外申请专项质检等。对每个质检的案子，若有值得进行讲评之处，则应建立案例库来作为质量讲评的素材。最后是质检人与具体代理人员的沟通反馈。质检的目的不是单纯地抓出问题并加以惩罚，而是提高具体代理人员的能力，因此质检工作并不是质量管理人员的"一言堂"，更需要注重质检人与代理人员之间的沟通。

（3）组织丰富的质量讲评。质检的结果需要应用于实际代理工作中才能真正起到质检的作用。知识产权代理机构可以采用各类质量讲评方式，例如撰写质量报告和组织质量交流会、业务沙龙等，来达到提高代理人员业务能力的目的。

3. 服务质量

随着客户对知识产权代理机构的要求越来越高，服务质量也越来越重要，甚至超越了代理工作质量。通俗地讲，如果服务质量好，就算案子被驳回了，客户也会对代理人表示感谢。但如果服务质量不好，哪怕授权了，客户都会不满意。服务质量不像前两种质量，更是一种意识的增强。

一是要把"做案子"的观念转换为"做客户"的观念。在处理案件的时候，不应局限于案件本身，而应考虑客户整体情况，充分挖掘客户需求，采取最适合客户、最让客户满意的处理方式。对于客户委托的单一事项，在处理过程中，可以通过与客户的沟通交流，去了解客户委托该事项的背景、客户自身已有的资源、客户对信息接收的喜好等因素，尝试为客户提供超出其原始委托的附加增值服务，从而体现"做客户"的观念。而对于案件发生问题的情况，在致歉或解释时也不能仅局限于案件本身。知识产权代理机构无法完全避免差错，关键是对差错的处理态度和方式要让客户感受到虽然差错本身难以完全避免，但是代理机构态度坦诚，处理认真及时，体现了诚实守信、勤勉尽责的职业道德。

因此，在服务客户的过程中，要转变观念，从"满足要求"到"满足需求"，变"根据客户要求做"为"积极主动了解和挖掘客户需求，正确引导客户解决需求"，从而提供能充分满足客户需求的全面服务。

二是要把"60分"的标准上升到"100分"的标准。各种外部法律法规、内部操作规程或质量规范，若在工作中能遵循，则只做到了"60分"；而要让客户满意，则需要做到"100分"，并以此作为标准。例如，在审查意见的转答过程中，代理人员正常开展工作，对审查意见进行分析并给出建议，在分析到位、建议准确的情况下，是否能百分百让客户满意呢？在上述工作过程中，还应留意客户是否有所关注的重点问题、客户提出问题时是否有自己的思路、客户撰写电子邮件的习惯是什么等，以使整个向客户提供分析意见的过程是让客户满意的。在客户对于代理机构高要求的现状下，若只关注分析意见本身的内容，可能只能做到"60分"。而只有关注到（包括但不限于）上述列出的"外围"内容，在形式、细节等方面处理到位，能根据个案或者个别客户的特点对惯用的思路、模板等进行个性化的调整，才有可能做到"90分"甚至"100分"。同时，这种工作标准的上升还应配合规范的修改。知识产权代理机构应结合各种案例，进行适时回顾和总结，对现行规范进行研究和修改，从而进一步提高质量。

　　三是要把"负责"的观念转换为"尽责"的观念。知识产权代理机构的职责应该是比较清楚的，但并不等于只做自己所负责的事项就可以了。从服务意识上来讲，客户可能更关注的是"尽责"，即知识产权代理机构需要尽一切可能去帮助客户维护其利益。例如，知识产权代理机构内部对每一事项可能有标准处理流程，但客户的情况是千变万化的，当客户的情况用标准流程来处理可能会发生负面结果时，知识产权代理机构应如何应对？是否仍机械地应用标准流程，还是深入研究客户情况，并采取一切可能的手段来排除阻碍性的客观因素，尽最大努力来维护好客户的权益？采用不同的处理方式，给客户带来的感受显然是不同的。又如，当发现客户提供了错误指令的时候，是简单回绝，还是对此类异常情况加以警觉并谨慎处理，利用当前大数据时代一切可能寻找到的信息源来核查案件情况，从而找到正确、最佳的处理方式并给客户提出建议？甚至对于熟悉的客户，在紧急的情况下，是否利用知识产权代理机构对客户的了解程度，猜测出客户可能的意图并立即采取必要行动先为客户保护好利益？很明显，前一种方式虽然无错，但后一种方式更能给客户留下专业服务的印象。

三、结　　语

　　知识产权代理机构的质量管理对于知识产权质量提升具有非常重要的影响，每一家知识产权代理机构都应将此作为一项长期、核心的工作来持续推进，帮助企业培育出更多高质量的知识产权，为我国知识产权强国建设保驾护航。

浅谈专利服务机构助推乡村振兴

王美健[*]

【摘　要】

　　我国正在实施乡村振兴战略，包括《乡村振兴促进法》的实施与国家乡村振兴局的成立，都展示了国家对乡村振兴的决心。那么乡村振兴过程中的创新该如何保护？又包含有哪些知识产权呢？同时，在国家知识产权局的高质量知识产权发展导向下，专利服务机构面临转型升级的困扰，又具体该往哪个方向发展呢？专利服务机构是否能够把握住时代脉搏，将知识产权服务融入乡村振兴战略中，又如何利用专业知识助推乡村振兴工作，走出专利服务机构高质量发展的道路呢？本文将从乡村振兴战略与知识产权的关系、专利服务机构的机遇与发展等方面开展讨论，以期能给专利服务机构带来启示，助推乡村振兴工作的开展。

【关键词】

　　乡村振兴　专利服务　高质量发展

---

[*] 作者单位：四川知石律师事务所。

服务创新着力保护 促进行业高质发展

一、引　　言

2021年1月4日,中央一号文件发布《中共中央　国务院关于全面推进乡村振兴加快农业农村现代化的意见》,其中提及"加强育种领域知识产权保护",可见国家层面开始重视并强调育种领域知识产权保护问题。

2021年6月1日,《乡村振兴促进法》开始施行,其中第16条第1款规定:"国家采取措施加强农业科技创新,培育创新主体,构建以企业为主体、产学研协同的创新机制,强化高等学校、科研机构、农业企业创新能力,建立创新平台,加强新品种、新技术、新装备、新产品研发,加强农业知识产权保护,推进生物种业、智慧农业、设施农业、农产品加工、绿色农业投入品等领域创新,建设现代农业产业技术体系,推动农业农村创新驱动发展。"国家通过立法的方式,对乡村振兴中的农业科技创新主体、研发、知识产权保护、产业发展等进行了规定,足见对于农业技术创新领域以及知识产权保护的重视。

同时,国家知识产权局为了充分发挥知识产权的支撑保障作用,推动产业转型升级和创新发展,已经制定《知识产权重点支持产业目录(2018年本)》。从知识产权领域分布来讲,现代农业产业包含如下六类:生物育种研发、畜禽水产养殖与草牧业、智能高效农机装备与设施、农产品生产和加工、农业资源环境可持续发展利用、智慧农业。

由此可见,乡村振兴战略的实施会涉及农业科技创新发展,而保护好农业知识产权科技创新发展又离不开知识产权的保护。因此本文将从乡村振兴战略与知识产权的关系、乡村振兴战略中专利服务机构的机遇,以及专利服务机构如何抓住机遇发展等方面开展讨论,以期能给专利服务机构带来启示,从中找到商机和突破口,在发展的同时助推乡村振兴工作的开展。

乡村振兴战略中覆盖的农业领域和范围较广。《农业生产"三品一标"提升行动实施方案》中提及了"三品一标"(品种培优、品质提升、品牌打造和标准化生产)提升行动,本文将从该行动的任务出发进行探讨。

二、乡村振兴战略与知识产权的关系

1. 乡村振兴战略与知识产权的概括关系

在乡村振兴战略中,为了促进地区发展,需要挖掘地区特色品种、培育特色产业,其主要包括发掘优异种质资源—提纯复壮地方特征品种—选育高产优质突破性品种—建立良种繁育基地。❶ 其中发掘、提纯、选优、建基地的过程，虽然是经济发展的设计过程，但也是品种的育优培优过程。选取较好的地区特色优势品种，因品种独特而稀少才能带来较好的经济效益。因此需要在此过程中注重品种权的获权、许可、转让、实施、推广、二次研发及保护。而整个育优培优过程中，又需要对现有技术手段进行改进、调整、创新和提升，所以应当进行专利申请或技术秘密保护。因此对育种领域的知识产权保护而言，品种权、专利权和商业秘密是较为重要的保护手段。

2. 推进品质提升

品质很多时候决定了品种的价格，在品种的培优之后，需要对相应的品种进行品质的提升，以达到市场销售或市场接受的程度，才能使品种具有更高的附加值。在此过程中，知识产权起到较好作用，因此需要推广良种品种、集成推广技术模式、净化农业产地环境、推广绿色投入品、构建农产品品质核心指标体系。❷ 可见该过程主要涉及品种权获得后的运用问题，如品种权的许可方式、内容、范围、收费标准、支付方式等，都给品种的推广带来了考验；而后续的技术推广、净化环境及构建体系等，都涉及专利技术的实施、转移转化以及许可等内容；同时，若有技术秘密的存在时，需要以技术秘密作为保护手段；另外可通过专利技术构建标准必要专利，或者构建信息化的评价体系平台以形成团体标准等。

3. 标准化生产

当品种品质得以提升后，就需要提高品种的产量，包括推动现代农业全产业链标准化、培育新型农业经营主体带动模式、健全社会化服务体系推动、提升农产品加工业拉动、重点区域先行示范促动等内容。❸ 在此过程中，主要涉及知识产权的创造、运用和管理，如知识产权管理体系的健全促进标准化、品牌的打造与许可促进带动模式、知识产权的托管促进服务体系健全、区域公共品牌打造全域推行农业生产"三品一标"等知识产权延伸内容。

4. 农业品牌建立

随着现代农业的发展，品牌打造能大大提升农产品的附加值，带来农产品的销售价值提升。如贵州安顺的蜂蜜李，就因农产品地理标志的打造，使市场

---

❶❷❸ 农业农村部．农业农村部办公厅关于印发《农业生产"三品一标"提升行动实施方案》的通知［EB/OL］．(2021-03-18)［2022-12-15］．http：//www.moa.gov.cn/govpublic/FZJHS/202103/t20210318_6363982.htm.

价为 30~50 元/500g，价格远超一般的李子。因此乡村振兴中对于农产品品牌建设包含培育知名品牌、培育一批农产品品牌、加强品牌管理、建立农产品品牌评价体系、促进品牌营销并参加展会、国际品牌保护等❶。上述农产品品牌建设，能大大提升农产品的品牌价值，可见在乡村振兴时，蕴含知识产权延伸的商标品牌建设、区域公共品牌管理、集体商标和地理标志注册、知识产权管理体系、电商与展会维权、知名品牌打造、马德里商标注册、中欧地理标志互认等，其中所涉的绝大部分知识产权，都是专利服务机构能够提供服务的方面。

5. 农产品质量监督

当农产品具有较好的品质和一定的品牌优势后，就需要保障农产品的质量，避免因农产品质量问题损毁品牌名声，影响农产品的价格。因此需要实施农业投入品登记许可、严格执行兽用处方药制度和休药期制度、推行农产品质量全程可追溯管理、建设农产品质量全程追溯体系、完善生产主体名录❷等，强化农产品质量监管，在此过程中，基于大数据信息的利用，可以建立平台来实现监管和溯源，而对该监管和溯源平台可进行软件著作权登记；同时，还可以进行专利申请获得保护，涉及核心算法的，还可以通过技术秘密保护。可见，实现农产品质量监督的过程也是蕴含诸多知识产权的。

6. 绿色优质农产品

在农产品质量监管的同时，为了持续乡村振兴战略，需要推进安全绿色优质农产品发展。为了保持农产品的品质，确保其价格优势，需要积极发展绿色食品、有机农产品、地理标志农产品生产，强化农产品认证和监管，规范标志使用，深入实施地理标志农产品保护工程，推行食用农产品达标合格证制度，探索开证主体信用评价机制等❸。此过程涉及诸多知识产权延伸，包括地理标志农产品认定，绿色食品和有机农产品认定，信息化管理过程中的专利权、软件著作权、技术秘密保护等，这些都属于泛知识产权的范围。

综上所述，"品种培优—品质提升—标准化生产—农业品牌建立—农产品质量监督—绿色优质农产品"的品牌、品质、品牌路线，对乡村振兴具有较好的示范和借鉴意义，有较多的实际案例通过选育品种和品牌打造，创造了乡

---

❶❷❸ 农业农村部. 农业农村部办公厅关于印发《农业生产"三品一标"提升行动实施方案》的通知［EB/OL］.（2021-03-18）[2022-12-15]. http：//www.moa.gov.cn/govpublic/FZJHS/202103/t20210318_6363982.htm.

村振兴的功绩。而该品牌、品质、品牌路线，蕴含知识产权的创造、运用、管理和保护的诸多内容，具有极为广泛的内涵，可见乡村振兴战略与知识产权是密不可分的。

三、乡村振兴战略中专利服务机构的机遇

乡村振兴战略蕴含了丰富的知识产权内容，也给专利服务机构带来巨大的机遇和挑战。对专利服务机构而言，除了提供专业的专利服务之外，还可以在乡村振兴战略中提供商标、版权、地理标志、植物新品种等知识产权服务，甚至还可以在知识产权获取部分延伸的知识产权管理体系、品牌建设、区域公共服务品牌打造等方面提供专业的服务。因此专利服务机构应当紧跟时代步伐，积极在乡村振兴中提供专业的知识产权服务。

1. 农业技术强农❶

从现代农业产业来看，可申请专利保护的涉农技术包括：生物育种研发、畜禽水产养殖与草牧业、智能高效农机装备与设施、农产品生产和加工、农业资源环境可持续发展利用、智慧农业❷。可见涉农技术可申请的专利较多，从种植业、畜牧业、食品业、渔业、农化和农业生物技术❸几方面来看，历年的专利申请量不少。截至2019年底，我国公开涉农专利申请1357696件，其中发明申请939453件，占69.19%，实用新型申请418243件，占30.81%。从行业分布看，食品业申请量最多，为399214件，占申请总量29.40%，其次为种植业，358357件，占申请总量的26.39%。❹

可见，专利服务机构在农业技术强农中可发挥较大的专业优势，提供全方面的专利布局服务。

（1）充分发挥专利信息优势。查询和检索相关技术，解决农业技术难题；对专利信息的分析研判，促进技术研发创新和专利布局；利用专利信息的分

---

❶ 冯飞，吴珂. 乡村振兴中的知识产权力量［EB/OL］.（2021 - 03 - 15）［2022 - 12 - 15］. http://www.iprchn.com/cipnews/news_content.aspx? newsId = 127942.
❷ 农业农村部. 农业农村部办公厅关于印发《农业生产"三品一标"提升行动实施方案》的通知［EB/OL］.（2021 - 03 - 18）［2022 - 12 - 15］. http://www.moa.gov.cn/govpublic/FZJHS/202103/t20210318_6363982.htm.
❸ 国家知识产权局. 关于印发《知识产权重点支持产业目录（2018年本）》的通知［EB/OL］.（2018 - 01 - 17）［2022 - 12 - 15］. https://www.cnipa.gov.cn/art/2018/1/30/art_418_44867.html.
❹ 农业知识产权中心.《中国农业知识产权创造指数报告（2020年）》发布［EB/OL］.（2021 - 03 - 01）［2023 - 02 - 10］. https://weibo.com/ttarticle/p/show? id = 2309404610016731857383.

析，开展技术合作、实施、许可和转让；利用专利信息开展专利预警，降低专利侵权风险；进行专利信息的动态跟踪和递推，洞察农业专利技术方向和路线。

（2）充分挖掘和布局农业技术专利。对农业技术进行检索，明确农业技术的创新点；基于现有技术情况，分析农业技术的创新高度；确定农业技术的必要技术特征，区分核心技术、非核心技术、外围技术、替代技术等；明确专利申请的类型，区分基础专利、应用专利、核心专利、外围专利、配套专利等；策划专利申请的方案和策略，构建农业高价值专利组合。

（3）加强农业专利技术价值评估。进行专利申请前的评估；进行沉睡专利的价值评估；对横向合作的专利进行价值评估。

（4）加强农业专利技术的管理水平。对农业专利技术进行分级管理，区分基础专利、原理专利、核心专利、外围专利、应用专利、配套专利等，针对不同的专利技术区别和管理。对农业技术主体（企业、高校、科研院所）进行知识产权管理体系认证，优化主体在生产、销售、采购、实施等方面的专利管理流程，实施标准化管理。

（5）加强农业专利技术合作，促进专利技术实施和转化。依托农业院校、农业科研院所，开展农业技术交流合作，梳理农业院校、农业科研院所的技术（专利技术与非专利技术）资源，搜寻农业企业的技术需求，开展技术需求与技术资源的对接，如通过技术洽谈会、技术交流会、技术推广会等，促进供需双方开展技术合作，促进专利技术的实施和转化。

（6）建设农业专利技术的维权保护体系。成立农业领域知识产权保护专家库。依托专利优先审查和快速预审制度。建立农业领域的专利维权援助机制和专利纠纷调解机制。

可见，专利服务机构可在乡村振兴中发掘巨大的专业优势，提供较为全面的专利服务，为乡村振兴添砖加码，从而实现专利服务助推乡村振兴。

2. 商标品牌富农❶

商标品牌在乡村振兴中，主要通过"培育一个品牌、带动一方产业、稳定一份收入"的方式，以普通商标、集体商标和证明商标来打造区域/产业公共品牌。在乡村振兴工作中，可以根据当地特色农产品，以商标注册为抓手，

---

❶ 国家知识产权局. 关于印发《知识产权重点支持产业目录（2018年本）》的通知［EB/OL］. (2018-01-17)［2022-12-15］. https：//www.cnipa.gov.cn/art/2018/1/30/art_418_44867.html.

发展"一村一品"等特色农业，创新经营模式，增强造血功能，多渠道开拓市场、打响品牌，助力农民增收、产业兴旺。具体有区域公共品牌建设；特色农产品品牌打造，如四川合江荔枝等，基于当地特色的农产品品牌打造；特色乡村旅游品牌建设，如四川成都的战旗村等，通过乡村特色旅游，使当地农民大幅增收，实现了乡村振兴。可见，专利服务机构拓宽专利服务到商标品牌服务领域，能在乡村振兴中发挥巨大的作用。

3. 地标产品兴农❶

地标产品主要体现在三品一标：无公害农产品、有机农产品、绿色产品、地理标志农产品。截至2019年底，农业农村部、国家知识产权局共登记、批准国内地理标志10229件，其中国内农产品地理标志9861件，占国内所有地理标志的96.40%。具体地，农业农村部共登记2778件；国家知识产权局共批准2190件，注册4893件。❷

除此之外，还包括地理标志保护产品和地理标志商标，其中地理标志保护产品主要包括：来自本地区的种植、养殖产品，原材料来自本地区并在本地区按照特定工艺生产和加工的产品，如茅台酒。

专利服务机构通过地理标志产品兴农，可包括：打造和建立区域公共品牌、挖掘和打造地理标志商标保护产品、将区域公共品牌产品打造为地理标志商标、规范和管理地理标志使用。

可见，专利服务机构在提供专业化的专利服务同时，还可以将地理标志服务纳入知识产权服务范畴，在充分挖掘专利的基础上，探索地理标志服务的内容和方式，将地理标志服务作为差异化服务的手段之一，从而提升专利服务机构的市场竞争力，更能挖掘地理标志范围内农产品的专利需求，继而扩大营业额。

4. 植物品种权助农

众所周知，植物新品种是指经过人工培育或者对发现的野生植物加以开发，具备新颖性、特异性、一致性、稳定性，并有适当命名的植物新品种，包含农业植物新品种和林业植物新品种。

其中农业植物新品种，即大田作物（水稻、玉米、小麦）、蔬菜、果树、

---

❶ 国家知识产权局. 关于印发《知识产权重点支持产业目录（2018年本）》的通知［EB/OL］.（2018－01－17）［2022－12－15］. https：//www.cnipa.gov.cn/art/2018/1/30/art_418_44867.html.

❷ 农业知识产权中心.《中国农业知识产权创造指数报告（2020年）》发布［EB/OL］.（2021－03－01）［2023－02－10］. https：//weibo.com/ttarticle/p/show?id=2309404610016731857383.

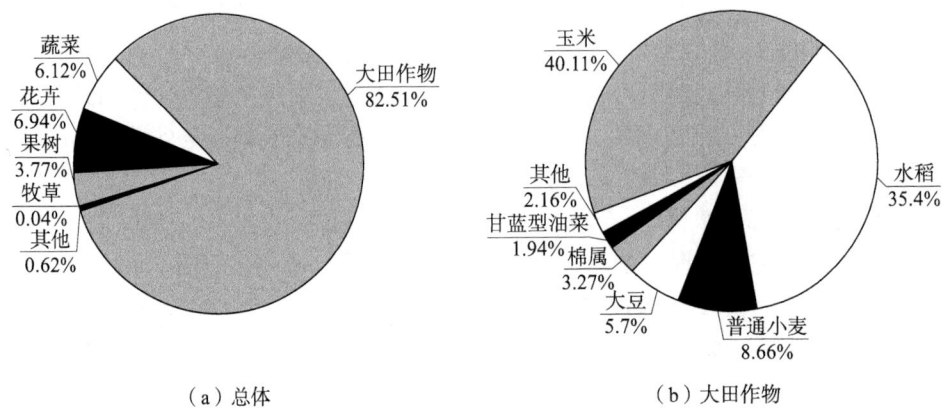

牧草、花卉、其他共 6 类作物的 2019 年授权情况如图 1 所示。

（a）总体

（b）大田作物

图 1　2019 年农业植物新品种授权情况比例❶

在授权品种类型中，大田作物占总授权品种的 82.51%，比 2018 年降低了 1.38 个百分点。在大田作物授权品种中，玉米、水稻分别为 4620 件、4077 件，合计占大田作物总授权量的 75.51%。❷

专利服务机构在植物新品种的服务过程中，可协助品种权所有人：建立植物新品种的品种库，制定新品种的许可制度；调研市场需求情况，培育和选育新品种（如无籽西瓜）；基于乡村自然条件情况，因地选择适合的品种进行许可；结合乡村品牌打造，选择具有一定特色的品种进行许可；基于许可的品种，因地制宜二次培育出新品种。可见，虽然专利服务机构在品种权获权方面缺少一些渠道和资质，但在品种权的筛选、许可、实施和使用方面具有一定的技术和法律基础，因此是值得去探索的。

5. 商业秘密护农

众所周知，在农业生产过程中，会存在很多技术诀窍和技术秘密。曾经有农民背着硕大的地瓜来找笔者申请专利，讲述其中农业种植的各种诀窍，笔者建议作为技术秘密保护。专利服务机构应当怎样介入农业领域的商业秘密服务

---

❶ 该图来自《中国农业知识产权创造指数报告（2020 年）》，其中图（b）百分比之和不等于 100%，特此说明。

❷ 农业知识产权中心.《中国农业知识产权创造指数报告（2020 年）》发布［EB/OL］.（2021 - 03 - 01）［2023 - 02 - 10］. https：//weibo.com/ttarticle/p/show？id = 2309404610016731857383.

中呢？

实际上，专利服务机构，在进行专利挖掘的过程中，难免会遇到涉及技术秘密的范畴。因此，应当对技术进行筛分，梳理并明确哪些属于涉农商业秘密，明确涉农商业秘密的秘点是什么，确定秘点所带来的经济优势或竞争优势，制定商业秘密的保护措施和手段。可见，专利服务机构在涉农专利的挖掘过程中，可以顺带提供涉农的商业秘密保护管理体系建设服务。

6. 外观设计专利及版权惠农

在农产品的对外销售或展示过程时，需要通过外观设计专利和/或版权的方式保护外包装，因此专利服务机构可通过运用外观设计专利和版权的方式，使原创得以保护，从而使得农产品经营者获利。

专利服务机构可梳理并整理乡村的创作作品和输出产品的情况，例如壁画、田间艺术图案、农产品包装、广告宣传等，基于梳理的情况，查阅版权登记或外观设计申请的情况，对未登记版权和申请外观设计的，制订申请和登记计划和保护。

应推动建立乡村的版权登记和外观设计专利的预先注册制度，制定乡村的版权与外观设计专利的实施、许可和转让制度，建立乡村版权和外观设计专利的行政、司法保护体系。

综上所述，专利服务机构除了仅关注专利服务之外，还应当将视野和格局拓宽到知识产权的整体服务，并可为乡村振兴的各个环节提供配套的知识产权服务，形成知识产权服务的全产业链，从而增加客户的黏性，走出专利机构的知识产权全产业链特色路线。

四、专利服务机构如何助推乡村振兴工作

经过上述探讨，不难发现知识产权助推乡村振兴大有可为。那么专利服务机构又应当如何才能做好乡村振兴工作呢？

1. 匹配专业化的人才队伍

乡村振兴中包含太多的知识产权内容，专利服务机构目前的服务能力和水平可能还有所欠缺，因此需要进行相应的人才和团队储备，例如配备商标、版权、地理标志等方面的专业人员，同时梳理团队之间的操作流程，尽可能简化团队之间的合作流程，形成畅通的沟通渠道，确保团队之间的默契度，继而形成一支高效的专业化服务团队，从而在乡村振兴战略的服务过程中能够提供全方位的知识产权服务。

2. 构建集成化的服务平台

很多专利服务机构无法完全储备全方位的人才，因此可考虑通过搭建集成化的服务平台，将多个具有特色的服务机构联合起来，当有整体式服务需求时，以抱团的方式向客户提供知识产权服务。这样既可大大降低人才储备的成本，又能突出机构的专业化程度，还能组团解决农业领域全方位的知识产权服务问题。

3. 组建知识产权专家智库

从实际情况来看，配置人才团队的成本较高，搭建集成化的服务平台又相对较难，因此可以考虑通过互联网的方式组建专家智库。当服务机构面对客户需求时，若自己无法解决该问题，可通过互联网的方式获得专利智库的在线解惑等，从而以最小的代价解决最实际的问题。

4. 建立乡镇级服务联络点

乡村振兴要落到实处，就需要沉入乡村，但几乎所有的专利服务机构都聚集在大城市中，那么如何解决该问题呢？笔者认为，可由县级的市场监管部门牵头，搭建全县区域内的乡镇知识产权联络点，将服务机构与乡镇结合，并在乡镇建立知识产权联络点。乡镇区域内若遇到知识产权问题，可通过联络点联系到服务机构，再由服务机构提供专业化的服务，解决服务机构人员紧张和成本浪费的问题。

5. 扩大普法宣传和推广

经历多年的普法宣传，笔者认为传统的摆摊式宣传远无法达到预想的目的，应结合现在流行的自媒体等多种方式进行宣传。同时，多进行农业技术推广宣传活动，将实际的案例等制成影像资料，进行集中观看或展示，以在乡村振兴过程中达到一定的群众基础认知。同时针对技术水平较高的科研院所和企业，应当进行有针对性的知识产权培训，使其具有较好的保护意识，确保研究成果得以保护。

6. 提供公益性知识产权服务

专利服务机构，应当作出一些社会性的贡献，提供一些知识产权方面的公益性服务，让更多人知晓知识产权在乡村振兴中的作用，同时扩大专利服务机构的影响力。当这些人遇到知识产权难题时，会首先找到相应的专利服务机构解决问题。

7. 提供嵌入式服务模式

在乡村振兴过程中，关注具有研发能力和水平的农业科研院所和企业时，可提供嵌入式的服务模式：在研发立项的初期，提供知识产权情报服务。在研发中期，监控同行业研发方向、成果或进度，针对初期和中期进行阶段性的专利布局申请。在研发成果出现时，提供较高水平的知识产权布局策划，确保研发成果保护更完善。在研发成果实施、转移转化时，能够提供具有建设性意义的策略和方案，为研发团队获得最大的利益。当有人侵权时，提供维权专利诉讼或行政调处等维权手段。嵌入式的服务，能更好地保护研发的知识产权成果。

综上所述，专利服务机构可通过人员储备、平台搭建、智库建设、联络点设置、宣传推广的跟进以及服务模式的创新等方式，在乡村振兴过程中关注到知识产权服务的多个细节，提供全方位的知识产权服务，从而使服务能力和水平得以提升，实现机构的转型升级。

五、结　　语

在国家的乡村振兴战略下，专利服务机构的从业人员应当贡献专业力量，以解决乡村振兴过程中遇到的知识产权难题，使区域内乡村振兴工作的水平更高，成果更丰硕。同时，也促进专利服务机构服务水平和能力提升，服务范畴得以扩大，业务更广阔，继而实现转型和升级，从而具有更强的抗压能力。笔者简单地探讨了专利服务机构助推乡村振兴，以期给予专利服务机构些许灵感，从而找到转型的突破口，给广阔的乡村振兴建设贡献一份绵薄力量。

浅析专利代理机构的复合型服务人才的培养和搭建复合型的业务服务团队的重要性

马文峰[*] 沈丹丹[**]

【摘　要】

随着《知识产权强国建设纲要（2021—2035年）》的提出，未来3~5年内专利代理机构复合型服务人才的培养和"1+n"模式的复合型专业服务团队的打造就至关重要。具有专利检索和情报分析，专利布局、专利挖掘和高价值专利培育，专利申请和与知识产权相关的项目的申报，专利诉讼，专利价值评估、专利运营和科创企业IPO上市知识产权策划等能力的"1+n"模式的复合型专业服务团队，在对客户服务的过程中可以很好地跟客户交流，及时发现客户的痛点，给出解决预案并对预案有针对性地进行具体的落地实施。

---

[*] 作者单位：上海维卓专利代理有限公司。
[**] 作者单位：维正知识产权科技有限公司。

【关键词】

知识产权　专利代理机构　复合型服务人才　"1＋n"模式的复合型专业服务团队

为推进落实《知识产权强国建设纲要（2021—2035年）》，不断提升专利代理机构的知识产权服务水平，以为企业、高校或科研院所在知识产权获取、维护、运用和保护等方面提供更全面的服务，复合型服务人才的培养和"1＋n"模式的复合型专业服务团队的搭建是当前专利代理机构要深刻思考的问题。

一、专利代理机构的人才现状

目前，一般专利代理机构的人才队伍主要是由专利代理师、专利工程师和项目申报师等组成；好一点的专利代理机构还配备了专利分析师、知识产权管理体系咨询师，但都是独立开展各自的业务。即专利代理师或专利工程师只是做专利的申请、审查意见的答复、复审、无效宣告等事务，专利分析师只是做政府关联项目申报过程中涉及知识产权分析的内容，知识产权管理体系咨询师只是做知识产权贯标项目。而具备扎实的理工科专业技能，将专利代理师、专利分析师、知识产权管理体系咨询师等的技能集于一身的复合型服务人才，即能够将知识产权管理、与专利相关的业务与情报分析等知识进行综合考虑，为客户提供更好、更全方位服务的人少之甚少。

二、未来3~5年，专利代理机构的复合型服务人才的模型

（一）懂法律、懂技术，又懂技术情报分析

专利是一种体现技术创新的法律文件。随着互联网、大数据技术的发展，满足基础的专业技术要求或基础的合法合规要求等的专利申请文件撰写工作都可被机器替代，如现在已经出现的人工智能撰写。但是，专利申请文件中，对创新的把握、对创新成果保护范围的把握、对权利要求书整体布局的把握等还是需要有扎实的专业技术和法律底蕴的服务人员，同时也要求该服务人员具备依赖大数据进行预测和研判研发成果的创新性等能力。

综上所述，专利代理机构的服务岗位，首先一定是具有理工科背景、经过专利代理师考试遴选获得资格证，并在一定的实习期满后获得执业资格证的人员才能胜任。

其次，专利代理机构的服务人员至少要在某一个专业技术领域深耕 3~5 年，同时在对企业服务过程中，还要能够对企业的产品或技术从全产业链思维模式进行考虑，从而帮助客户从上游原材料的供应链、中游的产品链，到下游产品应用的市场链，建立全产业链的保护。这样既能很好地保护客户，又能很好地对抗竞争对手，让竞争对手在产业链上没有立足之地，从而增强客户对产业或产品线的定价权、话语权或对市场的控制权，更好地把控当下与未来的市场，成为引领行业或产业技术发展的龙头企业。由此，专利代理机构服务人员的技术水平虽然达不到该领域技术专家的水平，但至少要能达到本领域普通技术人员水平，否则既不能很好地理解客户提供技术交底书的内容，也不能对客户提供的技术交底内容通过上、中、下游的全产业链思维模式进行合理的扩展，从而写出保护范围足够大、合理且合法的专利申请文件。

最后，专利代理机构的服务人员要懂技术情报分析。《知识产权强国建设纲要（2021—2035 年）》的第一个目标中，明确提到 2025 年每万人口高价值发明专利拥有量达到 12 件。而高价值专利的实现，要从技术价值、法律价值和市场价值等多个维度综合考虑。为了满足这样多个维度的要求，专利代理机构的服务人员既要懂技术，又要懂法律，还要懂情报分析，能够对通过互联网、大数据所获得的产业、技术、政策、专利等方面的信息进行综合分析，从而准确判断出客户的产品或技术的技术路线及所处的生命周期，准确判断其是否具有市场价值，即是否符合当前市场或未来市场发展的需要。因此，专利代理机构的服务人员，除了要有过硬的法律知识、扎实的理工科专业技术知识外，还要有技术情报分析的能力。

（二）懂客户的知识产权管理体系

《知识产权强国建设纲要（2021—2035 年）》的第二个目标是到 2035 年中国特色、世界水平的知识产权强国基本建成。为了在实现这一目标的过程中立于不败之地，专利代理机构的服务人员必须具有能够为企业、高校或科研院所在知识产权的获取、维护、运用和保护等过程中提供全方位服务的能力，就需要熟悉对应客户群体的知识产权管理体系规范，如《企业知识产权管理规范》（GB/T 29490—2013）、《高等学校知识产权管理规范》（GB/T 33251—2016）和《科研组织知识产权管理规范》（GB/T 33250—2016）。这样服务人员在对客户服务过程中，不仅能很好地理解客户所说的内容，提升与客户的交流能力，而且也能够厘清客户在创新或发展过程中的痛点在哪里。以企业客户为例，如研发、采购、外协、生产和销售过程的知识产权管理问题，竞争对手监控问题，人员招聘问题，保密管理问题，风险排查与管控问题，合同管理问题等，需要有针对性地解决，从而真正地为企业、高校或科研院所的创新和发展过程提供帮助，提升客户的创新实力。

下面以向企业客户提供知识产权的获取、维护、运用和保护等全方位服务为例，说明代理机构的服务人员要熟悉《企业知识产权管理规范》的重要性。

企业知识产权获取，特别是专利的获取，有自己申请、合作开发和受让或许可等几种途径。而在自己申请获取专利的过程中，涉及专利挖掘，要求专利代理机构的服务人员从企业经营战略与专利战略相结合的视角看问题。专利战略服务于企业经营战略，是企业当前或未来5～10年市场发展的战略部署。为了更好地完成这一战略部署，专利代理机构的服务人员除了要具有扎实的理工科专业基础、专利法律基础和情报分析能力帮助企业完成专利挖掘（包括专利规避设计）之外，还要熟悉《企业知识产权管理规范》。

对于企业的专利挖掘，不只是研发过程会有专利产生，而是在企业管理的全链条过程中均有可能产生专利，如产品立项、研发、试产、采购、外协、生产、销售及售后等，而这些都在《企业知识产权管理规范》中有涉及。

在研发立项过程中，可以通过技术全景分析，调研行业现状、产业政策、技术现状、产品现状、竞争对手情况，提出项目的可行性报告，寻找到研发的方向，找到可改进或可规避、技术追逐的热点或技术空白点，这些就可能是专利挖掘的方向。在研发过程中，实时跟踪现有技术，对研发过程的结果及时总结，可能会做规避设计，这也是专利挖掘的方向。对试产过程中不合理的情况的改进、采购后的原材料适应产品需求的改造再利用、对外协加工过程中反馈的设计不合理的调整、生产过程合理化建议、改进的方案的建议等，这些也都是专利挖掘的方向。对市场环境的动态了解、市场对产品改进的需求、潜在市场产品需求、售后服务过程中实时跟踪客户反馈意见、对产品的改进需求等，这些同样是专利挖掘的方向。因此在熟悉《企业知识产权管理规范》后，专利的挖掘就不会局限在研发过程，而是在企业知识产权管理的全过程，如产品立项、研发、试产、采购、外协、生产、销售及售后等各环节中。

（三）未来3～5年内，专利代理机构的复合型服务人才模型

未来3～5年内，专利代理机构的复合型服务人才的模型，要具有"四师"的能力，即中级或高级工程师（或在相应的专业技术领域内深耕3～5年以上的人）、专利代理师、专利分析师、知识产权管理体系咨询师。复合型服务人才的模型如图1所示。

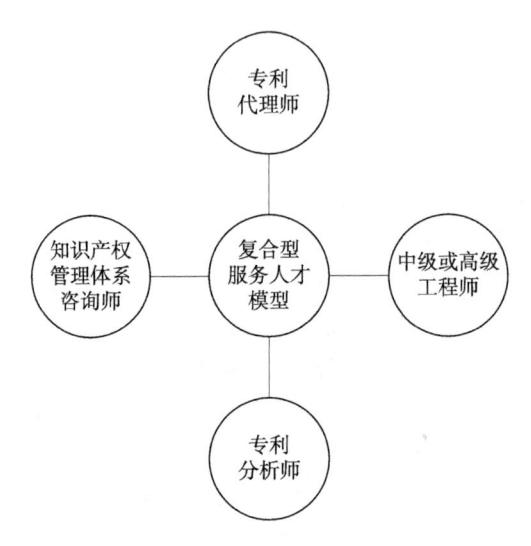

图1 复合型服务人才模型

上述复合型服务人才模型的体系搭建，首先是某技术领域的中级或高级工程师或在该技术领域深耕3~5年的专业技术人员（对于化学、生物、医药等领域最好具备硕士以上学历）通过系统培训，获得专利代理师资质，然后再通过系统培训使其掌握专利信息分析能力和知识产权管理体系的搭建能力。只有具备这样多元化知识能力的人，才能够在为客户服务的过程中更好地把握客户的痛点，有针对性地提供个性化问题的解决预案，从而为客户提供更好、更全方位的服务。

三、未来3~5年内，专利代理机构"1+n"模式的复合型业务团队的搭建

未来3~5年内，打造"1+n"模式的复合型专业服务团队，其中的"1"为上述第二部分中所述的复合型的服务人才，能够在服务过程中很好地跟客户交流，及时发现客户的痛点，提出客户要解决的问题的预案。

"1+n"中的"n"分别是在专利检索和情报分析，专利布局、专利挖掘（高价值专利、标准必要之专利）和高价值专利培育，专利申请和与知识产权相关的项目的申报、专利诉讼、专利价值评估、专利运营和科创企业IPO上市知识产权策划等各方向较为专长的人，可以针对上述复合型专业服务团队中的"1"所给出的客户要解决问题的预案，有针对性地选择具体的落地实施的人。

（一）专利检索、情报分析人员

在对企业服务过程中，特别是对于缺少研发团队的中小企业，针对项目立项、研发等，专利代理机构的服务人员要能给出合理的建议，具体的方案可以通过产业或企业专利导航、研发活动专利导航、人才管理专利导航中相关内容的分析给出合理建议，如项目立项建议或研发方向建议、可合作研发的团队的建议或可引进的研发人员建议，或直接购买专利或获得许可以直接获取知识产权的建议等。

在上述的产业或企业专利导航、研发活动专利导航、人才管理专利导航的分析过程中，离不开文献检索和情报分析。检索过程中还涉及检索词的选取、检索要式的构建、检索结果的清洗、检索结果查全和查准的验证等。

上述的各种合理建议都是在获得可靠的情报分析结论基础上给出的，而可靠的情报分析结论是在查全和查准文献的基础上才能得到的。同时，情报分析过程不能只看表象，要能够透过现象看本质。因此专利代理机构的服务人员懂专利检索、懂情报分析方面的知识就显得特别重要。

（二）专利布局、专利挖掘和高价值专利培育人员

企业要发展，必须做好专利战略规划，以保护企业当下和未来5~10年的市场。专利战略规划中包括以下几方面。

为保护企业自有产品或技术的基本专利或核心专利，围绕该基本专利或核心专利构建牢固的外围专利和为拓展产品或技术的应用领域构建延伸专利组成的专利布局，以打造技术壁垒或延伸技术领域的保护。

为对抗竞争对手的核心专利而进行具有组合价值和战略价值的钳制性专利的专利布局。

为企业抢占未来5~10年市场进行高价值专利或标准必要之专利的专利布局。

而为了实现上述的专利布局规划，专利代理机构需要在专利布局、专利挖掘和高价值专利培育方面具有丰富经验的人员。

（三）专利申请师和项目申报师

为了更好地完成客户的专利申请文件撰写、答复、复审、无效宣告等业务，需要不同技术领域的专利代理师。

同时，为了实现国家或地方政府为鼓励知识产权建设而设立的与知识产权有关项目的顺利申报，如知识产权管理体系的建立，国家、市或区级的专利试

点示范企业项目，专利导航项目等的申报，需要配备在知识产权相关项目上具有丰富经验的申报师。

（四）专利诉讼代理人

在对企业服务的过程中，为了更好帮助企业增强风险防范意识，把知识产权风险降到最低，或提供发生风险后的应急预案处理及应诉服务等，专利代理机构要有专利诉讼代理人。

专利诉讼代理人可以很好地对企业知识产权风险进行识别，如排查自己产品的侵权风险、识别自己专利被侵权的风险、识别采购所带来的知识产权侵权风险和企业人员招聘过程中侵犯他人知识产权的风险等。

对于自己产品的侵权风险、自己专利被侵权的风险，提出风险管理预案，包括专利的规避设计、专利的交叉许可等。

对于采购所带来的知识产权侵权产品风险提出的风险管理预案，可以在采购合同中要求供方提供知识产权权属证明或约定好侵权责任，将侵权责任转移给供方。

对于企业人员招聘过程中，特别是对研究开发等与知识产权密切相关的岗位人员的招聘过程中侵犯他人知识产权的风险，风险管理预案为：建议企业做入职员工的背景调查，对包括在原公司从事的技术工作内容、所处的技术岗位，以及该公司知识产权管理方面的相关规定、劳动合同中关于知识产权的规定、离职时是否有签订竞业禁止协议等，向原单位发送正式的书面函件，通知原单位该员工目前或即将从事的工作岗位。这样既尊重了该员工所在原单位的知识产权保护，也避免了本公司在不知情的情况下侵犯了其他企业知识产权的可能性，防止了与新员工的原单位产生不必要的知识产权争议和纠纷。

（五）专利价值评估和专利运营人员

在对企业服务的过程中，涉及企业的知识产权的运用，包括企业自身专利使用、专利的许可使用、专利的转让、专利的质押融资等，而在专利的许可使用、转让、质押融资过程中，离不开对专利价值的评估，因此专利代理机构还要有专利的价值评估和运营人员。

（六）科创企业 IPO 上市知识产权策划人员

知识产权作为科技型公司核心技术和创新的重要指标，成为众多上市企业的"拦路虎"。为了帮助科技型企业，特别是新一代信息技术、高端装备、新材料、新能源、节能环保以及生物医药等高新技术产业和战略性新兴产业的科技型公司成功登录科创板，需要熟悉科创板上市对知识产权的规定和要求，能够给客户提供完备的知识产权保护方案，并且无权属、侵权、不稳定性等知识产权风险的服务人员，因此专利代理机构还要配备科创企业 IPO 上市知识产权策划人员。

综上所述，为了实现《知识产权强国建设纲要（2021—2035 年）》加快建设知识产权强国宏伟蓝图的需要，未来 3~5 年，专利代理机构在知识产权服务方面要推进复合型服务人才的培养和搭建"1+n"模式的复合型专业服务团队。通过上述"1+n"模式的复合型专业服务团队的协同作战，可以高效地为客户提供知识产权获、维、运、保等过程全方位的服务。同时，也只有具备了复合型的服务人才和"1+n"模式的复合型专业服务团队的专利代理机构参与到企业、高校或科研院所的创新服务活动过程中，才能实现代理行业从之前单独追求专利代理数量向提高专利代理质量的转变，才能将《知识产权强国建设纲要（2021—2035 年）》中提出的两个目标落地，才能实现我国从知识产权引进大国向创造大国的实质性转变。

四、结　语

为了给企业、高校或科研院所提供更好、更全方位的服务，保证专利代理行业的长足发展，专利代理机构除了要培养复合型服务人才，还要搭建"1+n"模式的复合型专业服务团队。只有拥有一支具有复合型服务人才和"1+n"模式的复合型专业服务团队的专利代理机构，才能使未来客户利益最大化、专利代理机构利益最大化和国家利益最大化。

参考文献

[1] 杨勇，黄文霞. GB/T 29490-2013《企业知识产权管理规范》理解及知识产权管理体系审核指南 [M]. 北京：化学工业出版社，2014.

[2] 马天旗，赵强，苏丹，等. 专利挖掘 [M]. 2 版. 北京：知识产权出版社，2020.

[3] 马天旗，马新明，赵星，等. 高价值专利的培育与评估 [M]. 北京：知识产权出版社，2018.

专利代理机构应加速开展专利证券化业务

李小童* 徐 菲**

【摘 要】

本文分析了专利代理机构当前发展面临的挑战，总结了既有专利证券化模式的弊端，提出了专利代理机构开展专利证券化业务的建议，并研究了彼此之间的相互促进作用。这样一方面有助于专利代理机构拓展业务类型，提高服务能力，提升盈利水平；另一方面通过专利代理机构的参与，破解专利证券化面临的困局，解决专利价值评估难题，降低对外部增信措施的依赖，促进专利技术转化运用。

【关键词】

专利 专利代理机构 证券化

自中国建立专利制度以来，专利代理机构从无到有经历了四十余年高速发展，为国家科技进步和经济社会发展作出了重要贡献。但是自专利证券化兴起以来，鲜有专利代理机构开展和推进专利证券化业务。专利代理机构有着扩展

---

* 作者单位：国家知识产权局专利局专利审查协作河南中心。
** 作者单位：郑州轻工业大学马克思主义学院。

业务类型的明显现实需求，同时亦不乏推进专利证券化的先天优势，二者的结合值得期待与研究。

一、繁荣与隐忧：专利代理机构面临的发展挑战

1. 机构数量和从业人员快速增长

自1980年1月14日国务院批准成立原中国专利局开始，就同步组建了专利代理机构并培训专利代理人，各省市、部委、科研院所、大专院校也纷纷建立了专利代理机构。2001年1月国家知识产权局发布了《关于专利代理机构脱钩改制的实施意见》，鼓励专利代理机构走自收自支、自负盈亏、自我管理、自主发展的道路。经过这次深刻的革命性变革，专利代理行业实现了市场化、社会化，更加适应国内和世界经济发展的要求，为今后的飞跃发展奠定了坚实的基础。2008年6月，国务院发布《国家知识产权战略纲要》，激发了全民族的创新精神。此后伴随着专利申请量的快速增长，专利代理行业也迎来了高速发展期。截至2019年底，全国共有专利代理机构2691家，比2018年底增长18.5%；取得专利代理师资格的人数增至47918人；执业专利代理师20192人；当年代理发明专利申请118.3万件；营业总收入达到405.2亿元。❶

2. 专利代理质量和服务能力有待提升

虽然专利代理行业获得了长足的发展，但是其服务能力和服务质量并没有完全满足创新主体的需求。首先从公开数据来看，2019年发明专利申请代理率达到84%，在绝大部分专利都得到了专利代理机构中介服务的情况下，同期同类专利授权率却不到50%。在未授权专利中，既有发明创造本身缺陷所导致的，也有因专利代理过程中的瑕疵所导致的。对于本身存在缺陷的专利申请，专利代理机构本应基于为客户负责的态度，进行初步的检索查新和全面评估，如果发现完全不具备授权前景，可以建议客户暂停或中止申请，但是从目前统计数据来看，专利代理机构并未发挥足够的筛选和拦截作用。

其次从专利代理机构的撰写质量来看，由于单件专利申请撰写过程中投入时间有限，未对申请文件进行深入的修改和加工，技术方案描述不够严谨，形式缺陷时有发生。更重要的是，没有构建科学合理、层次分明的权利要求布

---

❶ 参见：《2020年全国知识产权服务业统计调查报告》。

局，保护范围不够合理，到真正用起来甚至打起官司时，经不起考验。❶ 甚至有部分专利代理机构卷入了非正常专利申请活动，产生了一定数量不以保护为目的的高新专利、职称专利、升学专利、项目专利、评级评优专利等。❷

最后从综合服务能力来看，目前大多数的专利代理机构服务种类还较为单一，业务范围主要集中在办理专利申请环节。在科研立项选题、确定研发路径方向、企业专利保护策略构设等前端服务，以及专利技术交易转让、产业化实施等后端服务方面较为薄弱，知识产权保护、运营能力不足，还不能很好地为政府制定政策、企业规划战略和参与国内外市场竞争提供综合性、深层次和高质量的服务。❸

3. 专利代理费用和产品附加值偏低

专利代理工作具有知识和智力密集、前期投入成本高、从业人员素质要求高的特点，本应属于高附加值、高利润率和高收入行业。一个合格的专利代理师需要将近20年的学校学习，获得理工科硕士研究生学历，从事专利代理工作之后，还需要经过5~10年的漫长培训和实践，经历大量的法律知识的再学习、文件撰写的实践和训练。然而，目前专利代理收费标准并不能充分体现专利代理师的劳动价值。

如表1所示，根据公开的招标公告信息可知，目前国内发明专利代理费用普遍在3000元左右，实用新型专利代理费约为发明专利的一半，外观设计专利代理费很难高于1000元。电商平台上的报价则更加低廉，淘宝上甚至出现大量300元的专利代理服务。这种局面的形成，一方面和专利代理机构业务类型单一化、同质化相关——大多数服务机构以知识产权代理为主要业务，而开展知识产权风险评估、战略制定、信息分析等高附加值服务的屈指可数，主要依靠行业内的低价竞争来争夺市场。❹ 另一方面由于过度同质化竞争，客户并没有能力辨别专利代理机构的优劣，会自然会倾向于选择价格最低的代理机构，这大大压缩了高质量专利代理机构的生存空间。❺

---

❶ 申长雨. 提高质量 优化服务 强化监管 促进专利代理行业持续健康发展 [J]. 专利代理，2020（1）：3-5.

❷ 陈浩. 牢记初心使命 共促专利代理行业健康发展 [J]. 专利代理，2019（3）：14-18.

❸ 张炜. 改革开放与中国专利代理行业的发展 [J]. 专利代理，2018（4）：24-29

❹ 黄鹏飞. 浅析专利代理机构培育高价值专利策略：以上海市为例 [J]. 情报探索，2021（1）：56-62.

❺ 张超. 河南省专利代理现状分析与发展探讨 [J]. 企业科技与发展，2018（6）：36-38.

表1　部分代理机构专利代理费用标准　　　　　　　　　　单位：元/件

代理机构名称	发明专利	实用新型专利	外观设计专利
江苏某律师事务所	2800	1200	600
上海某律师事务所	3500	1500	400
北京某知识产权代理有限公司甲	5000	3000	1500
北京某知识产权代理有限公司乙	3500	2000	600
南京某知识产权代理有限公司	3000	1000	—

数据来源：南京理工大学、上海海洋大学、中国农业大学、常州大学招标公告，系公开信息。

如果将目前国内代理机构的收费标准进行横向对比，也明显低于主要专利国家。如表2所示，无论是欧洲发达国家，还是印度等发展中国家，专利代理费用都达到中国市场的数十倍左右。这种状况亟待纠正。

表2　印欧日韩代理专利代理费用标准　　　　　　　　　　单位：元

国家/地区	每小时费用	每件费用
印度	1200～1800	42000～63000
欧洲	2400～2800	84000～98000
日本	1200～1800	42000～63000
韩国	1500～1800	52500～63000

数据来源：北京市专利代理师协会《专利代理服务行业收费成本核算研究（2018年版）》，每件耗时按35小时计。

4. 申请量波动影响业务稳定性

过去三十余年来，中国专利申请量保持了连续快速增长的态势，既得益于科技创新能力的不断提高，也源自专利制度从无到有的恢复性增长，更离不开各种专利资助政策的扶持。然而正是由于增长持续时间之长、幅度之大、趋势之单一，不断向社会各方强化了申请量永远增长的刻板印象，专利代理机构易于对未来业务量持续增长产生乐观的预期。

然而实际情况是，目前无论是基于直观经验的初步预判，或是基于数学模型外推计算，均表明历经数十年的发明专利申请量高速增长趋势行将结束，中国发明专利申请量在2030年前后将达到最大上限值。❶ 风起于青蘋之末的端

---

❶ 张大奇. 我国宏观发明专利申请量增长的长期规律研究 [J]. 中国发明与专利, 2019 (7)：76-81.

倪已经初步显现，2019年就首次出现了发明专利申请量同比下降的情况。除了专利申请量自身发展规律的调节，政策变化也会对申请量变化趋势产生重要影响。《国家知识产权局关于进一步严格规范专利申请行为的通知》中明确要求2021年6月底前全面取消各级专利申请阶段的资助。未来专利申请量必然会从单边增长向自然波动逐渐转变，必然会对专利代理机构的市场容量和营业收入产生影响，加大了专利代理机构业务波动的风险。

因此，专利代理机构寻求新的业务增长点变得刻不容缓。

二、瓶颈与困局：现有证券化模式的弊端

1. 国内外专利证券化的进展

专利证券化是知识产权证券化的延伸和细化，目前可考的最早开展知识产权证券化的是鲍伊债券。❶ 由英国摇滚歌手大卫·鲍伊（David Bowie）以其在1990年前录制的25张唱片预期版权许可使用费作为基础资产，于1997年发行债券，融资5500万美元。很快知识产权证券化延伸到了专利领域。2000年耶鲁大学在开发出抗艾滋病新药Zerit之后，将药品专利的许可费收益权卖给了Royalty Pharma公司。该公司成立专利的专门特殊机构（SPV），发行7915万美元的证券，并用发行证券所得收益偿还给耶鲁大学。

国内专利证券化的理论研究已经持续二十余年，众多学者针对专利证券化的概念❷、可行性❸、风险传导❹、基础资产的种类❺、相关法律问题❻等开展了研究，但是实践进程却较为缓慢。2019年底，首支完全意义上的专利证券化产品"兴业圆融－广州开发区专利许可资产支持专项计划"（证券名称"广开专优"，证券代码139928）发行❼，完成了专利证券化从理论研究向实际操作的转变。

---

❶ BRANDMAN J. IP Securitization: and the Bond Played on [J]. Global Finance, 1999, 13 (11): 66 - 67.

❷ 袁晓东，李晓桃. 专利资产证券化解析 [J]. 科学学与科学技术管理, 2008 (6): 56 - 60.

❸ 金品. 我国专利证券化的可行性分析 [J]. 知识产权, 2014 (9): 59 - 60.

❹ 白江涛，基芳婷. 高科技企业专利证券化风险传导机理研究 [J]. 农村经济与科技, 2017 (9): 156 - 157.

❺ 李文江. 专利资产证券化的理论突破和制度构建 [J]. 金融理论与实践, 2016 (8): 65 - 69.

❻ 刘硕. 专利资产证券化法律问题研究 [D]. 北京: 北方工业大学, 2019: 18 - 23.

❼ 唐飞泉，谢育能. 专利资产证券化的挑战与启示：以广州开发区实践为例 [J]. 金融市场研究, 2020, 93 (2): 114 - 124.

2. 证券的发行过度依赖于各种增信措施

广开专优之所以能够顺利发行和销售，投资人的投资信心并非源自专利价值本身或者专利许可费，而是源自各种担保增信措施。一是融资企业将专利权进行质押，这就具备了专利质押融资贷款的特征；二是 11 家融资企业的实控人或其关联方提供担保，这些企业已经具备较强社会知名度和行业影响力，以其所拥有的固定资产和企业信誉为自家企业的小笔借款进行担保，提供了较高的信用基础；三是由 SPV 的股东广州金控作为差额支付承诺人，确保在基础资产未来产生的现金流不足以支付利息与本金的情况下，由其支付差额部分。广州金控是广州开发区管委会设立的国有独资企业，拥有 AAA 国内信用评级和惠誉 BBB + 国际信用评级，代表政府信用背书。三项担保措施叠加，赋予投资者足够的信心，项目一经销售即获得超额认购。

这些增信措施虽然确保了证券化的顺利实施，但也使得项目与专利证券化的本源背道而驰。融资企业在证券存续期间仍然要为证券偿付承担不可撤销的连带责任担保，致使其与抵押担保融资之间的法律界限模糊。❶ 因此广开专优能够成功发行的关键是地方政府大力支持，❷ 不具有可复制性。

3. 无助于推动专利成果转化

专利证券化曾经被寄予厚望，因其具有推动专利成果转化和应用的潜在功能。然而，通过对现有证券化模式分析发现，其并不能发挥相应的效果。

从基础资产的构建过程来看，为了满足发行证券对现金流的要求，广开专优创新了"两次专利许可"交易模式，❸ 两次许可的实施都是在融资企业和 SPV 之间进行，并未有其他企业参与，也不需要实际使用标的专利的技术生产产品。这种现金流的构建模式显然是量体裁衣，是根据融资金额和回款方式的需要来设定专利许可费的金额，而非根据专利许可费的金额和专利的价值来确定融资额的大小。因此，作为底层资产的 140 件专利，实施状态和转化运用程度与专利证券化的顺利运行几乎没有任何关联。因此，这种实施方式不能达到促进专利转化和运用的目的。

事实上，广开专优长达 200 多页的专项计划说明书中并未出现标的专利的

---

❶ 贺琪. 论我国知识产权资产证券化的立法模式与风险防控机制构建 [J]. 科技与法律, 2019 (4): 48 - 56.

❷ 陈颖, 王佳欣. 知识产权证券化能否让 "知本" 变资本 [N]. 南方日报, 2019 - 11 - 12 (A07).

❸ 唐飞泉, 谢育能. 我国首个纯专利资产证券化产品探析 [J]. 银行家, 2020 (4): 97 - 98.

任何内容。该证券的投资者在购买时理论上无法获知标的专利的发明名称和技术方案，也无法对上述专利的实际产业价值作出正确评判。由此可知，标的专利作为实施证券化的核心资产，并不为广开专优的投资者所关心，投资者对广开专优的本质认识就是一种与专利实际内容无关的保本型债券产品。从媒体披露的公开信息来看，融资企业也不认为自己实施了专利许可或者转化运用了专利技术，而将此次专利证券化行为理解为"通过抵押自己的专利，获得了 2300 万元的资金支持"❶。

4. 专利权无法准确评估价值

在人类经济活动史上，任何有形或无形资产的交易都无法回避定价问题，专利也不例外。在专利证券化兴起之前，专利权的价值评估问题就成为专利转让、专利质押融资、专利入股等交易的难题。在专利证券化受到广泛关注之后，专利权的价值评估已经成为制约专利证券化快速推广的瓶颈。很多学者将价值评估的困难归因于专利权的复杂性：一是专利权的技术方案复杂，专利所涉及的技术通常为不同领域不同专业最前沿的科研成果，如果没有相应领域的深厚专业知识背景，就无法真正理解专利的技术方案，无法对专利的权利要求作出正确的解读，自然就无法确定专利保护范围的大小，不可能给出正确的评估结果。二是专利权的法律状态复杂，不同类型的专利经历不同的法律程序，即实用新型专利未经过专利法意义上"创造性"的审查，权利稳定性较弱；发明专利虽然经过了实质审查，但是利益相关方随时可以通过专利行政部门提起无效宣告申请，将专利权予以否定，无人能对专利权的权利稳定性予以担保。三是专利权所形成的现金流复杂，专利许可费收益稳定性较差，既可能因科技进步导致专利技术被新技术替代，也可能因企业经营状态改变而导致产品逐渐失去市场。

以上所述专利权的若干特质，只是专利价值评估困难的表象而非本质。专利价值评估困难的根本原因，"不在颛臾，而在萧墙之内也"。正是历史交易数据的缺失，无法为价值评估提供参照体系，才导致了评估的困难。无论成本法、市场法，还是收益法，都依赖于准确的历史交易数据。一个可供类比的案例是不动产价格的评估，评估方法主要依据同一区域的历史成交价格，再结合面积、户型、朝向、装修等因素进行微调，获得最终评估价格。如果没有可信

---

❶ 叶麦穗. 专利资产证券化广州破局"二次专利许可"交易模式拓宽小微融资 [N]. 21世纪经济报道，2019 - 10 - 25（7）.

的历史交易价格，不动产及任何物权的价值评估都将成为难题。专利证券化的顺利推进，必须在证券化实施的同时破解专利历史交易价格缺乏问题。

三、激励与契合：专利代理机构开展专利证券化的双向促进作用

1. 参与专利证券化对专利代理机构的现实意义

第一，有助于扩展业务类型，降低经营风险。一直以来，专利代理机构的业务范围局限于代理专利申请、初审、实质审查、复审、无效宣告、行政诉讼和侵权诉讼等传统业务，所谓扩展业务也仅仅是在上述范围内。专利代理和专利运营被人为划分为泾渭分明的两个世界，互不相通。但是，专利代理机构在完成专利申请工作之后，继续充分挖掘专利的技术属性，推动专利作为生产要素或者资本要素参与商业经营活动中，最大限度实现专利经济价值，亦是其应有的责任。从组织形式来看，专利代理机构是依法所设立的合伙企业或有限责任公司，《专利代理管理办法》只是对其从事专利代理行为进行规范和约束，并不能完全排除专利代理机构从事其他业务的可能性。只要经过市场监管部门的批准和认可，完全可以从事专利运营，即便有现行法规上的障碍，也完全可以通过释法或修法予以克服。通常意义上的专利运营主要包括专利转移转化、转让许可、价值评估、质押融资等环节。对于上述业务，目前国内已经存在一定数量的官方主导或民间资本发起的运营平台，但是专利证券化还是一片有待开拓的"蓝海"，目前仅有零星的项目尝试，尚未诞生具有稳定持续运营能力的平台或机构。专利代理机构如果把握时机，介入专利证券化业务，实现专利代理和专利运营的结合，从单一依靠专利代理扩展为涵盖专利申请、运用、交易、融资的完整产业链，则有助于改善现在的经营状况，通过多元化经营增强抗风险能力。当专利申请量出现波动导致专利代理业务量降低时，后续业务的扩展仍然能够促进营收和利润的稳定。

第二，有助于提高专利代理机构的利润率和产品附加值。任何一个产业或行业都要受到普适经济规律的支配。处在产业链低端的环节要经受激烈的竞争并忍受低廉的价格，而到了产业链的高端，由于进入门槛的抬高减少了竞争，则会赋予较高的利润。在专利运营阶段，能够作为标的参与运营的专利通常应当是高价值专利，本身就具备较高的经济价值，而能够进行证券化操作，采用金融手段进行运作的专利则更是优中选优，这就决定了其已经占据产业链顶端。对比专利代理和专利证券化，前者具有高度劳动密集型特点，需要投入大量人工成本，以代理案件的庞大数量积累实现盈利；而后者虽然具有资金密集型特点，但是资金的流动主要在专利权人和投资者之间进行，运营主体并不需要投入资金，反而可以依靠巨额现金流形成丰厚的佣金、息差等收入，明显盈利能力更高。

第三，有助于提升专利代理质量和专利质量。在现有代理模式下，对授权质量无法通过量化的指标进行评价和考核，加之部分申请人本身也不关注授权质量，导致授权质量容易被忽视。但是专利代理机构推进专利证券化业务后，这种情况将会得到明显的改变。参与专利证券化之后，专利代理机构将发生角色的转变，从提供中介服务的旁观者转变为运营专利的参与者。专利的授权质量直接关系着专利价值度的大小，直接关系着专利证券化价格的高低，直接关系着专利代理机构营业利润的多寡，专利代理机构必然会从客户选择、流程优化、撰写修改、检索查新等各个方面去主动采取措施，提高专利授权质量。同时，由于非正常申请和低质量申请不可能带来稳定的现金流，几乎完全没有实施证券化的可能，专利代理机构也将自动将其摈弃，从而减少了垃圾专利的数量，促进高价值专利的培育。

2. 专利代理机构的参与对专利证券化的促进作用

第一，降低对外部增信措施的依赖。现有的专利证券化由SPV主导。国内目前仅有的少数几个SPV通常由资产管理公司或金融控股公司等发起设立，虽然在资产运作和证券发行渠道方面具有一定优势，但是对专利本身缺乏应有的了解。参与认购证券的投资者多为银行、保险和券商，因没有能力甄别标的专利的价值，不得不依赖于外部增信措施。专利代理机构相比现有的SPV则具备明显的优势。在专利技术研发阶段，部分专利代理机构就已经介入，因而熟悉专利技术的产业应用价值。在专利申请阶段，专利代理机构完整参与了自申请至授权的全过程，因而熟悉专利文本的形成过程，更加深刻和准确地理解专利保护范围。在无效宣告和诉讼阶段，专利代理机构经历了审理和诉讼，因而更加熟悉专利权的法律状态。在此基础上，专利代理机构显然更加了解专利的价值。因此，专利代理机构有能力筛选出合适的标的专利发起证券化融资。更重要的是基于其专业能力，筛选结果易于得到投资者的认可和肯定，从而降低对外部增信措施的依赖。而只有降低对外部增信措施的依赖，专利证券化才能真正成为一种自发的市场行为，得以长期繁荣和发展。

第二，促进专利成果转化。在现有专利证券化模式中，投资人并不关心标的专利的实际实施情况。所谓的许可费和现金流本质为专利权人支付的融资利息，因此专利权人、SPV和投资者三方均无动力推动专利成果的转化运用。专利代理机构相比现有 SPV，因本就存在提高专利质量的内在诉求，所代理案件后续得到转化和应用的情况能够作为其代理质量的表现和证明。在开展证券化业务后，由于专利代理机构采用模式不同于现有 SPV，标的专利的转化运用情况与融资能力挂钩，会更加积极提高专利质量，促进专利成果转化。更进一步说，如果由专利代理机构发起成立 SPV 或者专利股票交易所，专利股票的交易价格由投资者通过集合竞价方式予以确定，专利的转化运用情况将会成为影响竞价结果的决定性因素，这将赋予证券交易各方巨大的动力采取各种措施推进专利成果的转化和运用。

四、突破与创新：专利代理机构开展专利证券化的业务模式

专利代理机构可以单个或多个联合，发起成立专利股票交易所，作为 SPV 承担运营平台的功能，将专利权（包含所有权、使用权、收益权）作为交易对象，即发行证券的基础资产是纯粹的专利本身。❶

具体运作过程是：第一步，专利代理机构仍然正常进行专利申请的代理业务，申请人将技术交底书交付专利代理机构，由其进行申请和答复，并获得合理的保护范围。对于存在融资需求的申请人，获得授权之后继续委托代理机构实施证券化，进行融资。第二步，专利权人将其拥有的专利权转移给专利代理机构发起设立的平台，从而实现风险的隔离，避免企业的经营风险影响专利权价值，确保投资者不承担专利权人经营风险。第三步，平台将拟交易专利拆分为若干份额，发行相应的专利股票，每一股都拥有相等的权利并承担相等的风险，投资者根据股票份额享有对专利的所有权和收益权。第四步，平台将首次公开发行专利股票所募集的资金交付给原专利权人，满足专利权人的融资需求，并按照约定期限收取原专利权人的许可使用费，后续运营过程中也向第三人实施许可并收取许可使用费。上述所有收入作为股息按约定时机支付给投资者。第五步，投资者购入专利股票，可以长期持有获得稳定的股息收入，直至专利权终止；亦可将专利股票在二级市场转售给其他投资者，获得收益。通过专利代理机构的运作，不仅满足了专利权人融资需求，更重要的是有效促进了专利质量的提高和专利技术的转化运用。

专利代理机构发起成立专利股票交易所，还有助于破解长久以来困扰各种专利交易的价值评估难题。正如前文所述，在专利获得大量交易数据之前，可

---

❶ 俞风雷. 专利资产证券化的法学价值评述 [J]. 知识产权, 2013 (10): 97-100.

以预见任何评估机构都很难对专利权给出精确的价值评估结果。专利代理机构参与专利证券化之后，通过设立专利股票交易所，将专利股份化后上市交易，基于二级市场众多交易者的合意，以自由申报、集合竞价、撮合交易的方式自动形成一个为众人所接收的成交价格，才真正具有公信力。专利代理机构设立的专利股票交易体系稳定运行之后，将会自动承担起专利定价功能。对于已经上市交易的专利，计算专利股票的股价与发行份额的乘积，可以直接给予专利权的价值；对于未参与证券化的其他专利，由于出现了可供参考的真实交易数据，价值评估的可信度也将发生根本性的改变，这将是专利代理机构参与专利证券化的又一重要贡献。

五、结　　语

专利代理机构经过长期快速发展，目前面临着代理质量和服务能力不能完全满足社会需求、代理费用和产品附加值偏低、业务稳定性受申请量波动冲击等挑战。而专利证券化的实施则受制于过度依赖外部增信措施、无法推动专利成果转化运用、对专利权无法准确评估价值等难题，进展缓慢。专利代理机构介入专利证券化业务，有助于拓展业务类型，提高服务能力，提升盈利水平，并通过发起专利股票交易所，充分发挥自身优势，破解既有证券化实践中的诸多困局。更重要的是，专利代理机构介入专利证券化，能够有效地将创新主体、中介服务机构、专利技术使用者和专利资产投资者各方利益绑定，通过利益驱动，促进共同努力，在创新阶段研发先进技术、在代理阶段提高授权质量、在运用阶段促进转化、在交易阶段体现价值，为科技进步和经济社会发展作出更大的贡献。

第二部分

高质量、高价值专利

企业高价值专利培育前期分析

梅安石[*] 丁 伟[*] 向 洋[**]

【摘　要】

　　学界普遍认为从技术价值、法律价值以及经济价值三个维度来评判一件专利是否属于高价值专利，为高价值专利培育提供了具体的画像。在高价值专利培育上，国内已有大量研究，在高价值专利培育方式上也各有特色，但未特别注重企业高价值专利培育前期分析。而如果没有前期分析，很容易导致后续高价值专利培育路径的崎岖。即便有些论述涉及了分析，也只是侧重于正在进行高价值专利培育的过程分析，而没有扩展到前期的综合分析。企业在高价值专利培育实操上，前期仍然不清楚要做哪些具体工作以确保培育顺利。笔者尝试从企业高价值专利培育前期分析方面进行研究，助力企业产出高价值专利。

【关键词】

　　高价值专利　专利分析　培育

---

[*] 作者单位：四川知石律师事务所。
[**] 作者单位：成都九鼎天元知识产权代理有限公司。

一、引　言

中共中央、国务院印发的《知识产权强国建设纲要（2021—2035 年）》指出，到 2025 年，每万人口高价值发明专利拥有量达到 12 件。该纲要将近年来本就作为知识产权界研究热点的"高价值专利"再次推向浪尖，使其成为知识产权强国建设取得明显成效的指标之一。

世界知识产权组织发布的《2021 年全球创新指数报告》显示，中国排名已升至第 12 位。虽然该报告高度评价中国在创新方面取得的进步，但我国专利数量庞大却质量不高、科技成果转化率低下等问题仍十分突出，阻碍创新驱动发展战略的实施并且影响经济高质量发展。高价值专利培育有利于激发科技创新，在推动经济高质量发展方面起着重要作用。

要加快高价值专利的产出，有必要通过政策激励和引导，使高价值专利培育成为企业层面、地方层面以及国家层面的共识。学界普遍认为从技术价值、法律价值以及经济价值三个维度来评判一件专利是否属于高价值专利，为高价值专利培育提供了具体的画像。在高价值专利培育上，国内已有大量研究。韩秀成等从高质量创造、高质量申请、高标准授权、精准长远布局、精准政策扶持、高水平遴选和评估出发来论述培育高价值专利的有效路径。❶ 郑金等从专利布局现状分析、企业已布局专利组合优化、企业未布局方向挖掘与培育、授权专利价值评估、加强企业专利运用培育方面入手，剖析培育高价值专利的具体路径。❷ 高价值专利培育方式也各有特色，但未特别注重企业高价值专利培育前期分析。而如果没有前期分析，很容易导致后续高价值专利培育路径的崎岖。即便有些论述涉及分析，也只是侧重于正在进行高价值专利培育的过程分析，而没有扩展到前期的综合分析。企业在高价值专利培育实操上，前期仍然不清楚要做哪些具体工作以确保高价值专利顺利培育。笔者尝试从企业高价值专利培育前期分析方面进行研究，助力企业产出高价值专利。

二、高价值专利培育环境分析

高价值专利培育前期的首要步骤就是做好高价值专利培育环境分析。一个

---

❶ 韩秀成，雷怡. 培育高价值专利的理论与实践分析［J］. 中国发明与专利，2017，14（12）：8 - 14.

❷ 郑金，王琦，唐晚成. 企业高价值专利培育路径研究［J］. 科学与管理，2020，40（2）：104 - 109.

良好的培育环境对高价值专利培育可起到事半功倍的效果。这里的环境包括不同地域的外部培育环境以及企业自身的内部培育环境。我们建议对外部培育环境进行分析选择，而对内部培育环境进行分析治理。

（一）外部培育环境分析选择

在其他条件等同的前提下，企业优先选择有利于高价值专利产出的外部环境进行高价值专利培育。外部环境一般是很难改变的，但企业可以对其进行最优选择。这就需要对各地政府部门重视高价值专利培育的程度、奖补政策、专利相关机构的实力、区域产业集群等进行综合分析，从而选择最优的外部培育环境。

如果地方政府相关部门将培育高价值专利作为重点工作予以部署，定期举办座谈会、研讨会，对有意培育高价值专利企业的诉求积极处理，协助解决各类资源问题，则足以说明该地方政府重视高价值专利培育，企业可以优先考虑在该政府部门管辖区域内进行高价值专利培育。例如，江苏省在 2015 年提出要实施高价值专利培育计划，走在众多省份的前列，将江苏作为外部培育环境，相对于没有高价值专利培育计划的个别省份来说，更有利于高价值专利培育。国家知识产权局专利局专利审查协作河南中心利用人才和信息资源优势，加强与地方政府和企业的合作，开展高端知识产权服务工作。❶ 该审查资源属于地方政府能够为企业提供的有益外部培育环境，在该外部环境中能够满足企业高价值专利培育中高端服务的需求。

奖补政策有利于对高价值专利培育进行引导，激发企业对高价值专利培育的热情，降低高价值专利培育的成本。尤其是经济实力不足的初创企业，往往具有创新动力却受制于资金短缺，奖补政策就可以成为企业选择外部培育环境的主要因素。企业可以优先选择具有发明专利授权补贴、专利奖评比奖励、高价值专利培育资助、创新技术资金扶持等的地区进行高价值专利培育，弥补人才预算的不足，维持高价值专利培育的有效运营。

高价值专利培育离不开专业的专利相关机构参与，因为企业在这方面的人才是短缺的，委外处理是最好的选择。专利相关机构包括提供专利代理服务的专利代理机构、提供法律服务的律师事务所、提供体系辅导服务的贯标服务机构、提供技术情报服务的科技情报机构以及提供政府奖补申请的项目申报机构

---

❶ 刘华楠，张媛媛. 从高价值专利培育角度看知识产权强省建设［J］. 河南科技，2019（9）：25－29.

等。不同地域的专利相关机构水平是参差不齐的，专利相关机构齐备且具有足够实力的外部培育环境应该被优先选择，它们能够及时解决企业在高价值专利培育过程中遇到的种种问题。有的地区"黑代理"泛滥，低价竞争扰乱市场，这样的外部培育环境难以产出具有实力的专利代理机构，就可以将其排除作为高价值专利外部培育环境的优先选择。

除此之外，还需要考虑区域产业集群。区域产业集群通常集聚有一定数量的同行业企业，处于同一产业链的不同位置，既存在竞争又相互依存，能够成为创新的源泉和基地。❶ 有的区域产业集群聚焦电子信息，有的区域产业集群注重装备制造，有的区域产业集群以汽车为特色。处于与企业相关的区域产业集群中，可以避免"闭门造车"，有利于把握行业动态、技术攻克和招商引资。企业在这样的外部培育环境中，更有利于高价值专利的培育。

（二）内部培育环境分析治理

企业自身的内部培育环境为后续高价值专利培育提供支撑。在对内部培育环境进行分析时，需要注重人员配置是否完备、管理制度是否完善、员工专利意识是否深入。如果内部培育环境不利于高价值专利培育，应该及时进行治理，确保高价值专利能够顺利培育。

高价值专利培育是一项复杂的活动，需要大量人员参与，所以人员配置必须完备，进而明确分工，按节点完成培育计划。人员配置包括研发人员、知识产权管理员、法务人员、项目人员、情报分析人员等。他们是高价值专利培育的具体参与人员，也是对外服务机构直接对接人员。在人员配置不完备时，企业应及时招聘相应人员，避免人员配置不完备导致高价值专利培育被搁置。

管理制度可以参照《企业知识产权管理规范》的要求建立知识产权管理体系，将高价值专利培育作为企业专利工作的重点，特别对涉及高价值专利培育的方面要有针对性实施、运行并持续改进，形成标准文件，强化对培育过程的监督、控制和指导。完善的管理制度促使高价值专利培育有序实施，高效管理。企业可以通过制订高价值专利培育团队协作规范、高价值专利培育方案、创造—申请—保护—运用的全流程专利管理规范、科技创新激励办法等来完善管理制度，优化内部培育环境。

高价值专利培育工作不应是被动的，员工专利意识影响到全员参与高价值

---

❶ 张旭波. 多策并举悉心培育高价值专利［J］. 唯实，2019（1）：67-70.

专利培育的热情。企业应该对员工专利意识进行分析，根据其掌握的知识程度进行针对性培训和工作要点灌输，可以采用组织学习优秀专利培育案例、举办知识竞赛、定期表彰优秀团队、将职位晋升和工资待遇与专利培育挂钩等手段培养员工高价值专利培育意识，营造专利培育的氛围，推动员工自觉为高价值专利培育服务。

三、高价值专利培育基于现有技术分析

现有技术分析可以帮助企业研判现有技术的发展趋势，提出技术发展方向，了解竞争对手技术情报，知晓相关技术优化路线，掌握专利技术壁垒。高价值专利培育前，要对现有技术进行充分分析。现有技术分析可以总结已有的研发经验，避免企业重复研发。在现有技术基础上进行再研发，为研发人员的重点研究方向提供指导，创新成本相对要低，而且更容易成功，也可为后期优化技术方案和专利挖掘与布局提供建议。

通过现有技术分析，研发人员可以总结出现有技术的创新思路，例如将现有技术解决技术问题的方案以技术功效图的形式展现。研发人员经过大量现有技术储备后，在面对技术问题时，能够快速联想到类似原理，经过改造和优化，发明出具有创新性的技术方案。利用 TRIZ 工具进行技术方案的设计是一个不错的选择。有学者提出利用 TRIZ 对现有专利分析的结果进行分类，梳理出现有专利技术使用的发明原理，指出创新思路。❶

企业研发出创新成果后，需要基于该创新成果进行挖掘，产生若干个可专利的技术方案，然后系统筹划布局精密的专利网，以获得创新成果整体价值的提升。在评价技术方案是否可专利时，也离不开现有技术分析。由于前期预先做好了现有技术分析，所以在高价值专利挖掘和布局时，可以更准确地把握创新点，确保后续申请的高专利稳定性。所以在高价值专利培育前期，现有技术分析必不可少。

四、高价值专利的经济价值分析

培育高价值专利前，必须预估分析要研发专利技术的经济价值，即能够直接带来经济利益以及为企业在当下或未来产生市场竞争力。如果企业投入大量

---

❶ 杨鑫超，张玉，杨伟超. TRIZ 在高价值专利培育工作中的创新应用研究［J］. 情报杂志，2020，39（7）：54−58，86.

人力物力后，发现培育的专利缺乏经济价值，不能通过高效运用给企业带来利益，那企业最终培育出的只是几张授权证书，毫无意义。前期没有做好经济价值分析很容易导致高价值专利培育的失败。

企业需要经过市场调研分析，获取市场的需求，确定要研发的专利技术是否具有广阔的市场，例如对预期的市场规模、可能的占有率以及市场利润进行综合分析。某公司发现传统炒锅温度过高易产生大量油烟，还会破坏油脂中的维生素这一市场痛点，研发人员对产品进行技术研发，解决了该市场痛点，为其带来了巨大的商业利润。❶ 以市场需求为导向，若研发的专利技术是市场急需的关键技术，技术适用广而难替代，则更容易产出具有经济价值的专利，为后续专利转化做好铺垫。

但往往研发的专利技术受制于他人的专利，特别是竞争对手的核心专利。竞争对手的核心专利通常具有经济价值，同时对企业来说，也具有一定的参考价值，这就需要企业对大量的专利数据进行分析，识别竞争对手的核心专利，作为高价值专利培育的依据之一。企业从海量专利文献中的特定领域需要筛选出权利要求数量多的专利，被引用次数多的专利，同族的专利，维持年限久的专利，获得专利奖的专利，实现质押融资、许可的专利，发生异议、无效及诉讼的专利等。这类专利应用广、原创性强、市场前景好，专利权人愿意为其支付费用，或者其已经得到市场的认可。

企业可以依据筛选出的核心专利来培育出能够规避该核心专利的技术，来保障未来申请的专利能够顺利实施。企业也可以基于该核心专利进行深入研究，寻找其可能存在的漏洞，布局外围专利来限制该核心专利的自由发挥。这样培育出的专利能够给企业带来预期的经济价值。

五、高价值专利申请的代理机构分析

高价值专利培育前，企业要选定好后续代为申请专利的专利代理机构。企业之所以委托专利代理机构进行专利申请，无外乎专利申请涉及很多法律法规的具体规定，非专业人员很难自行处理并达到想要的效果。作为将创新思想及创新成果转化为专利权利的重要环节，专利代理服务具备"二次创新"的功能。❷ 专

---

❶ 黄燕，钱茜茜，杨雄. 浅析高价值专利的市场价值培育［J］. 智富时代，2019（1）：29.
❷ 谷丽，任立强，丁堃. 知识产权服务中合作创新行为的相关研究综述［J］. 情报杂志，2017，36（10）：90，104-109.

业的专利代理机构对高价值专利能否获得充分保护具有重大影响，前期如果没有选定符合要求的专利代理机构，后面再慢慢寻找或再变更服务商，会直接影响到高价值专利培育的进度和效果。

企业可以从机构规模、专业能力和服务态度分析来选取专利代理机构。首先，企业可以从获奖荣誉、专利代理师数量、申请量等来选取规模较大的专利代理机构，这类机构一般实力雄厚，政策信息畅通，具有一定数量的服务人才，业务娴熟，可以解决专利申请过程中的各类问题。其次，企业可以从发明专利授权率、平均权利要求数、参加无效宣告和诉讼次数、服务涉外案件次数等来考查专利代理机构的专业能力，这类机构在完成高端代理业务方面可信度较高。最后，企业还需要考察专利代理机构的服务态度，看其能否对企业的需求及时响应，耐心解答企业的问题咨询，以客户满意为服务宗旨。

高价值专利培育中，最核心的服务机构就是专利代理机构，也是参与度最高的机构。如果企业前期没有选择好专利代理机构，在后续高价值专利培育过程中必然麻烦不断。优质的专利代理机构能够在高价值专利培育过程中与企业一道努力，助力企业完成高价值专利培育工作。

六、结　　语

高价值专利培育为企业技术创新成果建立保护壁垒，使企业成为技术竞争力较强的市场主体，提升产业布局话语权。高价值专利培育有利于我国从创新大国向创新强国过渡，走出一条中国特色知识产权发展之路，有力保障创新型国家建设和全面建成小康社会目标的实现。尽管在高价值专利培育过程中已有丰富的理论，但在企业高价值专利培育前期的研究略显不足。高价值专利培育是一个复杂的系统工程，能否顺利培育更是受到多方面因素的影响。

万事开头难，但开头却很重要。笔者认为，企业高价值专利培育过程重要，但前期分析更重要，直接影响后续高价值专利培育的有效性。笔者梳理了企业高价值专利培育前期要做好的四项分析，即培育环境分析、现有技术分析、经济价值分析和代理机构分析。确保高价值专利培育处于良好的内外环境中，具有足够的现有技术支撑，培育方向明确，而且拥有实力雄厚的外部机构协助，方能共同助力企业高价值专利培育。企业高价值专利培育前期分析远不止上述四项，做好万全的前期准备，相信能够大大增加企业高价值专利培育成功的概率。

高质量专利服务支撑科研成果转移转化

王美健[*]

【摘 要】

2020年，全国各地陆续出台了科技成果转化条例，大力推行科技成果的转移转化。目前，我国的大部分科研成果都集中在高校和科研院所，科研成果收获颇丰，但是将科研成果实施或转移转化的案例却较少。高校和科研院所重视科研论文的发表，却轻视专利申请。一方面是因为专利申请无法代表其学术地位；另一方面是因为专利申请后没有配套的技术转移转化服务，科研人员还需要亲自完成技术转移转化的全过程，因此科研人员并无申请专利的积极性。因此，配套相应的技术转移转化服务，助推高校、科研院所的技术转移转化工作，显得尤为重要。本文将探讨如何通过高质量的专利服务，支撑高校、科研院所的技术转移转化工作。

【关键词】

专利服务 科研机构 技术转移转化

---

[*] 作者单位：四川知石律师事务所。

一、引　　言

2021年8月17日，《科学技术进步法（修订草案）》提请十三届全国人大常委会第三十次会议审议。可见国家层面在以立法和法律修订来促进科学技术进步，促进科学技术成果向现实生产力转化，推动科学技术为经济建设和社会发展服务。

2020年，全国各省市地区陆续出台了促进科技成果转化的条例，以大力推行本地区的科技成果落地实施或转移转化。可见，各个地区均结合本地区的科研成果情况，以适应性地修订相关条例的方式，来促进科研成果转移转化。因此，从国家到地方均十分重视科研成果的转移转化工作。

另外值得注意的是，很多高校和科研院所也配套地修改了本单位促进科技成果转移转化的相关管理办法，以促进科技成果转移转化。

但是目前，高校及科研院所的科研成果转化率仍然很低，究其原因主要包括：①科研成果是基础性或理论性或原理性的研究成果，而并非应用级或产品级的研究成果，与市场需求相差较远；②与企业对接不顺畅，研发和需求不匹配，导致科研成果并不能满足实际需求；③科研成果保护不及时，导致成果被提前公开而无法获得专利保护；④科研团队没有配备专业的成果转移转化人员或团队，无法推动科研成果的转移转化，许多高校虽然有团队，但都仅限于备案登记等流程性事务，无法促进成果的转移转化；⑤科研成果的专利保护不到位，致使成果被他人盗用；⑥对科研成果并没有分析、评估、评价，无法估算成果价值，导致科研成果被贱卖；⑦很多科研成果（专利）仅为了项目结题、职称或毕业等因素而研发，成果价值较低。

可见，科研成果的转移转化仍存在着诸多困难。我们不难发现：与市场需求相差较远、缺乏服务团队、专利保护不及时/不到位、需求对接不匹配、成果贱卖等问题，归根结底都是因为缺乏高质量的成果转移转化服务，特别是缺乏高质量的专利服务所致。

二、如何做好高质量专利服务

本文所述的高质量专利服务，不仅包含了专利申请代理，还包含专利情报服务、专利管理、专利分析评议、专利评估评价、专利运营等内容，覆盖面较广。因此要做好高质量的专利服务，应当做好以下几个方面。

（一）专业的专利服务团队

我国绝大多数高校、科研院所仍未设立专门的知识产权管理二级机构，而是在科技处或科研院等科研管理部门下设相关科室。❶ 构建专业化的服务团队是高质量专利服务工作开展的基础。

从专利服务内容来看，高质量的专利服务团队除了应当具备专利撰写能力、专利情报检索分析能力、专利评估评价能力、专利维权保护能力之外，还应当具备专利运营的能力。而在其中的专利运营能力方面，除了应当熟悉专利质量之外，还应当具有熟悉产业导向、产业发展现状和未来趋势等能力。

可见专业的专利服务团队应当是一支综合性的复合型人才团队，且具备产品经理的思维方式，以科研成果的转移转化为工作目标。当然，要组建这样的团队是比较难的，因此可采用"专利管理办公室+外聘专业服务机构/人员"的团队模式。专利管理办公室维持日常的专利管理工作，涉及特殊的需求时，通过外聘的方式提供服务。

（二）创新的专利服务机制

目前，高校和科研院所的专利管理部门一般是充当专利登记和备案部门，并不具备专利服务的管理职能，实际的专利服务是由中介服务机构同实验室或科研团队直接对接，导致科研成果管理不集中、专利服务质量高低不同等问题。

因此，建议在专业服务团队组建形成后，应当创新工作机制，包括专利代理定价机制、专利申请前评估管理机制、科研成果集中管理机制、促进成果转移转化的定价机制等。特别是促进成果转移转化的定价机制，可摒弃现有简单的转让公示机制，采取"转让的询价+转让公示"相结合的机制，即需要在专利转让前征询多家类似技术企业的需求意见及询价结果，拟定转让的公示内容，以此可有效地减少科研成果低价转让的概率。

（三）匹配的专利服务模式

还应当具有与高校和科研院所匹配的专利人员和专业服务模式，例如医学类的高校和科研院所应当配备医学类的人员。同时，针对医药审批及专利申报的特性，建立与医药审批周期相匹配的专利服务流程制度，掐准医药研发到审

---

❶ 王纬超，周辉．以知识产权为核心的高校科研管理新模式［J］．北京教育（高教版），2017（12）：73-76．

批中的关键时间点，同时合理利用好《专利法》规定的延期制度，不能因医药审批周期长而导致专利无法对其研发成果进行保护。

例如计算机通信等领域，由于技术更新和迭代较快，因此对应的专利服务模式应当以快速获权为要，且在研发立项之初就采用优先审查或快速预审等手段，以尽快获得专利保护。

因此无论何种领域的高校和科研院所，都应当将专利服务嵌入整个研发的立项初期、研发过程中、形成成果后、产品化/产业化过程中的多个环节，以嵌入共存的方式服务于科研成果的全过程。

（四）全面的专利数据库

高校和科研院所注重论文发表，因此非专利数据库是比较全面的，相反专利数据库却并不全面。而高质量的专利服务，必然需要有专利数据库作为支撑。因此，为了科研成果转移，可基于高校和科研院所的特色领域，建立该领域的专利数据库，以数据支撑特色学科或研发的进程。同时，还要定期更新和编辑数据库，进行分类汇总。

（五）健全的专利服务标准

为实现高质量专利服务，需要制定高质量的专利服务标准，并对专利服务内容进行监督，特别是在采购第三方中介机构服务的情况下，避免专利服务质量不高，带来整个高校和科研院所的专利服务低下的问题。因此需要建立一套高标准的专利服务要求和标准，以严格执行高标准专利服务，继而达到专利整体的高质量，促进成果转移转化。

三、如何支撑科研成果转移转化

基于高质量的专利服务，又该怎样支撑科研成果转移转化呢？笔者将探讨如何在科研项目立项前、研发过程中和科研成果形成后的三个阶段提供高质量的专利服务，以支撑成果转移转化。

（一）科研项目立项前

在科研成果研发前，也即科研项目立项前，可基于专利数据库，提供高质量的专利情报服务，例如探寻科研项目的现有技术情况、专利技术分支、所对应的企业专利申请情况及研发程度、专利技术应用情况等。

高质量的专利服务可以在科研项目立项前提供整个研发项目所对应的专利技术情形，以避免科研项目的重复立项和研发。同时，通过梳理的技术流或技术分支、企业专利情况等，确定科研项目立项与市场应用相匹配，避免科研项目成果存在专利侵权等可能。

可见，在科研项目立项前，可以通过高质量的专利情报服务确定是否立项以及具体的研发方向等内容，以支持科研项目的立项及对现有技术的掌握。

（二）科研成果研发中

在科研项目的研发过程中，应当时刻关注同领域的专利技术进展情形，因此需要随时更新与研发技术相匹配的技术发展情况；若已有对应的团队具有相应的研究成果，应当调整研发方向或研发思路，避免存在专利侵权或重复研发的可能。

可见，在科研成果的研发过程中，需要有高质量的专利情报跟踪服务。同时在研发过程中，可能存在某些阶段性的成果，那么需要有高质量的专利代理服务，以在阶段性论文发表前获得专利保护。笔者在专利代理的过程中，常遇到某些科研成果在专利申请前就已经发表论文，导致科研成果不能被专利保护而被他人免费使用的情况，因此在研发过程中应当注重高质量的专利代理，避免出现类似的情况。

（三）科研成果形成后

当研发成果形成之后，更需要高质量的专利服务以全方位地进行专利保护。

1. 高质量的专利布局策划

在研发成果形成之后，只申请一件专利是无法对该研发技术进行完全保护的，因此需要高质量的专利布局策划，包含成果本身、成果的应用、成果的制造方法、成果的可变方案等方面，将研发成果与产品/产业相结合，同时还需要考虑发明专利与实用新型专利相匹配的方式，最终形成高价值专利组合。

例如：在四川大学华西医院与宜昌人福药业有限责任公司"麻醉新药专利许可及项目开发合作开发"项目中，双方签署了总额2.5亿元的专利许可及项目合作开发合同，前者合同金额为5000万元人民币，后者为2亿元人民币+3%销售收入提成。其中该项目涉及的许可专利包含：一种季铵盐类化合物及其制备方法与用途（专利号ZL201910102803.0）和一种季铵盐类化合物及其制备方法与用途（专利号ZL201910100568.3），对应该麻醉新药。同时布局了国内专利申请：一种阳离子类化合物及其制备方法与用途（专利号ZL201910101369.4）和一种局部麻醉用药物组合物及其制备方法和用途（专利号ZL201410192968.9）；全球

PCT申请还包含有一种季铵盐类化合物及其制备方法与用途（WOCN19074275）和一种阳离子类化合物及其制备方法与用途（WOCN19074276）。可见，该科研成果的专利布局得当，才保证了该科研项目的许可和开发。

2. 高质量的专利代理

由于科研成果很多时候都仅申报发明专利，且高校和科研院所仅为了专利获得授权，而并不考虑权利要求的保护范围，独立权利要求中包含有若干非必要技术特征，继而该专利只能是存在于理论中的专利技术，而根本无法获得有效的专利保护。而高质量的专利代理需要充分考虑科研技术的产品/产业实施情况、可变现情况、取证便捷性、权利要求保护范围等因素，以形成高质量的授权专利，从而保护该专利技术。

3. 高质量的评估评价

正在推行专利申请前的评估评价，那么这种评估评价是简单地评估成果的新创性，还是针对该成果的市场结合程度、技术转移转化可能性等多维度的考量呢？因此需要从技术性、法律性、经济性等多角度进行高质量的评估评价，才能够精确地评价科研成果是否应当被申请专利。

同时，建立科技金融服务平台，通过聚集投融资机构资源，建立资源共享的投资孵化机制，结合技术、资本、产业、市场等要素，强化导向作用，坚持多方参与、市场化运作的原则，积极推动专业投资机构及相应的管理公司搭建企业和国际风险投资机构的信息交流平台，加快构建多层次、多元化的投融资体系，促使各类企业通过风险投资引导基金等方式加强与各类金融和非金融机构的合作，为科技型初创企业和创业团队提供新的融资方式，开辟新的融资渠道，为积极推进企业进入资本市场、支持企业的快速可持续发展提供便利。❶

4. 完善分级管理制度

在国家知识产权局"唤醒沉睡专利"的号召下，对于高校和科研院所的沉睡专利应当进行分析、评估评价以进行分级，区分核心专利、基础专利、外围专利、应用专利，区分高质量专利、一般质量专利和低质量专利。通过对现有专利的分级管理，针对重要的专利实行严密的监管，同时作为重要成果进行推广应用，而对不重要的专利且低质量的专利则考虑尽快转让或不缴费失效等方式处理，以优化专利资产结构，提升专利技术价值。

---

❶ 邓志云，张桂华，丁力，等. 打造服务技术转移全链条的科技产业创新中心 [J]. 天津科技，2020，47（2）：19-21.

5. 高质量的专利估值服务

目前，高校的专利转让价格一般包含议价和最低价格的方式，但是这两种方式都较为主观地决定了专利的价格，可能导致产出远远小于成本的专利。❶

实际上，高校和科研院所的科研项目是需要建立项目财务台账的，其中科研成本是可以核算或折算的，因此可以采用成本法的方式对专利的成本进行核算，以确定专利成本。而专利转让价格则在专利成本的基础上上浮20% ~ 100%，以确定专利的最低交易价格。在每件专利成本不同的情况下，最低交易价格也应当是不同的，因此，在确定了专利技术成本的情况下，最低交易价格也就被确定了，那么其中高质量的专利估值服务也就需要跟踪科研项目的全过程，以全过程中各个环节的费用是否合理、是否应当归属于专利成本为基础进行核算，以精准地确定该专利的价格。

6. 高质量的专利运营服务

科研成果和专利成果形成之后，需要将专利进行转移转化，那么其中的专利与需求对接、专利成果的定价、专利交易的谈判、成果转移转化的执行等，都需要专业的人员提供服务，而这种服务也正是专利运营的核心和内涵。因此只有提供了高质量的专利运营服务，才能在科研成果形成之后迅速地将科研成果进行转移转化，实现专利技术的盈利。

7. 高质量的专利保护服务

目前，仍然有很多成果是不能被转移转化的，但是却有很多企业或个人在免费使用这些科研成果或专利成果。因此需要专门的专利保护人员，针对侵权者或使用者的行为采取诉讼、行政等方式进行维权，以保护高校和科研院所的研发成果。

四、结　　语

综上所述，高质量的专利服务能有效地保证高质量的专利形成以及高质量的科研立项、研发及成果形成；同时确保科研成果得到高质量的专利保护，避免侵权或免费使用，避免科研成果的低价转让；通过分级管理，能够重点突出地对高价值专利进行唤醒，有效地促进科研成果的转移转化。

---

❶ 黄丽君. 高校专利转移转化与新常态下经济创新驱动发展［J］. 南通大学学报（社会科学版），2017，33（6）：126 - 131.

专利申请高质量代理的四大维度

江耀纯*

【摘　要】
　　在专利申请业务的高质量代理中，专利代理师在实体上应当关注"可授权、难无效、易维权、难规避"四大维度；在需要的情况下，不但要对专利申请的技术方案进行有益的宽度拓展，还要进行合理的深度挖掘；在撰写方式上还要兼顾周边限定式写法和中心限定式写法的有机结合，并且在权利要求中进行一些看似多余而实则必要的"十面埋伏型"限定。

【关键词】
　　高质量专利　高质量代理　授权　无效　维权

一、引　言

当前高质量专利的培育已成为专利工作的重点之一。关于创新主体如何打造高质量专利，业界已有很多的论述，但对于专利申请的高质量代理讨论得较少。由于我国专利申请有大约2/3是由代理机构代理的，如果代理机构不能有

---

* 作者单位：深圳新创友知识产权代理有限公司。

效地参与到高质量专利的打造当中，并且专利代理界对于专利申请的高质量代理不进行深入探讨和研究的话，将会严重影响我国高质量专利工作的进展。

为此，笔者对此话题作初步探讨，以求抛砖引玉，引起大家更多的讨论，希望能借此在专利代理界形成高质量专利代理的风气，共同提升专利代理的质量。

二、高质量专利的四大维度

给专利质量下一个定义是非常困难的事情，要说清什么是高质量专利就更加困难，但可以从它与"高价值专利"的关系中抽丝剥茧，找出专利代理中所重点关注的维度。高质量专利和高价值专利是两个相关的概念，高价值专利应当首先是高质量专利，但同时专利价值也会影响到专利质量。

有人总结：专利价值包括市场价值、经济价值、技术价值、战略价值和法律价值等。借用这种说法，假如剥离专利的市场价值、技术价值、经济价值和战略价值等因素，只考虑专利的法律价值对专利质量的要求，那么就可以发现，专利代理师最能直接影响的专利质量因素，除流程和形式层面外，在实体层面包括四个方面：可授权、难无效、易维权、难规避。具体说明如下。

1. 可授权

在此所说的"授权"，是指专利申请被专利行政部门批准授予专利权。高质量专利必须是能获得授权的专利。如果一件专利申请连可授权都做不到，那么它的质量是谈不上高的。不能授权的专利申请，价值几乎为零。但为了与"包授权""包批准"等说法相区分，笔者把此项维度称为"可授权"，是指专利申请文件已经撰写到符合《专利法》要求、可以授予专利权的程度。专利代理师应勤勉尽职，确保"当授权则志在可授权"，即：如果发明创造本身是值得授予专利权的，不会因为撰写的原因造成不能授权。但最终是否授权，由相关部门决定，并非由专利代理师或代理机构决定。

2. 难无效

此维度和"可授权"本质上是属于同一问题的两个方面，笔者将其单独列出来是因为：第一，无效宣告程序和审查程序是两种不同的程序；第二，无效宣告程序和审查程序的审查重点不同；第三，无效宣告程序和审查程序的参与人不同。

3. 易维权

笔者所称的"维权"是指专利权的行使，并不是指专利的实施。易维权，就是专利权的行使比较容易，其表现在侵权嫌疑人的侵权事实比较容易证明，以及专利权容易得到相关部门的司法或行政保护甚至竞争对手的尊重。

4. 难规避

此维度和"易维权"有一定的关联，本质上应当是属于"易维权"中的一个因素，因为越不容易被竞争对手规避的专利，越容易得到竞争对手尊重。但由于"维权"是从专利权人的角度而言的，而"规避"是从竞争对手的角度而言的，所以在此单列一项。

三、高质量专利代理如何做到"可授权"和"难无效"

由于"可授权"和"难无效"这两个维度是同一个问题的两个方面，所以笔者暂且从"可授权"说起。

可以说，专利代理师的大部分工作就是使专利申请获得授权。因此"如何做到'可授权'"这个话题在业界已经谈得很多了。但是，还很少有人谈及如何能做到"当授权则志在可授权"的问题。

事实上，要做到"当授权则志在可授权"，主要难点并不仅在于如何避免形式失误、如何避免流程失误、如何避免缺乏实用性以及如何避免公开不充分等问题上，而在于如何避免缺乏新颖性和如何避免缺乏创造性上。在这方面，业界有一些人士会产生如下一些误解和疑惑：新颖性和创造性难道不是由发明人保证的吗？难道现在要由专利代理师来为新颖性和创造性负责吗？

其实笔者说的是"当授权则志在可授权"，这里有一个前提是"当授权"，即"发明创造本身是值得授予专利权的"，发明人的发明创造中应当包含有具备新颖性和创造性的技术方案，等待专利代理师去发现、去描述、去寻求专利保护。如果专利代理师的工作不到位，完全有可能会使一些原本"当授权"的发明创造最终未获得授权。而高质量专利代理是不允许这种情况出现的，对此笔者简称"可授权"。

然而，人非圣贤岂能无过，专利代理师在专利申请业务代理过程中也一样难以避免失误，那么我们如何来保证"可授权"呢？笔者在此给出的方法是"冗余处理"，即，在撰写方式上兼顾周边限定式写法和中心限定式写法的有机结合，并且还要在权利要求中进行一些看似多余而实则必要的"十面埋伏型"限定。

关于周边限定式写法和中心限定式写法❶，大意是：建议将"中心限定"和"周边限定"有机地结合起来，运用"折衷限定式写法"，使权利要求的保护范围既能被清楚地界定，又能得到合理的扩张，且专利授权后也具备较高的稳定性。

"看似多余而实则必要的'十面埋伏型'限定"是指：对于发明创造中的创新点部分、非常规部分，不能只局限于技术交底书中所给出的描述，而是还要引导发明人给出更多的描述，并把这些描述写入权利要求书中的适当部分。比如，如果技术交底书中只描述了部件及连接关系，通常会认为这就足够了，但在高质量的专利代理中，笔者认为还应当请发明人补充描述与发明点有关部位的材料、尺寸、空间位置关系、功能、效果、用途、使用环境、工作原理甚至制造方法等技术特征，看似啰嗦，实则是为了起冗余候补作用，将来对"可授权"有可能会发挥意想不到的作用。由于其在方方面面为将来权利要求的解释埋下了伏笔，故笔者称为"十面埋伏型"限定。

四、高质量专利代理如何做到"易维权"和"难规避"

关于"易维权"这个维度，业界已经提出了很多"方法论"，比如"避免多余限定原则""上位概括原则""原理分析原则""单一主体原则""技术特征易感测原则""加减检验意识""层次布局意识""假想敌意识""最小销售单元意识"等，在此不再赘述。

关于"难规避"这个维度，笔者认为，其实现的方法最好就是专利代理师引导发明人自己先行规避，并在可能的情况下把规避方案视情况纳入专利保护范围。

但是，规避方案的寻找并非一件容易的事，有时寻找一个规避方案的难度不亚于重新做一个发明创造。那么，专利代理师有什么好的方法可以引导发明人来寻找规避方案呢？笔者推荐的方法是"功能分析法"和"可视化挖掘法"，在需要的情况下，对专利申请的技术方案进行有益的宽度拓展，并进行合理的深度挖掘。采用这些方法不一定能成功找到很好的规避方案，但可以让竞争对手将来的规避更难。

现实中，规避方案可分为"基于和本发明同一创新原理的规避方案"和

---

❶ 王震宇，江耀纯. 论中心限定、周边限定和折衷限定在权利要求撰写中的运用［J］. 专利代理，2020（3）：44-52.

"基于和本发明不同创新原理的规避方案"两种，其中后者的技术方案是无法合案申请到本发明专利申请文件中的，需要进行另案申请。如果这样的技术方案很多，则就会形成一个多层次的专利布局。虽然单件专利并不能达到"难规避"的效果，但多件专利形成的专利网在一定程度上能达到这个效果。

有时会出现下面这种情况：规避方案如此之多，造成专利申请和维护的成本非常高，而"本发明"本身是一个非常基础的发明创造，则申请人有可能希望只用一件或少量专利来进行保护。此时，就对专利代理师提出了很大的挑战：如何才能使专利的保护范围合理加宽到客户期望的程度而又不会导致新创性丧失？

此时我们又碰到了"可授权、难无效"维度的制约。在这种情况下，我们既要保证"可授权、难无效"，又要保证"易维权、难规避"。笔者认为，如果能同时保证这四大维度，则是属于真正的高质量专利代理。

但是，"可授权、难无效"和"易维权、难规避"如果追求到极致，其实会变成相互矛盾的两个方面。那么专利代理师是否可以使这两个相互矛盾的方面全部得到优化呢？笔者认为，这是专利代理界的一个顶级难题，但并非无解。比如，交通工具的速度和安全性是相互矛盾的两个方面，但从自行车进化到汽车，这两个方面全部都得到优化。由此可见，看似矛盾的两个方面，在突破性的解决方案面前会变得统一。

笔者在此呼吁，希望广大同行能积极参与讨论，为解决这一难题献计献策，共同提升我国的专利代理水平。

《专利法》要保护的是现实中的发明，但实践中保护的却是纸上发明，具体说就是权利要求书中写的发明。很多情况下，专利代理师并不深入发明创造现场，而只是将技术交底书修改优化成说明书和权利要求书，整个过程全是文字工作，其中每一步都可能有遗漏，最后概括出来的权利要求书与实际发明可能会有很大的距离。而专利行政部门的审查和法院的判决都是以这个很有差距的权利要求书为准来进行的，所以其所保护的并不是真实的发明创造。而高质量专利代理所要做的一个重要工作就是要使书面中的发明创造和真实的发明创造做到尽量一致，缩小差距。

五、专利分级代理对高质量专利的促进作用

根据前面的描述可知，要保证上述四个维度均为高质量，需要专利代理师付出艰苦的劳动，而要同时实现"可授权、难无效"和"易维权、难规避"，

有时是矛盾的，难以同步实现的。因此，现实中，经常有些专利申请并不要求这四个维度同时实现高质量。为此，就产生了高质量专利分级代理的需求。分级主要是出于两方面考虑：一是技术交底书的质量，二是客户的需求。

在技术交底书的质量方面，如果发明人已在技术交底书中给出了规避方案，那专利代理师就不需要再引导发明人进行规避，直接进行上位概括就可以了；另外，如果创新主体对《专利法》很熟悉，其不仅能在交底书中给出规避方案，并且能把不属于同一技术原理的规避方案另行撰写在不同的交底书里，从交底书层面就实现了立体网状布局，那么专利代理师也就不用引导客户进行专利布局了。因此，仅从技术交底书的质量考虑，就值得将专利申请进行分级代理了。

在客户需求层面，有如下几种不同的情况，需要专利代理师分别给予不同的处理。

情况一：客户的目的只是要防止别人针对某一技术取得专利，并且只是想防止别人原样照抄，则此时专利代理师并不需要进行过多的上位概括，而是只需要瞄准特定技术方案，保护客户的具体实施方式。但这种情况并不多见，通常在这种情况下，客户会自行提交申请，而且会有制造非正常申请和垃圾专利的嫌疑，因此建议专利代理师尽量少代理此类申请。

情况二：客户的目的是防止竞争对手模仿产品或者技术中的发明构思，或简单替换，此时专利代理师需要瞄准特定技术问题，保护客户的解决方案的上位概括方案。专利代理师日常工作中遇到最多的情况应该就是此种情况。

情况三：客户的目的是防止竞争对手借鉴产品或者技术中的发明构思进行有意识的规避，此时专利代理师需要瞄准特定技术问题，保护客户的解决方案以及其规避方案。在此种情况下，如果技术交底书中没有给出规避方案，则需要专利代理师引导发明人寻找规避方案，然后才能进行上位概括，以便在确保新颖性和创新性的前提下实现保护范围的合理加宽。在这种情况下，专利代理师的工作量通常会三倍于情况二的工作量或更多，因此，笔者建议代理费的收费标准也应当达到情况二的三倍或更多。

情况四：客户的目的是防止竞争对手实现同一目的，包括采用不同技术来实现这一目的，则专利代理师需要瞄准特定技术问题，保护最优方案、次优方案、可能方案，以及这些方案的可能改进方案，因此不但要对专利申请的技术方案进行有益的宽度拓展，还要进行合理的深度挖掘，形成网状立体专利布局。当然，如果客户的技术交底书已经形成布局，则专利代理师也无须引导客户进行布局。在这种情况下，如果需要专利代理师来引导发明人进行规避方案设计以形成专利布局，则工作量通常会三倍于情况三的工作量或更多，因此，笔者建议代理费的收费标准也应当达到情况三的三倍或更多。

情况五：客户的目的是瞄准目标产品或方法封杀特定竞争对手，此时专利代理师需要瞄准主价值链上的核心卖点，保护竞争对手必用的技术方案。在这种情况下，专利代理师就不能只从技术角度和法律角度来考虑问题，还必须进行商业价值识别，针对商业价值的核心部分进行封杀式保护。由于这种"封杀式保护"的保护范围极宽，专利通常所面对的新颖性和创造性问题更加严峻，因此，此种情况下更加需要在撰写方式上兼顾周边限定式写法和中心限定式写法的有机结合，并且还要在权利要求中进行一些看似多余而实则必要的"十面埋伏型"限定。专利代理师的工作量和劳动强度通常会三倍于情况四的工作量或更多，因此，笔者建议代理费的收费标准也应当达到情况四的三倍或更多。

针对上述五种情况，广东专利代理协会于2021年初发布了《高质量专利申请分级代理工作指引（试行）》，为专利申请的高质量代理提出了一个初步的指引。笔者希望能借助分级代理，让发明创造能得到量体裁衣般合适的保护。虽然一些高级别的专利代理初期会收取较高的代理费，但笔者相信在代理经验越来越丰富以及发明人越来越了解《专利法》、技术交底书的撰写质量越来越好的情况下，高端专利申请代理费在未来有降低的空间，专利代理界一定会不断努力争取降低专利保护的成本，但这要以"能保护得住"为前提。

六、结　　语

笔者从四个维度在实体层面对专利的高质量代理进行了分析，并说明了专利分级代理的缘起，希望借此能抛砖引玉，吸引更多同仁参与讨论，共同提升专利代理质量，为我国高质量专利建设工作作出我们专利代理行业应有的贡献。

第三部分

专利审查与专利代理实务

造法与司法：发明专利临时保护的限度
——论最高人民法院指导案例 20 号的存与废

陈鹏玮[*]

【摘　要】

　　临时保护是对专利禁用权的有益补充，是事后追责的机制，但是长期面临着效力不强的问题。尤其是最高人民法院指导案例 20 号（以下简称"指导案例 20 号"），更让临时保护的限度大为限缩，引起专利权人和知识产权界的争议。随着《民法典》实施，指导案例 20 号成为历史，但是这样的争论仍然存在。厘清临时保护的本意，对临时保护期内产品在专利授权后的后续行为进行《专利法》的规制是符合立法目的的方式。严格按照构成要件认定侵权行为，同时需要注意到例外情况的存在，并对几种特殊情况进行探讨，提供临时保护向专有权保护转化的思路。最终希望通过法律本身解决这一空白，为加强知识产权保护提供有力法治保障。

【关键词】

　　临时保护　空白填补　期内期外二分　推定许可

---

[*] 作者单位：北京理工大学。

服务创新着力保护　促进行业高质发展

  2013 年 11 月 8 日最高人民法院发布指导案例 20 号——深圳市斯瑞曼精细化工有限公司（以下简称"斯瑞曼公司"）诉深圳市坑梓自来水有限公司（以下简称"坑梓公司"）、深圳市康泰蓝水处理设备有限公司（以下简称"康泰蓝公司"）侵害发明专利权纠纷案（以下简称"斯瑞曼案"）。最高人民法院在指导案例 20 号中明确：对于他人在发明专利临时保护期内制造、销售、进口的侵权产品，在发明专利授权后的使用、许诺销售和销售不受专利权人的限制。也就是说，只要不"产生"新的"产品"，授权后的专利权人就无法禁止已存在的"产品"的后续流通。最高人民法院认为这样的判断符合"以公开换保护"的《专利法》立法目的，并且能够有效推动发明创造的社会应用，促进科技、经济的发展，即符合公共利益的要求。❶

  2020 年 12 月 30 日，最高人民法院发布通知，为配合《民法典》实施和审判实际，包括指导案例 20 号在内的部分指导案例自 2021 年 1 月 1 日不再适用。❷ 由此，明确发明专利临时保护制度内涵的斯瑞曼案在存在 7 年之后退出了历史舞台，同时也将发明专利临时保护的限度再次推到研究的前沿。

一、问题的提出

  指导案例 20 号的案情为斯瑞曼公司 2006 年 1 月 19 日向国家知识产权局申请名为"制备高纯度二氧化氯的方法和设备"发明专利，该申请于 2006 年 7 月 19 日公开，经历实质审查后，最终于 2009 年 1 月 21 日获得授权，授权时的名称为"制备高纯度二氧化氯的设备"。在发明公开后授权前的 2008 年 10 月 20 日，坑梓公司向康泰蓝公司购入二氧化氯发生器一套，康泰蓝公司负责安装、调试设备和提供维修、保养等后续服务。斯瑞曼公司起诉要求坑梓公司和康泰蓝公司停止侵权并承担损害赔偿责任。一审深圳市中级人民法院向斯瑞曼公司释明可以主张支付发明专利临时保护期使用费，但斯瑞曼公司仍然坚持原诉讼请求。一审法院判决：①康泰蓝公司立即停止制造、销售侵犯涉案发明专利权的行为；②康泰蓝公司、坑梓公司于判决生效后十日内连带赔偿斯瑞曼公司经济损失人民币 8 万元；③驳回斯瑞曼公司的其他诉讼请求。但是法院同

---

❶ 张先明. 最高人民法院发布第五批共六个指导性案例［EB/OL］.（2023 - 11 - 23）［2021 - 08 - 15］. https://www.chinacourt.org/article/detail/2013/11/id/1149356.shtml.

❷ 最高人民法院. 最高人民法院关于部分指导性案例不再参照的通知［EB/OL］.（2020 - 12 - 30）［2021 - 08 - 15］. http://www.court.gov.cn/fabu - xiangqing - 282441.html.

时认为，坑梓公司自来水消毒、净化处理涉及社会公众利益，停止被诉侵权产品的使用将在某种程度上影响社会公益，所以被诉侵权设备不必停止使用。坑梓公司、康泰蓝公司不服一审判决，向广东省高级人民法院提起上诉。二审驳回上诉，维持原判。后坑梓公司向最高人民法院申请再审，最高人民法院撤销了一审和二审的判决，驳回斯瑞曼公司的诉讼请求。

案件的核心问题为，在专利公开日到授权日之间的临时保护期内制造、销售、进口的被诉侵权产品在授权日之后的使用、销售、许诺销售等后续行为是否侵害专利权。最高人民法院的观点是后续行为不侵犯专利权，并且延伸得到了一条规则，即对于实用新型专利和外观设计专利，授权公告日之前实施该专利且后续行为处于授权公告日之后，则后续行为亦不为《专利法》所禁止。❶

二、空白填补的必要性

发明专利从申请到授权过程有时长达数年，在这个过程中，申请人无法获得专利权的保护，但是由于其公开了专利申请，任何人都可能实施这一技术方案，因此申请人合理利益的保护也需要法律的关注。

（一）临时保护期的出现

发明专利的授予需要经历一个较为漫长的过程。依据《专利法》，发明专利的审批程序分为五个阶段，即受理、初步审查、公布、实质审查和授权。申请人向专利行政部门提出申请，如果符合受理条件，专利行政部门将确定申请日，给予申请号；受理后的专利申请缴纳申请费后进入初步审查程序，审查专利申请是否文件齐全以及是否符合《专利法》和《专利法实施细则》的规定；初步审查合格的，进入公布程序，申请人也可以申请提前公布；申请人提出实质审查请求后，专利行政部门对已公布的专利申请进行实质审查，在此期间将会下发若干次审查意见通知书，申请人针对审查意见通知书进行答复并对专利申请进行必要的修改；如果符合授权条件，专利行政部门会授予专利权并颁发专利证书，在专利登记簿上进行记录。

专利申请公开日到授权日之间的期间被称为临时保护期。按照目前的实际

---

❶ 参见：黑龙江省高级人民法院（2016）黑民终406号民事判决书、青岛市中级人民法院（2020）鲁02知民初82号民事判决书、最高人民法院（2015）民申字第1070号民事裁定书，载刘德权，王松. 最高人民法院司法观点集成：知识产权卷［M］. 2版. 北京：中国法制出版社，2017：300-301.

情况，这个期间可能要持续 2～4 年的时间。❶ 根据《专利法》的规定，发明专利的申请人在临时保护期内获得的保护比较有限。与临时保护期相关的法律规定主要是《专利法》第 13 条和第 74 条。第 13 条规定申请人在发明专利申请公布后可以要求实施者支付适当的费用；第 74 条明确了发明专利申请公布后至专利权授予前使用该发明未支付适当使用费的，专利权人要求支付使用费的诉讼时效为三年，自专利权人知道或者应当知道他人使用其发明之日起算，但是，专利权人于专利权授予之日前即已知道或者应当知道的，自专利权授予之日起算。以上的规定说明，申请人虽然可以要求使用费，却没有救济的方式，只有等到发明专利授权后才能够以专利权人的身份向法院起诉以实现对请求权的司法救济。

（二）临时保护的限度与解释

纵观以上的规范，仅仅规定了适当使用费，却并未对临时保护期内实施发明的行为进行定性。在审判实践当中，这样的情况并非个案，法官不能以法律无规定而拒绝审判，因此就产生了填补法律漏洞的需求。指导案例 20 号即是在这样的情况下应运而生，试图提供一条解决路径。法律的有限性面对丰富精彩又错综复杂的社会生活显得"鞭长莫及"，尤其是在宜粗不宜细的中国立法体系下，更显普遍。❷ 同样地，对于实用新型专利和外观设计专利在申请日后授权日之前的实施行为，也有必要创造某种可以遵循的司法规则。

填补漏洞需要运用法律解释的方法。在指导案例 20 号之中，最高人民法院宣称运用了体系解释❸的方法解决了这一漏洞。在说理过程中，最高人民法院将《专利法》第 13 条解释为"在发明专利临时保护期内实施相关发明的，不属于《专利法》禁止的行为"。但是在进一步推理得到授权后的后续行为仍然不为《专利法》所禁止时，主要的理由是《专利法》的立法目的和精神以及参照权利用尽和先用权的规定——我们或许能读出这种解释的方法更加类似目的解释和类推解释。立法目的解释本身就呈现出两种解读，如何平衡专利权

---

❶ 国家知识产权局于 2021 年 7 月 14 日 15 时举办第三季度例行新闻发布会，会上公布：截至当年 6 月底，我国发明专利平均审查周期已压减至 19.4 个月。但是考虑到发明人可以在申请日起三年内申请实质审查，且法律未规定最长的审查周期，所以这个期间仍然是不确定的。

❷ 梁慧星. 民法解释学 [M]. 北京：中国政法大学出版社，1995：260.

❸ 郎贵梅，吴光侠. 指导案例 20 号《深圳市斯瑞曼精细化工有限公司诉深圳市坑梓自来水有限公司、深圳市康泰蓝水处理设备有限公司侵害发明专利权纠纷案》的理解与参照：专利临时保护期内实施发明所得产品的后续使用不侵害专利权 [J]. 中国法律评论，2014 (1)：180-183.

人与社会公众利益是一个复杂的价值判断过程，而类推解释时又不难发现临时保护期的类型与权利用尽和先用权的规定以及其规制行为的目的并不相同，所以在作出以上解释过程中其正当性可能面临质疑。❶

具体而言，法院认为如此既避免了重复诉讼，又平衡了专利权人和社会公众的利益。反之可能使得专利权人既拥有禁止权，又能请求适当的费用，将有失公平。❷ 但是对于"公开换保护"的《专利法》基本宗旨而言，当公开在一个较长的期限内并不能换得保护时，这对于专利权人是否公平，对于专利制度本身是否能够起到推进作用，却又有待商榷。此外，权利用尽与临时保护期内产品的后续行为并不相同。权利用尽的起点是权利人的许可，并且权利人已经获得相应的对价，这个制度的出发点在于尊重权利人的专有权和意思自治，即可以许可也可以不许可；而对临时保护期内产品的后续行为而言，本身产品的销售就未获得许可，权利人的意思自治无法实现。

（三）临时保护的必要性

有学者认为发明专利的保护力度经历了 V 字形的变化，❸ 在发明专利申请公开之前，为专利申请方案提供的保护是基于商业秘密中技术秘密的保护，专利授权之后提供的保护是专利权的保护。根据《民法典》第 123 条的规定，商业秘密和专利权都被明确为知识产权，是一种专有的权利，所以二者的保护力度是极强的，而作为衔接的临时保护期内的保护至少不应该低于此前商业秘密的保护力度。❹ 此时就衬托出临时保护的"尴尬境地"，尤其是在指导案例 20 号创设的裁判规则下，临时保护可能只是形同虚设了。❺

---

❶ 张鹏. 专利临时保护期内获得的产品后续使用时的专利权用尽：深圳市斯瑞曼精细化工有限公司诉深圳市坑梓自来水有限公司、深圳市康泰蓝水处理设备有限公司侵害发明专利权纠纷案[J]. 中国发明与专利, 2018 (7): 113 - 115.

❷ 郎贵梅, 吴光侠. 指导案例 20 号《深圳市斯瑞曼精细化工有限公司诉深圳市坑梓自来水有限公司、深圳市康泰蓝水处理设备有限公司侵害发明专利权纠纷案》的理解与参照：专利临时保护期内实施发明所得产品的后续使用不侵害专利权[J]. 中国法律评论, 2014 (1): 180 - 183.

❸ 燕菁菁. 专利临时保护法律效力初探：简评最高人民法院 (2011) 民提字第 259 号民事判决书[J]. 中国发明与专利, 2014 (4): 56 - 60.

❹ 李萍. 对最高人民法院 20 号指导案例的思考[J]. 学术研究, 2016 (2): 58 - 66.

❺ 杨明. 从最高人民法院第 20 号指导案例看发明专利的临时保护制度[J]. 北京仲裁, 2013 (4): 41 - 56.

三、临时保护期与行为认定

临时保护期内实施专利申请的行为不侵犯专利权是法定的事实,问题的关键在于如何认定后续行为的性质。通过以上分析,指导案例20号的意见虽然合法,但是可能未必完全合理,也可能对专利制度造成一定冲击。如果不去理会这个"空白",又会造成更大的混乱。如何合理界定后续行为,成为亟待解决的问题。

(一)"入罪"与"出罪":期内与期外行为认定的二分

临时保护期来源于"早期公开,延迟审查"的制度设计。这一制度一方面缓解了审查机关大量申请挤压的压力,能够更加客观准确进行专利审查;另一方面是向公众传递最新的技术发展咨讯,以免造成重复科研和重复申请。这种审查制度主要是基于公共利益的需求,所以在考虑临时保护这一制度时要考虑到公共利益另一头的专利申请人的利益,如此才能在天平两端取得合理的平衡。

根据《专利法》第11条的规定,认定专利侵权需要考虑两个方面:第一是积极要件,即在专利权有权时期内实施了专利,包括为生产经营目的制造、使用、许诺销售、销售、进口其专利产品;❶ 第二是消极要件,即未经专利权人许可。以上的条件为"入罪"的事由。同时,还规定了抗辩的事由,即"不视为"侵犯专利权的例外情形,规定于《专利法》第75条之中,主要包括:专利权穷竭(权利用尽)、先用权抗辩、临时过境例外、专为科研例外、Bolar例外。以上的条件为"出罪"的例外。后三种情形与后续行为显然无关,前两种情形经过上一部分的分析也可以发现与后续行为并不相同或相当。

首先,对临时保护期内的实施行为分析,由于并无《专利法》的直接规定,并且考虑到不满足认定专利侵权的积极要件,所以可以毫无疑问地认定期内的实施行为至少不属于违反《专利法》的行为。

其次,对授权后的实施行为分析,这种行为的认定也很简单:由于满足了专利侵权的积极要件,在消极要件满足且无"不视为"侵犯专利权例外的情况下,直接认定为侵犯专利权的行为也没有障碍。

最后,对于临时保护期内制造的行为在授权后的后续行为认定时,仍然需

---

❶ 这是对发明专利和实用新型专利的规定,外观设计专利的使用不属于侵权行为。

要按照"入罪"和"出罪"的顺序进行认定，这是文义解释的要求。对于后续行为来说，满足"入罪"的构成要件，同时又没有"出罪"的例外之时，认定为专利侵权行为并没有不当。事实上，后续行为的可归责性并无太多的障碍，虽然前序行为不为《专利法》所禁止，但是也并不完全合理，利用他人已经公开的申请时，就应当有所警惕：这样的行为是否可能带来侵权的风险。假设将未来可能承担的侵权责任作为一种"损害"来看待的话，实施者的行为就类似《民法典》中的"自甘风险"，实施已经公开的专利申请本身就是具有"危险"的活动，"自愿参加具有危险性的活动受到损害"时应当自行承受这一份"损害"。专利申请人已经尽自己所能按照《专利法》的要求进行了专利申请，该申请公开之后就会短暂"脱离"申请人的控制范围，此时"潜在"的实施者应当适当承担审慎义务，不应当"肆无忌惮"实施这一方案。

（二）社会视角的临时保护

从社会视角来看，这样的界定也有合理性。通常专利申请人会在申请专利后再将自己的产品推向市场。较为强大的专利申请人通常会在申请后就制造、许诺销售、销售专利产品，或者从国外进口专利产品。此时可能会有大量的投机者仿制这样的产品，并且借助无研发成本的优势用低价出售仿制品。这会扰乱市场的正常秩序，容易使得低质的"仿冒者"横行。较为弱小的专利申请人很可能借助专利来打入市场，申请后不会大量实施专利，而是希望借助专利权来推广产品，此时专利申请公开后可能被行业内具有较强实力的厂商看重，从而直接实施这一"不侵权"的方案；等到若干年后专利被授权，弱小的申请人也没有能力再使用自己的专利权拿到市场优势。所以不论对于何种的专利权人，能够在临时保护期获得一种更强的保护，或至少对临时保护期内制造授权后的后续行为获得专有权保护，是一种现实的需求。

在市场竞争中，我们鼓励创新和正当竞争，这不仅是《专利法》的要求，也是社会主义市场经济的内在规则。因此，与其说需要限制专利权的扩张，不如说更要预防搭便车和边缘侵权行为的滥发。在资本无序扩张的趋势下，为了利益，许多企业已经游走在法律的边缘。在治理体系尤其是法治体系的建设中，需要对不正当的市场竞争加以规制，通过法律手段树立公平、有序的竞争环境。

（三）侵权不停止的适用

即使权利人没有要求支付合理使用费，在某些情况下也应当限制停止侵权的适用，寻求某种替代性的责任。不侵权适用的情形在司法实践中主要有以下几种。

第一，公共利益。公共领域是限制停止侵权适用最常见的理由，有80%以上的案件都是以此为由作出侵权不停止的判决。❶《最高人民法院关于审理侵犯专利权纠纷案件应用法律若干问题的解释（二）》（以下简称《解释（二）》）认可了基于国家利益、公共利益的不停止侵权。比如在惠诺药业案❷中，法院基于公共健康的需要判决不停止侵权。在晶源案❸中，法院基于社会经济和公众生活秩序判决发电厂不停止侵权，这与指导案例20号中的自来水公司使用设备的情形是类似的，所以一审和二审判决侵权但是不必停止侵权的结果具有合理性。公共领域是《专利法》最终需要保护的利益，因此基于公共领域的侵权不停止比较好理解。

第二，当事人利益的考量。停止侵权不是《专利法》特有的，也不是知识产权法特有的，规定源于《民法典》的规定。因此在研究侵权不停止之时，仍然要将目光投入民法视野之中，民法中给予物权强保护，但也存在添附理论对物权保护的限制。❹ 在添附中，立法否认原权利人的复归请求权，规定添附得到的新物为一种"不可逆的存在物"❺，由此能够物尽其用，发挥物的经济价值。❻ 如果说专利保护的技术方案在整个产品中占据着不太重要的地位或者只是较小的组成部分，并且这部分的方案已经不宜或者不能从侵权产品中"剥离"出来，此时才能考虑适用侵权不停止。在涉及专利侵权的制造、许诺销售、销售、使用和进口五个环节之中，只有在使用和销售环节这样的侵权产品已经流入市场，❼才存在侵权不停止的使用空间。也就是说在制造、许诺销售、进口环节，相当于侵权产品尚未进入市场或者说尚未出现，一般都应当适用停止侵权。

---

❶ 喻玲，汤鑫. 知识产权侵权不停止的司法适用模式：基于138份裁判文书的文本分析［J］. 知识产权，2020（1）：17-24.

❷ 参见：山东省高级人民法院（2018）鲁民终870号民事判决书.

❸ 参见：最高人民法院（2008）民三终字第8号民事判决书.

❹ 张耕，贾小龙. 专利"侵权不停止"理论新解及立法完善：基于当事人之间的利益衡量［J］. 知识产权，2013（11）：26-32.

❺ 王泽鉴. 民法物权1：通则. 所有权［M］. 北京：中国政法大学出版社，2001：296.

❻ 参见：上海市第二中级人民法院（2008）沪二中民一（民）终字第756号民事判决书.

❼ 曹建明. 全面加强知识产权审判工作为建设创新型国家和构建和谐社会提供强有力的司法保障［J］. 科技与法律，2007（2）：3-9.

第三，替代责任。不论是基于何种理由，侵权不停止对于专利权人来说都相当于受到了一定的损失，应当采用债权救济作为替代措施。由于专利权的无形性，即使发生了类似于"添附"的效果，也不必涉及专利权本身权属的处理，而可以采用很简单的方式，直接通过经济补偿来使得权利人的损失获得填补。采用的方式包括合理使用费、提高损害赔偿额❶等方式。

四、特殊情形的处理

在确定了以上的规则之后，还是需要查看这样的结果是否有显著的不合理之处。如果有较为不公平的地方，则可以采用一定的方式防止专利权的过分扩张。

（一）公开日之前的实施

比如这样的情形就比较特殊：在发明专利申请公开之前，实施者已经实施了与申请相同的方案。此时由于实施者并无可能接触到专利申请，可以认为实施者本身是基于自主研发开发了这样的产品。由于没有专利权的辖制，任何人都可以对自身的智力成果享有一定的权利或者权益。对于这样的实施者而言，其行为与在申请日前实施专利的先用权的行为并无本质区别，所以也应当赋予其类似先用权的侵权抗辩。但毕竟其还是比先用权"慢了一步"，所以对于在专利申请公开后的实施还是应当采用上文的规制方式。《专利法》已经规定了侵权的构成要件和法定的抗辩事由，这种情形并不能符合先用权的法定要件，但是由于本身仍然不具有可归责性，所以对于已经实施专利产品的后续行为可以不予禁止。

（二）赋予选择权：使用费与推定许可

在指导案例 20 号中，斯瑞曼公司放弃了主张适当的使用费的主张，"一意孤行"要求停止侵权和侵权损害赔偿。这样的要求具有合理性：权利人可以对自身的权利进行处分。如果专利权人只要求支付适当的使用费，则此时专利权人的要求显然应当得到支持。那么对实施者的后续行为该如何评价？首先需要分析《专利法》第11条的立法本意。《专利法》11条规定了五种行为，这五种行为具有一定的相对独立性，但是这种独立性应当是对于停止侵权的适用

---

❶ 参见：广东省高级人民法院（2014）粤高法民三终字第581号民事判决书、最高人民法院（2015）民申字第2758号民事裁定书。

而言的,而不是对于损害赔偿的适用而言的。❶ 具言之,权利人的损失主要来自侵权产品的数量,至于从制造到销售经历了怎样的过程,其中更换了几个主体并不重要。如果每个行为都能独立承担赔偿责任,权利人将事实上拥有重复收费的权利。但是对于停止侵权来说,专利权人应当可以在五种行为中的任何环节要求该主体承担此责任,即将侵权产品阻断在流通的任何环节,便于从根本上解决侵权的问题。

权利用尽的本质亦是禁止基于专利对同一产品重复收费❷,保证产品自由流通,防止滥用权利实施垄断。❸ 如果专利权人已经依据《专利法》第13条向实施者收取了适当的费用,专利权人在此产品上应当已经"权利用尽",从而该产品转化为被许可的产品,不能再依据《专利法》对后续行为加以干涉。也就是说,申请人获得专利授权之后,后续行为应当获得专利权人的许可,否则会构成专利侵权,但是如果专利权人已经收取了适当的使用费,后续行为就应当推定为专利权人已经许可,而无侵权之虞。这一观点可以从《解释(二)》获得支持,发明专利公告授权后的实施行为,且已支付或者书面承诺支付适当费用的,则应当认定为不侵权。❹

(三) 实用新型和外观设计专利的类似设计

最高人民法院得出对于实用新型和外观设计专利,授权公告日之前实施且后续行为处于授权公告日之后,后续行为不侵害专利权的推论,是完全恰当的。当采用《专利法》的角度观察时,由于实用新型专利和外观设计专利的公开日即是授权日,所以在实用新型专利或者外观设计专利授权日前已经制造、销售的专利产品并不涉及"公开换保护"的问题,所以后续行为应当不为《专利法》所禁止。当采用商业秘密的角度观察时,商业秘密权利人不能阻止他人通过类似于反向工程的手段获得同样的发明创造,更无法禁止他人通过自主研发实施发明,所以他人实施的行为具有正当性。从民法的角度出发,

---

❶ 杨明. 从最高人民法院第20号指导案例看发明专利的临时保护制度 [J]. 北京仲裁, 2013 (4): 41-56.

❷ 陈卫明. 从Bowman案看美国专利权用尽原则的历史演变 [J]. 知识产权, 2014 (8): 79-83.

❸ 郑成思. 私权、知识产权与物权的权利限制 [J]. 法学, 2004 (9): 74-84.

❹ 参见:《最高人民法院关于审理侵犯专利权纠纷案件应用法律若干问题的解释(二)》第18条第3款规定:"发明专利公告授权后,未经专利权人许可,为生产经营目的使用、许诺销售、销售在本条第一款所称期间内已由他人制造、销售、进口的产品,且该他人已支付或者书面承诺支付专利法第十三条规定的适当费用的,对于权利人关于上述使用、许诺销售、销售行为侵犯专利权的主张,人民法院不予支持。"

虽然可能满足获利、损失和因果关系的条件，但是他人获利具有法律上的依据，是其自身智力劳动的成果，因此也不能依据不当得利获得返还请求权。综上所述，对于实用新型专利和外观设计专利而言，公开日前实施的专利产品的后续行为通常不应当为法律所禁止。

五、临时保护与专有权保护的衔接

临时保护和专有权保护从时间上来看是前后相接的，从保护上来说也非截然分开，而是具有有机的联系。位于公开日到授权日之间的行为需要满足一定的条件才会落入临时保护的范围，这个条件取决于公开的方案和授权的方案。但是临时保护的效力在现有法律框架下仍然有一些模糊之处，需要我们探索临时保护向专有权保护的进路。

（一）授权确权机制对临时保护的限制

在《解释（二）》中提出：只有当被诉技术方案同时落入申请公开时的保护范围和授权时的保护范围时，才能认定临时保护。所以实施行为需要满足"双相同"的条件才会进入临时保护的视野中。❶ 其实我们不妨在司法解释的基础上再往前走一步：专利可能会经过后续的无效宣告程序，专利权利要求可能会再次修改，由此会再次获得一个权利要求的保护范围，所以如果经历了无效宣告程序的修改，实施行为还应当满足"三相同"的条件才会进入临时保护的视野之中。

这种安排是出于对公众信赖利益的考量，因为在授予专利权之前，公众只能看到专利申请公开时公布的权利要求书。依照信赖保护原则，公众应当有权根据公布的权利要求来决定采取何种实施行为。然而，在专利申请授权审查过程中，对申请文件通常会进行修改，从而导致专利申请公开文本和最终授权文本不一致。而在专利授权后，由于可能会被提起无效宣告，最终维持有效的专利文本既和申请公布的文本不一致，也和初始授权文本不一致，这导致在司法实践中，对于实施人所实施技术方案的情况判断非常复杂。以一个假想案例进行说明：申请人在提交专利申请之后，专利行政部门在初审合格之后公布了 A 文本，在授权过程中经过审查意见和答复的交锋，并进行分案之后，最后得到了两个授权的文本（B1 和 B2），其中 B1 文本在后续无效宣告请求过程中由于权利人对权利要求进行了修改，最终维持有效的文本是 C1。我们以 A – B1 –

---

❶ 王雅宇. 利益平衡视阈下发明专利临时保护制度 [J]. 天水行政学院学报（哲学社会科学版），2019（4）：95-98.

C1 这个假想案例来进行分析。对于该假想案例，存在以下可能：（1）实施人实施的技术方案同时落入了 A、B1、C1 三个文本所记载的保护范围；（2）实施人实施的技术方案落入了 A 文本所记载的保护范围，却没有落入 B1 和 C1 两个文本所记载的保护范围；（3）实施人实施的技术方案同时落入 A 文本和 B1 文本所记载的保护范围，却没有落入 C1 文本所记载的保护范围；（4）实施人实施的技术方案没有落入 A 文本所记载的保护范围，却落入了 B1 文本和/或 C1 文本的保护范围。对于第一种情形，毫无疑问，完全满足《解释（二）》的规定，专利权人是可以就发明专利临时保护期制度主张合理费用的。对于第二种情形，实施人实施的技术方案落入了前期公布的 A 文本，却没有落入授权的 B1 文本和无效宣告后维持有效的 C1 文本所界定的保护范围，这种情形显然不属于《解释（二）》规定的情形，专利权人是无法向实施人主张支付合理费用的。对于第三种情形，实施人实施的技术方案落入了前期公布的 A 文本和授权的 B1 文本，却没有落入无效宣告后维持有效的 C1 文本，这种情况可能有些复杂。如果权利人在专利授权之后即向实施人提出支付合理费用的请求，此时，权利人的主张应当得到支持，且如果相应判决已经履行或执行终结，即使后续无效宣告程序修改了专利权项，亦无溯及以往之回转效力。如果权利人在专利权无效宣告审查之后提出支付合理费用的请求，则需要判断 A 文本与 C1 文本是否存在保护范围包含或一致的权利要求，而无须考虑初始授权文本 B1，并同时判断实施人实施的技术方案是否落入该权利要求的保护范围，在任何一项条件不满足时，权利人均不能向实施人提出支付合理费用的主张。对于第四种情形，按照《解释（二）》的规定，专利权人也是无法利用发明专利临时保护期制度向实施人主张合理费用的。对于这种情形，可能有些人会存在一些疑问，认为专利的授权文本的保护范围肯定小于公开文本的保护范围，那么，既然落入授权的文本或者无效宣告程序后维持有效的文本的保护范围了，怎么会有不落入公开的文本所要求的保护范围的情形呢？这就要看权利要求的具体情况了。如果申请人对原申请进行了分案，在分案申请中添加了新的权项，实施人实施的技术方案可能只落入分案后授权文本的保护范围而不会落入申请公开文本的保护范围。❶ 如果申请人在实质审查前进行了主动修改，

---

❶ 当然，也可能存在这样的情形，即分案公开后和分案授权前的时期，此时仍然是处于分案的临时保护期内。参见：最高人民法院（2020）最高法知民终 1821 号民事判决书。其中的专利号为 ZL201510384778.1 的发明专利即为专利号 ZL201010201957.4 的发明专利（母案）的分案，该案中实施行为发生时母案已经获授权，分案处于临时保护期。

则也可能产生类似的效果。在以上情形下，专利权人显然无法利用发明专利临时保护期制度向实施人主张合理费用。

综上，通过授权和确权机制能够对临时保护的范围产生限制。授权过程是审查员依照法律规定进行限制的过程，如果此时仍然不能满足个案的要求，被诉侵权人可以借助主动限制过程，即提出专利无效宣告请求，来实现对临时保护范围的限制。因此，临时保护存在比较完善的限制机制，由此也能够保证其给予较强保护时不至于产生不公平的现象。

（二）分案中临时保护的特殊情形

针对前述第四种分案情形，笔者认为还存在一定的争议。正如在清洁工具案❶中所展示的情形，存在一个"尴尬"的时间顺序。分案的公开日位于母案的发明专利授权公告日之后，就造成了一种这样的情况，即按照母案的授权文本，实施的是说明书中的技术方案而非权利要求保护的技术方案。捐献原则强调的是对说明书中记载但并未反映在权利要求书中的技术方案不予保护，❷其本质是公众信赖利益的保障，❸不能让公众时刻处于可能侵权的不安之中。如果不适用捐献原则，一方面可能让申请人通过较窄的权利要求而更容易获得授权，再通过等同的解释扩大专利权保护范围；另一方面可能让专利权的边界变得模糊，公众难以确定其保护范围。❹当母案授权之后，此时公众实施的方案虽然位于说明书之中，但并未纳入专利权的保护范围，完全可能认为这是专利权人所"放弃"的方案，应当是公共领域范围内的公有成果。所以公众在实施这一方案时确信自己并无侵权的风险。

在这种特殊的情形中，在授权后的一段时间之后，分案才公开，❺将位于说明书中的方案纳入新的权利要求的保护之中。当然《专利法》已经认可分案制度的合法性，所以分案授权后给予专利权保护至少在司法上不存在争议。

---

❶ 参见：杭州市中级人民法院（2019）浙01民初2476号民事判决书、最高人民法院（2020）最高法知民终1821号民事判决书。

❷ 参见：《最高人民法院关于审理侵犯专利权纠纷案件应用法律若干问题的解释》第5条："对于仅在说明书或者附图中描述而在权利要求中未记载的技术方案，权利人在侵犯专利权纠纷案件中将其纳入专利权保护范围的，人民法院不予支持。"

❸ 陈聪. 专利捐献原则的法理分析 [J]. 知识产权，2019（1）：69-76.

❹ 闫文军. 专利侵权判断中的捐献原则：陈顺弟与浙江乐雪儿家居用品有限公司专利侵权案 [J]. 中国发明与专利，2019（6）：103-106.

❺ 如果分案在母案授权之前公开，则不存在这个问题，因为公众可以轻易查询到这个分案的存在。

但是如果此时分案以临时保护期要求保护,这对公众提出的注意要求未免过高。所以此时是否可以探索某种豁免机制?在不落入母案专利权范围却落入授权后才公开分案申请的权利要求范围的情况下,即使实施时间在分案的临时保护期内,在分案授权之后也应当限制权利人对于停止侵权等权利的行使,从而保护公众信赖利益的实现。

(三) 临时禁令的尴尬

要给予临时保护较强的效力,但是这种效力应当不能直接达到专利权的高度。有学者提出可以设置预保护或者临时禁令的制度来实现临时保护的效果。❶ 但是这种方式可能会过于严格,因为临时保护不同于专利权的保护,不是绝对排他的形式。如果仅仅在临时保护期内实施专利,且这种行为并不延及授权后,则此时的行为不会被《专利法》所禁止,只要支付合理使用费,就可以合法实施申请的方案。

面对临时禁令适用的困难,该学者认为可以对临时禁令进行一定的改进,由法院对技术方案是否符合发明专利授予的实质要件进行审查。但是这种做法事实上并不符合司法实际。首先,审查属于专利行政部门的工作内容,这种做法无疑没有划分行政行为和司法行为的界限,可能与日后的行政审查产生冲突。其次,这也加重了司法机关的负担,浪费了司法资源。最后,临时保护本就是因为授权而产生的"附随权利",如果最终不予授权,自然也就不存在临时保护了。所以,现有的在授权后才能启动司法程序的方式是恰当的,只是在救济的内容和范围上仍需进一步探讨。

(四) 临时保护向专有权保护的转化

在指导案例 20 号中还出现了一个比较特殊的情况,即该发明专利在同日提交了实用新型专利的申请,该实用新型专利于 2007 年 2 月 14 日授权,后斯瑞曼公司为避免重复授权于 2009 年 1 月 21 日放弃实用新型专利权,从而使得发明专利得以授权。也就是说,康泰蓝公司制造专利产品的行为落入实用新型专利权有效的期间,那么斯瑞曼公司能否在放弃实用新型专利权后针对弃权前的专利侵权提起诉讼并获得支持就成为一个问题。

2009 年,当时的《专利法》并未对放弃专利权的效力作出明确规定,《审

---

❶ 杨明. 从最高人民法院第 20 号指导案例看发明专利的临时保护制度[J]. 北京仲裁, 2013 (4): 41-56.

查指南（2006）》规定，放弃专利权的生效日为所放弃专利的申请日。由此规定可以发现专利权放弃所产生的效果是自始放弃专利权，斯瑞曼公司不能根据实用新型专利提出侵权诉讼。但是如果放弃的效力是从申请日开始的话，会产生不合理的结果。依照这样的推理，斯瑞曼公司在 2009 年 1 月 20 日就可以依据实用新型专利权提起侵权之诉，而 2009 年 1 月 21 日就不能再依据实用新型专利权提起侵权之诉。由于发现侵权本身就存在一定的时间滞后，这样的设计会让权利人由于起诉时间的选择产生严重的实质性损失，也会严重冲击诉讼法中规定的诉讼时效制度。仅仅因为起诉时间的一日之差就面对"天壤之别"的待遇，可能让权利人也很难感受到"公平正义"。

《审查指南（2006）》的规定恰恰是错误理解了《专利法》第 9 条的含义，将其理解为"一项发明创造只能申请一项申请"；也有人认为如果让实用新型专利权保护和发明专利权保护接力会产生过当的保护。❶ 但是如果这样理解的话，实用新型专利权放弃效力回溯到申请日的话，"一案双申"相较于直接申请发明没有任何优势，甚至还得多付出劳动和经济支出，这显然与制度设计不相符。这样的理解也已经被最高人民法院所纠正：最高人民法院认为，专利法意义上的禁止重复授权是指同样的发明创造不能同时有两项或以上的处于有效状态的专利权。❷ 审查指南仅仅是部门规章，法院在办案时仅仅是参照执行，但不能引用。❸ 在已有司法案例对此作出明确回应时，斯瑞曼公司完全可以直接依据实用新型专利权请求专利侵权损害赔偿。

现在的立法中已经直接解决了这个问题。2009 年 10 月 1 日施行的第三次修改后的《专利法》第 9 条规定了"一案双申"作为禁止重复授权的例外，《专利法实施细则》也随之修改，其中规定实用新型专利权自公告授予发明专利权之日起终止。自此放弃专利权的效力争议尘埃落定，也让"一案双申"制度回归本意。"一案双申"本身就是为了让申请人尽早获得专利授权，取得专利证书，同时可以尽量延长申请人专利受保护的时间，提高专利的稳定性和权威性。这一制度恰恰解决了临时保护时期的高风险问题，最终促进发明人及早公开发明创造，促进社会的科技发展。由此"一案双申"中的实用新型专利权保护和发明专利权保护完成了权利的衔接，筑牢了保护权利人利益的防火墙。

---

❶ 冯于迎．专利重复授权再探讨［J］．知识产权，2010（4）：27 – 31.
❷ 参见：最高人民法院（2008）行提字第 3 号行政判决书。
❸ 参见：《最高人民法院关于人民法院制作法律文书如何引用法律规范性文件的批复》（法（研）复〔1986〕31 号）。

六、结　　语

无论如何，指导案例 20 号指导了一个时期的司法实践，也随着政策的转向而进入历史的记忆中。而对其不再参照又重新让临时保护期内产品的授权后的后续行为进入没有法律明文规定的境地。但是，从最高人民法院的态度中我们似乎能发现这是强化知识产权保护的信号，应当按照侵权的构成要件对个案进行裁判。临时保护期的制度本身是极有意义的，它的产生就是为了实现申请人利益和公共利益的平衡，也是申请人向公众"展示"其技术的窗口，所以实施者在实施时不仅应当看到市场前景，更应当看到潜在的侵权风险，需要对自身的行为作出审慎的判断。当然，更期待能够通过立法或者司法解释的方式，尤其是即将修改出台的《专利法实施细则》对临时保护制度进行更为清晰的规定，从而拨开公众眼前的迷雾，让临时保护回归制度的本意，走出一条中国特色知识产权发展之路。

人工智能医学诊断软件的专利申请及保护

张政权[*]

【摘　要】

随着人工智能（以下简称"AI"）在医学领域的快速发展，适合诊断多种疾病和健康状况的 AI 医学诊断软件也逐步趋于成熟，不断优化并陆续在医疗机构落地。由国家药品监督管理局 2021 年 7 月 1 日发布的《人工智能医用软件产品分类界定指导原则》定义了人工智能医用软件是指基于医疗器械数据，采用人工智能技术实现其医疗用途的独立软件。基于此定义，AI 医学诊断软件的专利申请在采用方法权利要求的方案中，诸如对医学影像的处理，是否仍将视为一种以有生命的人体为对象？抑或将其视为专利法意义上的离体样品，在起草专利申请文本时是否一定要把获得疾病诊断结果或健康状况的步骤规避在技术方案之外？笔者就 AI 医学诊断软件在现行审查规则下的专利保护类型、机器学习框架下的专利申请策略，以及新业态新技术下的专利法律法规适用等方面进行了探讨。

---

[*] 作者单位：上海专尚知识产权代理事务所。

【关键词】

AI　医学诊断　软件　离体样品　医疗器械数据

根据中国信息通信研究院的统计，截至 2020 年底，全球 AI 产业规模达到 1565 亿美元，同比增长 12.3%，而从产业链格局分布来看，其中 AI + 医疗健康和 AI + 商业的企业占比最高，各占 13%❶，为两个行业巨头，可见 AI 在医疗健康领域的应用和发展非常迅速并趋于成熟。2021 年 7 月在上海召开的"2021 世界人工智能大会"上，医疗与健康专场学术论坛就有多场，特别是在"数字健康·智享未来"的高峰论坛上，国家药品监督管理局医疗器械技术审评中心的专家对该局 2021 年第 47 号发布的《人工智能医用软件产品分类界定指导原则》（以下简称《指导原则》）作了详细介绍。其中，将医疗器械软件分为"独立软件"和"软件组件"两大类，并进一步定义：AI 医用软件是指基于医疗器械数据，采用 AI 技术实现其医疗用途的独立软件。该独立软件包括影像处理软件、数据处理软件和体外诊断类软件等。那么，针对类似的 AI 医学诊断软件，如何在现行的专利法律法规框架下合理提出专利申请并获得专利保护？进一步地，现行的专利法律法规如何适应蓬勃发展的 AI 医学诊断软件行业，全面推动该类产业的高质量发展？

一、现行审查规则下，AI 医学诊断软件的专利保护类型

根据现行的《专利审查指南 2010》，涉及计算机程序的发明专利申请，其权利要求大致可以采用四种类型：①方法；②程序模块；③计算机可读存储介质；④含有程序特征的装置。在目前的专利审查实践中，如果医学诊断软件的权利要求采用上述第 2~4 类的方式撰写，在保护客体方面一般是能够通过的。但如果采用方法类的方式撰写，就需要判别是否同时满足两个条件：一是是否以有生命的人体或动物体为对象，二是是否以获得疾病诊断结果或健康状况为直接目的。如是，则发明不能被授予专利权。如果一项发明从表述形式上看，是以离体样品为对象的，但该发明是以获得同一主体疾病诊断结果或健康状况为直接目的的，则该发明仍然不能被授予专利权。为此，如果申请人一定要以方法权利要求的形式请求保护医学诊断软件的话，那么就必须在方案中舍弃上述

---

❶ 上海市人工智能行业协会. AI 加速键：上海人工智能创新发展探索与实践案例集 [M]. 上海：上海交通大学出版社，2021：6 – 7.

两个条件中的至少一个条件。如果该软件所针对的对象是离体样品，则该方案仍需明确，其直接目的不是获得同一主体的疾病诊断结果或健康状况。

那么，AI 医学诊断软件如采用上述第 2～4 类形式写法的权利要求是否就绝对没问题呢？尤其是采用"程序模块"或"计算机可读存储介质"写法的权利要求，在当时被视作产品类权利要求的初衷是给原本不属于"物"的意义上的计算机软件提供一种救济途径，以便在遭遇专利侵权时能够方便权利人相对容易地获取证据或者进行判别。这对于非医学诊断的软件完全不存在问题，因为即使程序模块或计算机可读存储介质与方法分属不同的保护类型，但它们却具有同源性，实质都是要求保护计算机程序，只不过保护形式不一样。而对于 AI 医学诊断软件可能就会存在问题。问题之一是，采用程序模块或计算机可读存储介质写法的权利要求是否与方法权利要求具有同等的法律效力。问题之二是，AI 医学诊断软件今后在诉讼和维权中，公众和法院尤其是被控侵权人是否就完全认可，这样的程序模块或计算机可读存储介质的权利要求实质上就不是保护一种诊断方法。换句话说，如果 AI 医学诊断软件实质相同的方案在方法权利要求的形式下不能满足专利客体条件的话，那么采用其他类型的权利要求是否是可靠的？在以后的维权和诉讼程序中会不会仍有可能存在一定的风险？

二、机器学习框架下，AI 医学诊断软件的专利申请策略

AI 医学诊断软件的数据来源包括人的行为、生化和影像数据等，也包括电子病历和文献分析等。其中，行为包括人的语言、神态和反应等；生化数据包括试剂和生化仪器形成的各种指标等；影像数据包括 X 射线成像、超声成像、CT 成像、磁共振成像、PET－CT 成像、眼底图像和内窥镜图像等。而将影像作为 AI 医学诊断软件的数据来源也是国内参与企业最多、软件产品最丰富、涉及疾病种类最多的疾病诊断领域。据统计，医疗行业 80%～90% 的数据都来源于医学影像。❶ 而 AI 医学影像诊断软件的核心是采用人工智能的核心技术——机器学习，它是将收集到的大量病例图像数据分别整合为训练集和测试集，进行训练、测试和评估，并建立模型。故它不是传统意义上医生的个别行为，而是可以在产业上利用的，属于专利法意义上的发明创造。尤其是最近十年间，随着"深度学习"的广泛应用，深层神经网络可以自动作特征抽

---

❶ 动脉网蛋壳研究院. 人工智能与医疗［M］. 北京：北京大学出版社，2019：46－47.

取，人们找到了更好的建模、训练的方法，极大地减轻了医务工作者的工作强度。

但是，在现行审查规则下，如果对医学影像的处理被视为一种以有生命的人体为对象的方法，或者将其视为专利法意义上的离体样品，那么，我们在起草专利申请文件时应当注意什么呢？可以设想，在机器学习框架下，AI医学诊断软件要求专利保护的场景其实有两种情况：第一种情况例如要求保护一种诊断方法的实现方式，防止他人未经许可复制或安装相同的软件，或生产含有该软件的诊断机器；第二种情况是要求保护该诊断方法的临床应用，防止他人未经许可在自己的机器上使用该软件。对于第一种情况，方案直接处理的对象不是个体的病例，而是相关疾病的大数据，收集的是批量图像数据，然后利用机器学习的训练方法建立一个分类模型，最终可用于对相关的病例作出判断。因此，该发明不是以获得同一主体疾病诊断结果或健康状况为直接目的。从这一点来看，它没有落入《专利法》第25条第1款所述的不授予专利权的范畴。对于第二种情况，方案作为临床应用，需要对个体的病例进行诊断，并给出诊断结果。因此，它疑似以获得同一主体疾病诊断结果或健康状况为直接目的，从这一点来看，它落入了《专利法》第25条第1款所述的不授予专利权的范畴。换句话说，类似的方案在第一种情况下是可专利性的，可以用来对抗他人未经许可复制或安装相同的软件或生产含有该软件的诊断机器的行为，当他人设计的方案落入授权的权利要求请求的保护范围内时，即构成侵权。然而，类似的方案在第二种情况下是不可专利性的，无法对抗医生在给病人诊断时有选择诊断方法的自由。❶

以下结合原国家知识产权局专利复审委员会（以下简称"原复审委"）的两个案例展开进一步的讨论。第一个案例是2019年11月，原复审委针对申请号为CN201510337202.X的发明专利申请发出的第194476号复审请求审查决定，涉及的发明名称为"基于纹理基元的图像肿块良恶性的分类方法"，其权利要求1如下：

一种基于纹理基元的图像肿块良恶性的分类方法，其特征在于，包括：

将训练用肿块区域图像进行归一化处理，将归一化处理后的肿块区域图像划分为中心区域和外围区域，对所述中心区域和外围区域分别构建可区分纹理字典，然后分别得到所述中心区域和外围区域的特征；

---

❶ 张政权. 人工智能领域的专利申请及保护［M］. 上海：复旦大学出版社，2019：266-267.

对所述中心区域和外围区域的特征进行融合得到所述归一化处理后的肿块区域图像的特征向量；

将所述归一化处理后的训练用肿块区域图像的特征向量组合成训练样本特征矩阵，训练K近邻分类器；

将待识别肿块区域图像进行归一化处理，提取归一化处理后肿块图像区域的特征向量Fq，将肿块区域图像的特征向量Fq输入训练好的K近邻分类器，得到所述待识别的肿块区域图像的良恶性分类结果。

专利实质审查部门驳回了该申请，其理由是：图像是对活体进行采集，并且给出了肿块的良恶性分类结果，它是以有生命的人体为直接实施对象，用于诊断病因，属于《专利法》第25条第1款第（3）项所述的疾病的诊断和治疗方法的范围。复审程序中，原复审委的通知指出：该申请是以人体的肿块区域图像作为处理对象，也就是以有生命人体的离体样品为对象；而且，说明书记载了"将肿块区域图像的特征向量Fq输入训练好的K近邻分类器，得到所述待识别的肿块区域图像的良恶性分类结果"，因而是以获得同一主体疾病诊断结果为直接目的。因此，权利要求1的方案是以有生命的人体或动物体为对象，以获得疾病诊断结果或健康状况为直接目的，属于《专利法》第25条第1款第（3）项规定的疾病的诊断和治疗方法的范围，不能被授予专利权。

虽然复审程序中，申请人曾将权利要求的主题名称修改为"基于纹理基元对图像肿块分析的方法"，删除了权利要求1中的特征"得到所述待识别的肿块区域图像的良恶性分类结果"，并申辩称修改后的权利要求1中"将特征向量Fq输入训练好的K近邻分类器"的步骤并非为了得出疾病的诊断结果或健康状况，而是提高本领域人员利用计算机等仪器对肿块图像分析的准确度，降低因人为因素造成的数据读取误差，而这些信息属于中间信息。但是，实质审查部门和原复审委都坚持：根据说明书的记载可知，将肿块区域图像的特征向量输入训练好的K近邻分类器，就可以得到待识别肿块区域图像的良恶性分类结果，因而修改后的权利要求1仍然是以获得同一主体疾病诊断结果为直接目的，并不属于获取作为中间结果的信息的方法或处理该信息的方法。

第二个案例是2019年8月，专利局复审和无效审理部❶针对申请号为201610625894.2的发明专利申请发出的第187457号复审决定，涉及的发明名称为"基于随机森林算法的乙肝代偿期肝硬化筛查模型建立方法"，复审程序

---

❶ 根据2018年国家机构改革方案，专利复审委员会更名为"专利局复审和无效审理部"。

中的权利要求 1 如下：

一种基于随机森林算法的乙肝代偿期肝硬化筛查模型建立方法，其特征在于，所述方法包括下述步骤：

（1）采集预先存储的乙肝、乙肝代偿期肝硬化患者的病例样本数据，所述病例样本数据包括血清指标和 B 超的影像学特征；

（2）预处理所述病例样本数据；

（3）以所述预处理后的病例样本数据作为训练样本，训练预先建立的基于 Hellinger 距离的随机森林算法模型，得到乙肝代偿期肝硬化筛查模型；

（4）测试并评价所述乙肝代偿期肝硬化筛查模型。

实质审查部门在前置审查程序中坚持驳回结论，并认为：利用乙肝患者和代偿期肝硬化患者的血清指标和 B 超的影像学特征等数据建立样本数据库，借助基于 Hellinger 距离的随机森林算法建立无创性乙肝代偿期肝硬化的预警模型，来评估乙肝患者的病情进展和预后情况。该申请权利要求以患者的血清指标和 B 超影像反映的肝脏等生理数据为基础来建立筛查模型，建立该筛查模型的直接目的是获得乙肝患者的病情进展和预后情况，因此该发明是疾病的诊断方法，属于《专利法》第 25 条规定的不授予专利权的范围。

然而，专利局复审和无效审理部在审理后认为，权利要求请求保护一种基于随机森林算法的乙肝代偿期肝硬化筛查模型建立方法，所述权利要求采集包括血清指标和 B 超的影像学特征的病例样本数据，在采集数据后，执行的是与数据处理、模型训练和评估相关的操作。所述权利要求请求保护的解决方案的直接目的不是获得诊断结果或健康状况，而只是建立对病例样本数据进行处理的模型。因此，权利要求不属于疾病的诊断方法，不属于《专利法》第 25 条规定的不授予专利权的范围。

以上两个案例的区别在于，案例一的方案将通过机器学习建模的方法与获得疾病诊断结果联系在一起，并以对肿块良恶性进行有效的分类作为发明目的，这样就无法避开《专利法》第 25 条第 1 款规定的情形。尽管申请人在复审程序中修改了发明名称并删除了权利要求中类似疾病诊断结果的特征，但由于说明书中没有将机器学习建模作为一个独立的方案进行描述，仍无法摆脱原复审委对该方案落入《专利法》第 25 条规定之范围的怀疑。而案例二的方案一开始就将通过机器学习建模的方法作为一个独立主题撰写，并明确该发明的目的是提供一种基于随机森林算法的乙肝代偿期肝硬化筛查模型建立方法。其权利要求和说明书都没有将诊断步骤作为方案的必要要素，而是着重描述模型的创建、优化和泛化能力的提高；即使提到模型的应用，也只是局限于对患者病情的预测和评估等用词。因此，作为一种借鉴，我们在类似申请文本的撰写方面可以注意：对于发明点主要是建立诊断模型的方案，首先在发明名称和技术领域部分，写明是一种有关建模的方案，并避免将获得诊断结果或健康状况的内容作为一种目的写入方案。而且，无论是权利要求还是实施方案，都要将机器学习框架下的建模作为一个独立的方案撰写。

三、新业态新技术下，AI 医学诊断软件的专利法律法规适用

随着 AI 新业态的出现，近年来 AI 医学诊断软件相关的研发和生产企业发展势头正浓，AI 医学诊断软件也渐趋成熟并陆续作为医疗器械的新成员被纳入国家管理体系。根据国家药品监督管理局的规定，医疗器械按一至三类管理，其中，医疗器械产品注册获得了三类证，也就是获得了国家药品监督管理局颁发的医疗器械许可证。2020 年至 2021 年上半年，国家药品监督管理局累计受理的 AI 医用独立软件有 25 个、软件组件有 20 余个，而累计批准的 AI 医用独立软件有 12 个，包括心电、CT 肺炎、CT 肺结节、CT－FFR、CAT 和眼底糖网等；软件组件若干，主要为 CT 自动定位以及 MR 成像和超声成像处理等，截至 2022 年 8 月 31 日，国家药品监督管理局共批准 45 个医疗 AI 辅助诊断软件上市，涵盖 CT、MR、DR 等相关影像设备。而根据亿欧智库的报告，2020 年国内共有 8 家企业的 AI 医学影像软件获得了医疗器械注册三类证，2021 年上半年有 6 家，截至 2022 年 8 月 31 日，已有近 30 家企业的 AI 医学影像软件获得了医疗器械注册三类证。其中，获得三类证的产品包括肺部、心血管、眼底和骨骼等在内的病种主要为 CT、X 射线、磁共振和眼底图像的影像诊断和辅助检测软件。生产企业包括深圳的科亚医疗科技股份有限公司和睿心智能医疗科技有限公司，北京的深睿博联科技有限责任公司、数坤网络科技股份有限公司和推想医疗科技股份有限公司，上海的联影智能医疗科技有限公司等。❶ 而 AI 医学诊断软件被归入医疗器械，除了要求其目的是"实现其医疗用途"外，还要满足两个前提条件，即"基于医疗器械数据"和"采用 AI 技术"。

关于 AI 包括深度学习在内的机器学习作为 AI 医学诊断软件的核心技术，

---

❶ 参见：亿欧智库发布的《2021 年中国人工智能医学影像企业发展报告》和《2022 年中国人工智能医学影像产业研究报告》。

这一点毋庸置疑。因此，上述第一个条件，即"基于医疗器械数据"，也就成为 AI 医学诊断软件取得医疗器械注册二类证甚至三类证的重要条件之一。从以上讨论的案例中可以发现，在审查方法权利要求请求保护医学诊断方案时，大都将对医学影像的处理视为"以有生命的人体为对象"。但是，"以有生命的人体为对象"是比较宽泛的定义，故审查实践中主要是考虑该类诊断方法是否"直接以有生命的人体为实施对象"，更具体的是判断其是否是在体的侵入式和创伤式的诊断方法。[1] 由于 AI 医学诊断软件直接处理的对象是影像等数据，因此，目前的审查实践中最终都是在把医学影像视为"离体样品"的前提下，根据方案最终是否获得同一主体的疾病诊断结果或健康状况，来判断发明的方法权利要求是否落在《专利法》第 25 条第 1 款的范围。但是，作为 AI 医学诊断软件的一种数据来源，例如影像是否应该被视为"离体样品"？虽然《专利审查指南 2010》在细化《专利法》第 25 条第 1 款的时候提出了"离体样品"的概念，但并没有对"离体样品"作出明确的定义和解释。根据人们传统意义上的理解，例如人体组织或者体液在脱离了患者身体后的样本可称为"离体样品"，而医学影像主要是通过医疗器械，包括医用超声诊断、放射诊断、磁共振以及光学仪器等设备产生的数据，例如，B 型超声成像设备产生的二维超声断面图像、X 射线诊断装置产生的影像信号、CT 机产生的人体断层结构成像、磁共振成像设备产生的多参数任意断层成像[2]，以及医用内窥镜产生的光电图像等。由于此类数据是由医疗器械产生的，而不是由人体直接提供的，似乎其并非传统意义上的离体样品，而是经过医疗器械进行信息采集、转换、存储、传输或处理后产生的数据，故称其为医疗器械数据更为合适。

国家药品监督管理局的《指导原则》进一步明确了，医疗器械数据是指医疗器械产生的用于医疗用途的客观数据。由于 AI 医学诊断软件不可能直接与人体接触，故它不能将有生命的人体作为直接实施的对象，换句话说，它势必要通过其他的媒介从人体获得所需的数据并进行处理。而最常用的媒介包括例如超声成像仪、CT 机、磁共振成像设备、内窥镜、心脑电图仪等医疗器械。因此，当 AI 医学诊断软件是将医疗器械产生的数据作为处理对象时，我们可

---

[1] 寇飞，石剑平，杨冀川. 试论离体样品检测方法的可专利性认定标准［J］. 中国发明与专利，2013（11）：66 - 69.

[2] 王华丽，陈文山. 医疗器械概论［M］. 北京：中国医药科技出版社，2020：94 - 95.

以确定的是：第一，它是通过医疗器械接受一种反映人体疾病或健康状况的客观数据，故它不是以有生命的人体为直接实施对象；第二，它所接受的数据是医疗器械已先行处理和传递的数据，故它也非以离体样品为对象。因此，是否可以认为，如果按照国家药品监督管理局上述《指导原则》的定义，上述含有疾病诊断步骤的 AI 医学诊断软件即使采用方法权利要求的方式请求专利保护，也并不满足《专利法》第 25 条第 1 款规定属于疾病诊断方法发明的两个条件的至少一个条件，也就是说，它属于可授予专利权的客体。因此，笔者建议，只要方法权利要求对应的方案中可以明确 AI 医学诊断软件所处理的数据是医疗器械数据，就不属于《专利法》第 25 条第 1 款所列的不授予专利权的客体。

根据该《指导原则》，所谓的医疗器械数据，特殊情形下可包含通用设备产生的用于医疗用途的客观数据。虽然这里没有具体说明所谓的"通用设备"是指何物，但是根据常识可以理解，诸如能够产生医疗数据的各种传感器及其医疗穿戴设备、各种医用生化仪器、医用光学仪器、数字血压计等，只要产生的是用于医疗用途的客观数据，这些数据均可被视为医疗器械数据。当然，国家药品监督管理局的《指导原则》还明确了：若软件产品的处理对象为医疗器械数据，且核心功能是对医疗器械数据的处理、测量、模型计算、分析等，并用于医疗用途的，符合《医疗器械监督管理条例》有关医疗器械的定义，作为医疗器械管理。若软件产品的处理对象为非医疗器械数据（如患者主诉等信息、检验检查报告结论），或者核心功能不是对医疗器械数据进行处理、测量、模型计算、分析，或者不用于医疗用途的，则不作为医疗器械管理。因此，笔者也建议针对 AI 医学诊断软件的审查规则可以参考国家药品监督管理局的相关定义进行调整，使之更为适用和便于操作。即使 AI 医学诊断软件是采用方法权利要求的方式请求保护的，而且也是以获得疾病诊断结果或健康状况为直接目的的，只要其处理的对象为医疗器械数据，就视为可授予专利权的客体。而对于其处理对象主要是患者主诉、医者判断和检验检查报告结论等非客观数据和信息的，不视为可授予专利权的客体。

四、结　　语

根据 2020 年 11 月 10 日发布的《专利审查指南修改草案（第二批征求意见稿）》，在第二部分第一章的第 4.3.1.2 节列出的不属于诊断方法的发明中，拟增加第（4）项，即直接目的不是获得诊断结果或健康状况，而只是由计算机等具有信息处理能力的装置实施获取中间结果的信息处理方法。此举无疑比现行的审查规则放宽了一步，但是，由于我国人口众多，医生尤其是影像医师缺口大，随着广大农村地区和中小城镇对医疗和健康服务的需求越来越大，人们对 AI 医学诊断软件的要求也将越来越高，并期望该类软件在医学诊断过程中能够根据相应的医疗器械数据直接给出诊断结果，甚至直接控制相应的医疗器械对人体实施手术等。那么，对于类似的医学影像等医疗器械数据究竟是否属于离体样品，如何根据离体样品的定义来判断一项发明究竟是否落入《专利法》第 25 条第 1 款的规定，尚有待研究并作出明确的结论。建议可以结合《指导原则》，对相应的审查规范进行探讨，使之进一步适应当前和未来蓬勃发展的人工智能技术。

浅谈新产品制造方法专利侵权诉讼中新产品的认定问题

吕元辉[*]

【摘　要】

涉及《专利法》第66条第1款新产品制造方法的专利侵权诉讼中，专利方法直接获得的产品能否被认定为新产品是主要争议焦点之一。原告负有采用组分、结构、质量、性能、功能明确定义新产品性状的举证责任，并且这些性状应得到说明书的支持。对于这些性状与现有产品的区别是否达到新产品的标准，若采用新颖性或创造性作为判断标准失之偏颇，采用"明显区别"的判断标准较为合理，并且需要结合涉案专利的发明点判断区别是否达到明显的程度。对于现有产品的检索范围应限制在专利申请日以前，但对于公知常识证据适当宽展到侵权日之前。由于这类案件的案情较为复杂，法庭在审理过程中可以根据个案分析，灵活适用自由裁量权、调查权和循环举证的方法。

【关键词】

制造方法　新产品　举证责任　判断标准　明显区别

---

[*] 作者单位：福建景言律师事务所。

一、导　　言

（一）对新产品的认定关系到能否减轻原告的举证责任

《专利法》第66条第1款规定："专利侵权纠纷涉及新产品制造方法的发明专利的，制造同样产品的单位或者个人应当提供其产品制造方法不同于专利方法的证明。"在1984年通过的《专利法》中是没有新产品制造方法举证责任相关表述的，在1992年第一次修正中加入相关的表述，其主要来源是《与贸易有关的知识产权协定》（TRIPS）第34条第1款的规定即："……如果专利客体是制造方法……司法当局有权责令被控侵权人证明其生产相同产品的方法不同于该专利方法。成员方至少应在如下一种规定中选择，如无相反证据，未经专利权人许可而制造相同产品，应视为由该专利方法获得：（a）如果由该专利方法获得的产品是新产品；（b）如果该相同产品有很大的可能性是由该方法制造，且专利权人经合理努力仍未能确定该专利方法被实际使用。"众所周知，制造方法是通过人力或机械的行动来实现的，具有瞬时性和不可再现性。虽然可以通过录像、生产记录表等客观物进行一定程度的推测，但较难重现客观真实的行动过程，且这些资料一般掌握在被控侵权人手中，极难获得。根据《专利法》第66条第1款的规定，一旦能够证明制造方法所直接获得的产品属于新产品，就能够极大减轻专利权人的证明责任。专利权人为支持自己提出的主张，只需证明"产品相同"，无须再证明不容易完成举证的"方法相同"，其举证的比较对象从方法转变成了产品。❶ 因此，该类案件中能否认定为新产品对诉讼双方来说都非常重要。

（二）举证责任的依法分配是对专利权人和社会公众利益冲突的平衡

我国绝大多数民事案件的举证责任遵循"谁主张，谁举证"的原则，举证义务人承担相应举证不利的后果。在专利侵权诉讼中也不例外，大部分侵权诉讼中侵权行为的举证责任由原告完成。《专利法》第66条第1款所涉及的对原告举证责任的减轻是例外情况，是考虑到平衡专利权人和社会公众利益冲突的结果。一方面，一旦证明专利方法所直接获得的产品是新产品，那么被控侵

---

❶ 汪赛飞，赵刚．论中国新产品制造方法专利侵权诉讼中举证责任减轻规则的适用[J]．专利代理，2020（2）：18-28．

权人所制造的相同产品有极大可能性是使用了该制造方法。考虑到制造方法取证的难度，在举证责任上适度照顾原告，即专利权人，是比较合理的。但是，另一方面，随着科技的进步，制造相同或相似产品的方法必然是很多的，市面上不容易出现新产品，而所谓的"新产品"往往都涉及对现有产品的细微改动，在性状上不存在明显区别。如果轻易认定为《专利法》第66条所述的新产品，容易发生非善意诉讼而导致被控侵权人的负担以及商业秘密的泄露。为了平衡上述矛盾，我们需要在认可新产品能够减轻专利权人举证责任的基础上，严格把关新产品的判断标准。

二、原告对新产品的证明责任

（一）原告应明确定义新产品

1. 明确由专利方法直接获得的产品的性状

在司法实践中，由专利方法直接获得的产品是否属于新产品是原被告双方争议的主要焦点，那么应先搞清楚以专利方法直接获得产品的性状。性状包括但不限于组分、结构、质量、性能、功能，并且这些因素之间都是相互关联的，比如组分、结构上的变化往往导致质量、性能、功能的变化。由于新产品的证明责任仍然在原告，且原告也是对其发明内容比较了解的一方，应当由其明确新产品的具体性状。

2. 应得到说明书的支持，或为公知常识所必然可以推知

基于同样的发明内容，不同技术背景和立场的人可能解释出不同的新产品性状。原告可能会强调制造过程中所引入的微量组分变化，或者强调功能的大幅提升等，而被告可能会有意忽略专利方法直接获得的产品与现有产品存在的区别。因此，任何产品性状上的改变应当记载在专利文件中，特别是应得到说明书的支持。对于说明书中没有记载的性状改变，需要由原告举证说明基于公知常识或基于本领域普通技术人员的认知，是明确可以推知的。

3. 避免采用制备方法定义新产品

在产品的制备过程中，原料之间通常会发生化学反应，导致生成的产品组分和结构与原料之间存在差异。如A物质和B物质生成C物质和D物质，甚至由于反应条件的不同而生成C'物质和D'物质。此时，原告仍然以A、B物质的反应过程来定义生成的产品就会导致其范围模糊不清，也背离了以产品比对产品的立法目的。因此，除非以组分、结构等无法客观反映专利方法直接获得的产品，笔者认为在明确新产品性状过程中，应当尽量避免采用制备方法

进行定义。

（二）存在产品权利要求并不必然认定属于新产品

在符合单一性的情况下，同一件专利的权利要求书中可能存在相互并列的产品和方法独立权利要求。原告可能会认为存在与方法权利要求并列的产品权利要求，就不需要再举证证明新产品了，而推定为新产品。虽然这种情况下很大概率属于新产品，但仍然存在例外情况。

产品和方法的独立权利要求只要符合单一性，就可以并列放置在一个权利要求书中，而这种单一性所反映的对应关系是多样的。比如，产品权利要求是中间体，方法权利要求是这种中间体的应用，或者方法权利要求是相关产品的检测方法等。也就是说，方法权利要求中所记载的技术方案并非产品权利要求所记载产品的制造方法。有些情况下，由于专利撰写的问题，虽然从两个独立权利要求引用关系和前序部分的字面意思上看具有制造与被制造的对应关系，但事实上却并非如此。因此，采用推定新产品的方式不可靠，举证责任分配上也不公平，所以仍然需要原告承担新产品的初步举证责任。

这种情况下，一方面原告应当指出其权利要求书中产品和方法的独立权利要求之间的对应关系，来证明二者之间是制造方法和该方法直接获得的产品的关系；另一方面，需要寻找最接近的现有产品并指出二者之间区别点所在。这在"上海艾尔贝包科技发展有限公司与义乌市贝格塑料制品有限公司等侵害发明专利权纠纷"一案中有所体现：涉案权利要求书中存在方法权利要求和产品权利要求，原告作了对应性的比较，一审上海知识产权法院认为："根据权利要求3-5方法专利直接获得的产品包含了权利要求1产品权利要求的全部技术特征，仅是比权利要求1的专利产品多出了几个技术特征。结合专利说明书及附图，可以得出依照权利要求3-5制造的产品可以对应于权利要求1的专利产品，因该产品权利要求1已得到授权，在无相反证据的情况下，可认定其对应的产品系新产品。"❶二审上海高级人民法院支持了一审法院的上述观点，认为一审法院分配举证责任没有错误。❷

在再审程序中，最高人民法院认为，权利人需要提交初步证据证明涉案产品与专利申请日之前已有的同类产品相比，在组分、结构或者其质量、性能、功能方面有明显区别，不能仅因为方法专利对应的产品获得专利授权就推定产

---

❶ 参见：上海知识产权法院（2016）沪民初841号民事判决书。
❷ 参见：上海市高级人民法院（2018）沪民终8号民事判决书。

品是新产品,而仍应由专利权人举证证明新产品。❶

三、认定新产品的判断标准

新产品的认定涉及以专利方法直接获得的产品与现有产品的比对,那么比对后多大的区别能够认定新产品呢?其中的判断标准将成为诉讼双方争议的焦点问题。关于新产品的判断标准,《专利法》中并没有定义。《最高人民法院关于审理侵犯专利权纠纷案件应用法律若干问题的解释》第17条对"新产品"给出了解释:"产品或制造产品的技术方案在专利申请日以前为国内外公众所知的,人民法院应当认定该产品不属于专利法第六十一条第一款规定的新产品。"但实践中,对"新产品"的理解仍有争议。笔者认为可以归纳为三种判断标准,即新颖性判断标准、创造性判断标准和明显区别判断标准。

(一)新产品的新颖性判断标准

有学者认为最高人民法院司法解释的规定与《专利法》中"新颖性"的规定相互呼应,"新产品"的"新"可借鉴"新颖性"的"新"。❷ 如果按照《专利法》中新颖性的标准,二者相比只要有非公知常识的任何区别,即可认定为新产品。

但是,笔者认为,《专利法》中的新颖性是在专利确权中的运用,是专利申请技术方案被授权的三个判断标准之一,也是最基础的标准,其后还需要判断创造性和实用性。尤其是创造性标准,需要技术方案与现有技术相比,发明要具有突出的实质性特点和显著的进步,实用新型要具有实质性特点和进步。创造性判断标准才是专利确权审查中的"金标准",确权过程中采用严格的创造性要求体现了权利人利益与社会公众利益之间的博弈。

而侵权诉讼中,被控侵权人的行为在被生效法律文书判定为侵权行为之前,一定程度上仍然属于社会公众行为的一部分,因为任何实施一定关联行为的主体都有可能成为诉讼案件的被告。如果在侵权诉讼的新产品认定过程中,仅采用类似确权中的新颖性判断标准,可能会导致新产品认定过于容易,被控侵权人的举证责任加重而损害社会公众的利益。

---

❶ 参见:最高人民法院(2018)最高法民申4149号民事判决书。
❷ 孔祥俊,王永昌,李剑.关于审理侵犯专利权纠纷案件应用法律若干问题的解释的理解与适用[J].人民司法,2010(3):27-33.

（二）新产品的创造性判断标准

另有学者提出新产品"的"新"类似《专利法》中的"创造性"。❶ 如前所述，创造性是指与现有技术相比，发明具有突出的实质性特点和显著的进步。但笔者认为，被授予专利权的是制造方法，制造方法的创造性改进并非一定会带来其直接获得产品的创造性变化。举例说明，如现有技术中，合成纤维是由蚕丝和高分子聚合物混纺而成，专利技术方案采用经过处理的动物毛发形成的角蛋白和高分子聚合物混纺而成，其中对于动物毛发的处理方法是技术关键点，使得技术方案达到了创造性的高度，但是获得的合成纤维与现有技术相比，仅存在毛发形成的角蛋白和蚕丝形成的丝蛋白的区别。若以创造性标准孤立地判断合成纤维产品组分，由于其与现有产品相比仅为类似组分的替换，恐难具有突出的实质性特点和显著的进步。因此，孤立地使用创造性判断标准对专利权人要求过高，难谓公平。

（三）新产品的明显区别判断标准

北京市高级人民法院《专利侵权判定指南（2017）》第112条第1款规定："专利法第六十一条规定的"新产品"，是指在国内外第一次生产出的产品，该产品与专利申请日之前已有的同类产品相比，在产品的组份、结构或者其质量、性能、功能方面有明显区别。"在"中山市远宏实业有限公司"案❷中，广东省高级人民法院认为新产品是"第一次生产的产品，该产品与专利申请日之前已有的同类产品相比，在产品的组份、结构或者质量、性能、功能方面有明显区别"。两个地区的高级法院采用了"明显区别"作为判断标准，笔者认为采用"明显区别"判断标准较为合理，其处于前述新颖性判断标准和创造性判断标准之间，法院可以结合具体案情具体分析，这样就克服了单纯使用新颖性判断标准和创造性判断标准所带来的偏颇。进一步，笔者认为可以综合三个因素判定区别点是否明显：①区别点与涉案专利的发明点是否呼应；②区别点能否得到说明书支持；③区别点体现在组分是增加、减少抑或替换。

（四）判定区别点是否明显应综合考虑的因素

1. 区别点与涉案专利的发明点是否呼应

专利侵权诉讼中，专利的发明点在判定技术特征等同等过程中是非常重要

---

❶ 国家知识产权局条法司. 专利法研究2007 [M]. 北京：知识产权出版社，2008：408.

❷ 参见：广东省高级人民法院（2007）粤高法民三终字第209号民事判决书。

的考量因素，笔者认为在判定新产品过程中亦是如此。众所周知，专利方法直接获得的产品中必然存在多种组分或结构，各个组分之间不可能同等重要。通过明确专利技术的发明点，能够知晓该专利方法中哪些步骤或原料是关键，从而进一步确认这些关键步骤或原料在获得的产品中生成了哪些组分或结构，导致质量、性能、功能方面的哪些变化，在新产品判断时，就重点比对上述性状。仍然以前述合成纤维为例，通过阅读专利文件，可知动物毛发的处理方法是技术关键点，那么合成纤维中是否含有动物毛发形成的角蛋白就是比对的要点。若现有技术中合成纤维的蛋白质组分只有蚕丝提取的丝蛋白或者牛奶的酪蛋白，那么即使丝蛋白、酪蛋白与角蛋白相比在理化性质上相近似，也仍然可以认为专利技术直接获得的产品与现有技术相比在组分上具有明显区别，属于新产品。反之，若现有技术中也存在角蛋白合成纤维，区别仅在于所选取的具体高分子聚合物不同，但是涉案专利的发明点并非高分子聚合物的选取，且具体高分子聚合物的选择也属于现有技术记载的常规选择。这种情况下，可以认为专利技术直接获得的产品与现有技术相比在组分上不存在明显区别，不属于新产品。

2. 区别点能否得到说明书支持

一般而言，只要制造方法改变，大概率导致产品在组分、结构上区别于现有产品，问题只是这些区别是否达到明显的程度。专利权人作为原告，为了套用《专利法》相关规定，必然刻意强调这些区别点，说明其使产品在质量、性能、功能方面可能带来的重大影响。但是，原告这些解释可能超出了专利文件的记载范围，存在"杜撰"的可能性。因此，判断组分、结构的区别是否明显，是否带来质量、性能、功能方面明显的区别，应当在涉案专利文件中寻找依据。虽然可能存在说明书中未记载的明显区别，但笔者认为至少是本领域普通技术人员基于涉案专利文件的记载可以毫无疑义地推断出的区别。

3. 区别点体现在组分是增加、减少抑或替换

专利方法直接获得的产品相比于现有产品可能存在组分上的增加、减少抑或替换。笔者认为类比在专利确权过程中，组分的增加、减少的创造性高度较高。若组分上存在增加、减少，其认定为新产品的可能性较高；若区别点在于部分组分被替换了，则判断过程应当更加谨慎，需要重点考虑这种替换是否是涉案专利的发明点，若非发明点，则需进一步判断这种替换是否为常规技术手段。

四、界定新产品的时间参照点

(一) 涉案专利申请日为界定新产品的时间参照点

有学者认为随着时间的推移,相同产品存在越来越多的制造方法,仍然以涉案专利申请日作为时间参照点对被控侵权人是不公平的。有学者提出,可将新产品的界定时间参照点适当推迟,甚至直接推定专利授权一定时间后产品不可能为新产品,即使用专利方法制造出来的产品在专利申请日或优先权日是新的,专利权人也只有在其方法专利被公告授权之日起三年之内指控他人侵权时才能运用该条款,此后不再享受举证责任倒置的优惠。❶ 笔者认为,这些说法有一定道理,但需要兼顾公平以及诉讼的可操作性。

(二) 以专利申请日之前的现有技术为主,公知常识证据可以选用侵权日之前的材料

笔者认为对于新产品判断可以采用明显区别的判断标准,即存在最接近的现有技术,而区别点可以通过举证公知常识证据进行论证。为平衡双方利益,对最接近的现有技术(或现有产品)应选取专利申请日之前的材料。随着科技进步,人们的公知常识也在不断演进。因此,对于与现有产品比较后存在非发明点的区别,为了确定是否属于公知常识,应当允许在侵权日期之前的材料中寻找依据。

五、结　语

在司法实践中,适用《专利法》第 66 条第 1 款的情况比较少,经过学者统计,裁判文书中适用或讨论该条款的仅为 125 份,其中成功适用该条款的仅为 33 份。❷ 这说明专利权人和法律界人士对于该条款的理解还存在较大偏差。笔者的研究也较为肤浅,属于一家之言。

笔者认为,该类案件案情一般较为复杂,法院应结合具体案情,充分使用自由裁量权和调查权,适用循环举证的方式,对是否构成"新产品"进行个案认定。

---

❶❷　符启林,宋敏. 方法专利侵权举证责任倒置适用条件之研究:谏言《专利法》第 57 条第 2 款的修改 [J]. 电子知识产权,2008 (4):48 – 51.

关于性能参数限定的组合物权利要求的专利性的初步思考

项 丹[*] 乐洪咏[*]

【摘　要】

　　在目前的审查实践中，如果同时包含组成特征和性能参数的组合物权利要求与对比文件的区别仅在于对比文件未具体公开性能参数，则审查员往往会以该性能参数无法将要求保护的产品与对比文件产品区分开为由提出新颖性问题。在后续的答复中，即使申请人通过修改组成特征来加以区分，审查员通常也会认为这一简单的组成调整是显而易见的，继而提出创造性问题。针对如何对这一类型的权利要求的专利性进行争辩，笔者结合具体案例给出了一点思考建议。

【关键词】

　　性能参数限定　组合物权利要求　专利性

　　组合物权利要求是化学领域中最常见的权利要求类型之一。近年来，由于市场上对于具有新良好性能的组合物产品（尤其是玻璃产品）的需求不断增长，同时包含组成特征和性能参数的组合物权利要求的专利申请越来越多。虽

---

[*] 作者单位：上海专利商标事务所有限公司。

然这些组合物产品的组成与现有产品的区别并不显著，但是其新颖优异的性能却受到追捧，从而在市场上受到欢迎。

但是，在目前的审查实践中，如果同时包含组成特征和性能参数特征的组合物权利要求与对比文件的区别仅在于对比文件未具体公开性能参数，则审查员往往会以该性能参数无法将要求保护的产品与对比文件公开的产品区分开为由提出新颖性问题。在后续的答复中，即使申请人通过修改组成特征来加以区分，审查员通常也会认为这一简单的组成调整是显而易见的，继而提出创造性问题。因此，如何对这一类型的权利要求的专利性进行争辩，是申请人和专利代理师必须面对的挑战。

一、《专利审查指南 2010》中的相关规定

《专利审查指南 2010》第二部分第三章第 3.2.5 节给出了包含参数特征的产品权利要求新颖性的审查原则：

"对于这类权利要求，应当考虑权利要求中的性能、参数特征是否隐含了要求保护的产品具有某种特定结构和/或组成。如果该性能、参数隐含了要求保护的产品具有区别于对比文件产品的结构和/或组成，则该权利要求具备新颖性；相反，如果所属技术领域的技术人员根据该性能、参数无法将要求保护的产品与对比文件产品区分开，则可推定要求保护的产品与对比文件产品相同，因此申请的权利要求不具备新颖性，除非申请人能够根据申请文件或现有技术证明权利要求中包含性能、参数特征的产品与对比文件产品在结构和/或组成上不同。"

《专利审查指南 2010》第二部分第十章第 5.3 节进一步给出了用物理化学参数表征的化学产品的新颖性的审查原则：

"对于用物理化学参数表征的化学产品权利要求，如果无法依据所记载的参数对由该参数表征的产品与对比文件公开的产品进行比较，从而不能确定采用该参数表征的产品与对比文件产品的区别，则推定用该参数表征的产品权利要求不具备专利法第二十二条第二款所述的新颖性。"

从上述规定看，推定方式是审查参数特征限定的产品权利要求的一个原则。采用这种方式一方面是由于对比文件未公开参数特征，无法进行直接比较；另一方面是因为在科学上对某一参数的影响因素很多，无法达到逻辑必然性条件。在化学领域，推定新颖性经常采用的方法有对比文件公开了除参数以外的其他结构和/或组成、对比文件公开了相似或相同的方法。采用上述两种

方法进行推定时，从技术角度考虑，仅凭满足上述条件（基础事实）即推定产品具有权利要求中限定的参数，并不能满足高度概然性的原则，满足上述条件后获得权利要求限定的参数的概率不可知。

在实践中，即使申请人能够提供比较来证明现有技术的产品不具有发明产品的参数特征，审查员通常也会质疑：既然组合物产品的组成相同，那么其性能参数又为何会有不同？

但是，一般而言，申请人是无法提供这样的比较的。因此，在答复类似的审查意见时，申请人通常是对组合物的组成作进一步的限定以区别于现有技术，同时争辩创造性。但是，审查员往往会对创造性提出异议，因为审查员认为这一简单的组成调整仅仅是为了区别于现有技术，是容易想到的。

为了说服审查员，申请人需要将上述区别与性能参数以及发明目的结合起来，以说明其相互关联性，同时提供足够的数据（实施例）加以支持，并将产品性能参数解释为对组成的进一步限定，从而证明创造性。

二、相关案例

笔者给出以下相关案例进行具体说明。

案例：国家知识产权局第 248675 号复审请求审查决定

决定要点：对于权利要求 1 限定的玻璃组合物，其组分含量特征与性能参数特征是彼此关联、不可分割的。本申请权利要求 1 在通过组分含量特征对该玻璃组合物进行限定的基础上，通过平均热膨胀系数、离子交换后的压缩应力和液相线黏度等性能参数对其保护范围作出进一步的限定，这实质上同样是对其组分含量的进一步选择。

该案案情如下：

该专利申请的独立权利要求 1 如下：

1. 一种玻璃组合物，其包括：

65 ~ 70 摩尔 % 的 SiO_2；

9 ~ 13 摩尔 % 的 Al_2O_3；

0 ~ 11 摩尔 % 的 B_2O_3；

<u>大于 6 摩尔 % 至小于 10 摩尔 % 的碱金属氧化物 R_2O</u>❶，其中 R 是 Li、Na 和 K 中的至少一种；和

---

❶ 此处下划线为笔者所加。

3~11摩尔%的二价氧化物MO,其中M是Mg、Ca、Ba、Sr和Zn中的至少一种,并且ZnO的浓度为0~3摩尔%,

其中由该玻璃组合物形成的玻璃的平均热膨胀系数小于或等于55×10^{-7}/℃,在100%的KNO_3盐浴中于410℃下进行8小时的离子交换之后该玻璃组合物中的压缩应力大于或等于400兆帕,并且液相线黏度大于或等于35千泊。

对比文件1公开了一种具有低热膨胀系数的铝硅酸盐基玻璃组合物。独立权利要求1与对比文件1的区别在于上面用下划线标出的特征。基于上述区别特征,本发明所要解决的技术问题是:如何改变组成以获得理想的压缩应力和液相线黏度范围。

针对合议组指出的上述区别属于本领域的常规选择的论断,申请人答复如下:

《专利审查指南2010》规定:"对于功能上彼此相互支持、存在相互作用关系的技术特征,应整体上考虑所述技术特征和它们之间的关系在要求保护的发明中所达到的技术效果。"

玻璃组合物中一种组分的含量的改变必然引起该玻璃组合物中至少一种其他组分的含量的变化。玻璃的平均热膨胀系数、压缩应力和液相线黏度等性能与玻璃组成密切相关。组分含量的变化会引起性能的变化。

权利要求1的玻璃组合物同时包含65摩尔%~70摩尔%的SiO_2、9摩尔%~13摩尔%的Al_2O_3、0~11摩尔%的B_2O_3、大于6摩尔%至小于10摩尔%的碱金属氧化物R_2O、3摩尔%~11摩尔%的二价氧化物MO和0~3摩尔%的ZnO;并且由该玻璃组合物形成的玻璃同时具有小于或等于55×10^{-7}/℃的平均热膨胀系数、大于或等于400兆帕的压缩应力和大于或等于35千泊的液相线黏度。

按照合议组的思路分析:

1. 本申请中实施例A21(67.3摩尔% SiO_2、11.4摩尔% Al_2O_3、5.2摩尔% B_2O_3、9摩尔% MgO、6.2摩尔% Na_2O、0.8摩尔% K_2O、0.1摩尔% SnO_2)和实施例C21(65.3摩尔% SiO_2、13.4摩尔% Al_2O_3、5.2摩尔% B_2O_3、9摩尔% MgO、6.2摩尔% Na_2O、0.8摩尔% K_2O、0.1摩尔% SnO_2)的SiO_2,Al_2O_3、B_2O_3和MO(MgO)含量落入对比文件1公开的范围。假定本领域技术人员将R_2O的总含量从对比文件1所要求的最多6摩尔%增加到实施例A21和实施例C21中的7.0摩尔%(6.2摩尔% Na_2O+0.8摩尔% K_2O),他们将会预期这两种玻璃组合物会具有类似的性质。但是,与实施例A21相比,当

Al$_2$O$_3$ 含量增加到实施例 C21 中的 13.4 摩尔%（落在对比文件 1 公开的 13 摩尔%~16 摩尔%的范围内，但超出本申请权利要求 1 限定的 9 摩尔%~13 摩尔%）时，液相线黏度下降 66.4%，降低到 21.104 千泊，远低于本申请权利要求 1 限定的下限 35 千泊。这是意想不到的，因为对比文件 1 没有公开 Al$_2$O$_3$ 对液相线黏度的影响。

2. 本申请实施例 A13（65.3 摩尔% SiO$_2$、11.4 摩尔% Al$_2$O$_3$、7.2 摩尔% B$_2$O$_3$、5.3 摩尔% MgO、2.8 摩尔% CaO、0.9 摩尔% ZnO、6.2 摩尔% Na$_2$O、0.8 摩尔% K$_2$O、0.1 摩尔% SnO$_2$），A14（65.3 摩尔% SiO$_2$、11.4 摩尔% Al$_2$O$_3$、7.2 摩尔% B$_2$O$_3$、5.3 摩尔% MgO、1.9 摩尔% CaO、1.8 摩尔% ZnO、6.2 摩尔% Na$_2$O、0.8 摩尔% K$_2$O、0.1 摩尔% SnO$_2$）和 C19（65.3 摩尔% SiO$_2$、11.4 摩尔% Al$_2$O$_3$、7.2 摩尔% B$_2$O$_3$、5.3 摩尔% MgO、3.7 摩尔% ZnO、6.2 摩尔% Na$_2$O、0.8 摩尔% K$_2$O、0.1 摩尔% SnO$_2$）中 SiO$_2$、Al$_2$O$_3$、B$_2$O$_3$ 和 MO（MgO+CaO+ZnO）的含量分别相同并落入对比文件 1 公开的范围。假定本领域技术人员将 R$_2$O 的总含量从对比文件 1 所要求的最多 6 摩尔%增加到这些实施例中的 7.0 摩尔%（6.2 摩尔% Na$_2$O+0.8 摩尔% K$_2$O），他们将会预期这些玻璃组合物会具有类似的性质。然而，尽管（MgO+CaO+ZnO）的总含量保持不变（9.0 摩尔%），但与实施例 A13 和 A14 相比，当 ZnO 含量增加到实施例 C19 中的 3.7 摩尔%（落在对比文件 1 第 0062 段公开的至少 1 摩尔%的范围内，但超出本申请权利要求 1 限定的 0~3 摩尔%）时，液相线黏度急剧下降，远低于权利要求 1 限定的下限 35 千泊。

结论：

对比文件 1 既没有公开 65 摩尔%~70 摩尔%的 SiO$_2$、9 摩尔%~13 摩尔%的 Al$_2$O$_3$、0~11 摩尔%的 B$_2$O$_3$、大于 6 摩尔%至小于 10 摩尔%的碱金属氧化物 R$_2$O、3 摩尔%~11 摩尔%的二价氧化物 MO 和 0~3 摩尔%的 ZnO 的组合（第一组合），也没有公开小于或等于 55×10^{-7}/℃ 的平均热膨胀系数、大于或等于 400 兆帕的压缩应力和大于或等于 35 千泊的液相线黏度的组合（第二组合）。基于对比文件 1 公开的内容，上述两种组合都不是显而易见的。

相比之下，如本申请中的表格所示，当第一组合得到满足时（实施例 A4，A13，A14，A15，A16，A17，A18，A19，A20，A21，A22，A23，A24，A25，A27），第二组合就能得到满足。

合议组意见：

尽管对比文件 1 公开的玻璃组合物中 SiO$_2$、Al$_2$O$_3$、B$_2$O$_3$ 和 MO 的含量范围与本申请权利要求1中对应组分的含量范围存在重叠或交叉，但对比文件1中至少未给出如何在上述多个含量范围内选择特定的组分含量以实现本申请权利要求中限定的液相线黏度范围，现有证据也不足以表明这种选择是本领域的公知常识。

例如，本申请中实施例A21和实施例C21的SiO_2、Al_2O_3、B_2O_3和MO含量均落入对比文件1公开的范围，即使本领域技术人员根据本领域对R_2O含量与强度关系的普遍认知，将R_2O的总含量从对比文件1所限定的最多6摩尔%增加到实施例A21和实施例C21中的7.0摩尔%，那么也将会预期这两种玻璃组合物会具有类似的性质。但是，与实施例A21相比，当Al_2O_3含量增加到实施例C21中的13.4摩尔%（落在对比文件1公开的13摩尔%～16摩尔%的范围内，但超出本申请权利要求1限定的9摩尔%～13摩尔%）时，液相线黏度下降66.4%，降低到21.104千泊，远低于本申请权利要求1限定的下限35千泊。

又如，本申请实施例A13、A14和C19中SiO_2、Al_2O_3、B_2O_3和MO的含量都相同且均落入对比文件1公开的范围，即使本领域技术人员将R_2O的总含量从对比文件1所限定的最多6摩尔%增加到这些实施例中的7.0摩尔%，那么也将会预期这些玻璃组合物会具有类似的性质。然而，尽管MO的总含量保持不变，但与实施例A13和A14相比，当ZnO含量增加到实施例C19中的3.7摩尔%（落在对比文件1第62段公开的至少1摩尔%的范围内，但超出本申请权利要求1限定的0～3摩尔%）时，液相线黏度急剧下降，远低于权利要求1限定的下限35千泊。

基于以上，合议组进一步认为，对于权利要求1限定的玻璃组合物，其组分含量特征与性能参数特征是彼此关联、不可分割的。本申请权利要求1在通过组分含量特征对该玻璃组合物进行限定的基础上，通过平均热膨胀系数、离子交换后的压缩应力和液相线黏度等性能参数对其保护范围作出进一步的限定，这实质上同样是对其组分含量的进一步选择。

三、思考和建议

对于一个具体的组合物来说，例如10% A + 20% B + 70% C，由于组分和比例是确定的，因而其性能也是确定的。对于一个组合物权利要求来说，它在客观上需要限定一定组成范围内的组合物。如果能够确定在某个组成范围内的所有组合物都能产生所需的技术效果，解决发明所要解决的技术问题，那么该组合物权利要求应当用该具体的组成范围来限定。然而，组合物的一个性能可能受多个组分的影响,一个组分也可能影响多个性能,组合物中各个组分的百分比又不可能独立调节。例如,在前述案例中,碱金属氧化物能改善玻璃的离子交换性能和可成形性,但会增大热膨胀系数;二价氧化物能改善玻璃的可成形性,但会降低离子交换性能,增大热膨胀系数。当需要平衡多种性能时,对组合物的组成进行精确限定将变得非常困难。因此,这种组合物权利要求应属于《专利审查指南 2010》第二部分第十章第 4.3 节所称的仅用结构和/或组成特征不能清楚表征的化学产品权利要求。对于这种权利要求,可以进一步采用物理和/或化学参数来表征。

通过性能参数进一步限定组合物权利要求的原理是:该权利要求中的组成特征限定了一个较大的范围,并不是落在该范围内的每个组合物都能解决发明所要解决的技术问题。该技术问题的解决与一个或多个组合物性能相关,如果进一步限定这样的性能,就能确保所得到的组合物能够解决发明所要解决的技术问题。性能与组成相关,对性能的限定实际上是对组成的间接限定。

从实用性的角度来看,在工业应用中,对于仅用组成限定的组合物权利要求,只需要从所限定的组成范围内选择具体的组成,即可得到能够解决发明所要解决的技术问题的组合物。对于用性能参数进一步限定的组合物权利要求,需要通过实验测量初选组合物的性能,然后根据测量结果在权利要求限定的组成范围内调整组成,直至得到权利要求所限定的性能——这在工业生产中是可行的。

化学工业发展到今天,许多领域的技术已经非常成熟。例如,在玻璃、钢铁等领域,各种成分的作用已经被研究得相当透彻。但是,每个领域的技术问题都不会枯竭,社会需求的演进也不会止步,因而在产品的研发上仍然存在潜力,只是难度可能越来越大。在这种情况下,通过性能参数进一步限定组合物产品成为发明的一种可能选择。为此,在研发、专利申请文件的撰写和审查过程中,都需要注意一些问题。

在研发中,需要关注技术问题的解决与产品性能之间的关系,确定获得某种或某些性能就能解决该技术问题;同时,要研究组合物的成分与所述性能之间的关系,从而为获得所述性能提供指引。

在专利申请文件的撰写中,需要充分描述组成、性能、技术效果、技术问题的关系,同时提供足够的数据(实施例)加以支持(包括显示相反结论的比较数据)。特别需要注意的是,对性能参数需要给出明确的定义,并记载测

量方法。❶

  在审查过程中，针对性能参数限定组合物权利要求的专利性的争辩，申请人需要将区别技术特征（组分、含量）与性能参数以及发明目的结合起来，以说明其相互关联性，并将产品性能参数解释为对组成的进一步限定，从而证明专利性。

---

  ❶ 陈莹. 采用参数特征清楚表征组合物的撰写建议［C］//中华全国专利代理人协会. 2014年中华全国专利代理人协会年会第五届知识产权论坛论文：第三部分，2014：128-134.

从审查角度浅谈如何提升药物晶型发明的专利质量

陈 昊[*]

【摘 要】

药物晶型专利是原研药厂在化合物专利到期之后进一步延长其市场独占权的重要手段。然而近年来被宣告无效的药物晶型专利数量日渐增多,尤其在我国药品专利链接制度建立的基础上,对于药物晶型专利的质量提出了更高的要求。本文通过对药物晶型专利申请文件的撰写、晶型专利审查中的常用法条等环节进行全面介绍和分析,以期为国内制药企业和相关专利代理师在我国专利链接制度实施背景下进一步提升药物晶型专利的质量提供一定的借鉴和参考。

【关键词】

药物晶型 专利质量 专利撰写 专利审查

一、引 言

多晶型的定义由 McCrone 在 1965 年提出,是指某一化合物在固体状态下

---

[*] 作者单位:国家知识产权局专利局专利审查协作四川中心。

有可能存在两种或多种不同的分子排列而产生不同的固体结晶相的现象。❶ 早在 18 世纪，研究人员就发现了苯甲酰胺具有两种不同晶型，之后科学家们通过无数生物学和化学试验证明，化学药物的不同晶型状态物质可以造成多种性质的改变。例如，氯霉素的不同晶型在临床上使用时可以产生几倍甚至数十倍的疗效差异。❷ 同一种药物的不同晶型，在体内的溶解和吸收可能不同，这将会影响其制剂的溶出和释放，进而影响临床疗效和安全性。因此，药物晶型问题直接关系到药物的质量和疗效。

新药的研发一向是高投入、高风险、高收益的过程，原研药企业通常会申请一系列专利对一种新药进行全面的专利布局，从而形成多维度多层次的保护，以最大延长产品的专利保护期。制药企业在新药研发中筛选出最优的活性化合物之后，逐渐会通过布局"化合物""晶型""制剂""化合物用途""制备方法""中间体"等专利链或专利池来形成全面的专利保护圈。在这些专利布局中，晶型专利是位于最为核心的化合物专利之后的第一层保护，同时与化合物一样属于产品的强保护，因此是制药企业非常看重的专利布局之一，是各国制药企业持续占领世界药物市场、使经济利益最大化的利器。例如，诺华公司针对拳头产品之一格列卫（即甲磺酸伊马替尼），在甲磺酸伊马替尼化合物专利到期之后，通过专利保护其最适合成药的 α 和 β 晶型，有效了阻止了国内企业的仿制，并进一步延长了该药品在中国的独占时间。❸

随着《专利法》2020 年修正案的施行，我国药品专利链接制度已经初步建立。在专利链接制度下，仿制药厂有着强烈的动机对原研药厂的在先专利提出挑战。显然，越是稳定性低的专利就越容易被挑战成功，因此原研药厂需要重点布防其专利体系中的薄弱环节。虽然在我国现有专利链接制度下晶型专利无法在我国专利信息登记平台上登记，但是其可以通过晶型的用途专利、组合物专利等方式被纳入登记平台，并且如果原研药厂的晶型专利尚在有效期，仿制药要申请上市也需要规避原研药厂的晶型专利。随着国内仿制药一致性评价和药品集中采购等政策的逐步推进，仿制药企业的竞争压力剧增。对于国内多数以仿制药开发为主业的制药公司来说，挑战跨国药企原研药品的专利，进而

---

❶ MCCRONE W C. Physics and Chemistry of the Organic Solid State：Volume 2 [M]. New York：Wiley Interscience, 1965：725 – 767.

❷ 吕扬，杜冠华. 晶型药物 [M]. 北京：人民卫生出版社，2009：8.

❸ 国家知识产权局专利局化学发明审查部. 药物晶型申请的创造性审查标准研究 [R]. 北京：国家知识产权局，2013：7.

使其已获批准文号或者正在开发中的仿制药比预期更早推向市场。不管是药品专利链接制度还是国家其他政策法规层面对首仿药均给与了很大的政策支持。最近几年原研药厂在中国早期获得授权的晶型专利被无效宣告成功的案例逐渐增多，晶型专利有可能成为原研药厂专利体系中的"脆弱一环"，从而为仿制药企业在药品专利链接制度下有效扩大自身利益有着重大影响。对于原研药企业而言，如何提高晶型专利专利权的稳定性，也是完善药物知识产权全面布局中的重要工作。

由于国内仿制药企业逐渐认识到药物晶型专利的重要性，晶型专利的申请也成为近年来国内申请的重要技术主题，同时，晶型的授权确权、复审、无效、诉讼等争议也随之增加。与之相对的是，我国《专利审查指南2010》中并没有对晶型专利的审查标准进行明确的规定。在这种情况下，申请人和专利代理师对于如何提高药物晶型专利申请的质量以确保后续晶型专利权的稳定性还存在一定困惑。笔者将通过对药物晶型专利申请文件的撰写、晶型专利审查中的常用法条以及审查意见答复等环节进行全面介绍，以期为国内制药企业和相关专利代理师在我国药品专利链接制度实施背景下进一步提升药物晶型专利的质量提供一定的借鉴和参考。

二、药物晶型专利申请的撰写

专利申请文件是将一项发明转化为专利权的载体文件。一项好的发明创造能否获得充分、有效的法律保护，与其专利申请文件的撰写质量有着极大的关系。晶型专利请求保护的是具体化合物的特定晶体形式，主要涉及化合物分子之间的空间位置和排列关系。可见，对于晶型专利申请文件，撰写的第一个要求就是清楚准确地确认该化合物的晶型。同时，晶型产品涉及的是微观结构排序，必须通过特殊的表征手段进行限定才能使得所属领域的技术人员能够确认。

一般而言，药物研发中对于药物晶型的主要表征手段包括 X 射线衍射（X‑ray diffraction，XRD），包括单晶衍射（X‑ray single crystal diffraction）、粉末衍射（X‑ray powder diffraction，XRPD）；晶胞参数包括晶胞的三组棱长（即晶体的轴长）a、b、c 和三组棱相互间的夹角（即晶体的轴角）α、β、γ；固体核磁共振技术（solid state nuclear magnetic resonance，SSNMR）；热分析，包括差热扫描分析（differential scanning calorimeter，DSC）、热重分析（thermogravimetric analyzer，TGA）；红外光谱（infrared spectroscopy，IR）、拉曼光

谱（raman spectra，RS）等。在这些多种表征手段中，X 射线粉末衍射与特定晶型之间如同指纹图片一般具有一一对应关系❶，且 X 射线粉末衍射可以采用衍射峰的数值、衍射图等多种方式进行撰写，适合进行多层次、不同大小保护范围内的权利要求布局，因此是药物晶型专利申请撰写中最为常用的表征方式。

  在采用 X 射线粉末衍射来撰写晶型专利权利要求时，首先，如果要求保护的晶型为该化合物首个发现的晶型，为了布局多层次的保护范围，独立权利要求 1 可采用最能体现其 X 射线粉末衍射图谱特点（如峰强度最高的几个峰）的特征峰值进行限定，进一步在后续多个从属权利要求中再增加其他峰值进行限定。不建议直接采用未限定任何表征参数的宽泛的晶型 A、结晶形式等表述或者直接采用范围较窄的"具有图 1 所示的 XPRD 图"等方式，导致权利要求撰写得过大或过小。如果要求保护的晶型为该化合物多种晶型中的一种新的晶型，则在独立权利要求 1 中除了要采用最能体现其 X 射线粉末衍射图谱特点的特征峰值之外，还应明确限定与现有技术晶型的 X 射线粉末衍射图中存在明显差别的其他特征峰值，进一步在后续多个从属权利要求中再增加其他峰值进行限定。其次，在权利要求的撰写中要注意至少须保留一个权利要求要包含覆盖 X 射线粉末衍射图中所有明显特征峰的数据或者直接以 X 射线粉末衍射图进行限定，以为后续修改留下余地。再次，一般来说，晶型发明专利申请中的晶型产品是其保护核心，因此权利要求书中对于晶体制备方法的独立权利要求可以写得比较上位，后续再通过从属权利要求的方式来限定其具体制备条件。同时，晶体专利申请的权利要求书中尽量撰写出药物组合物、制药用途等独立权利要求，以丰富权利要求书的保护类型。最后，如果要求保护的是新的溶剂合物晶体，则撰写的独立权利要求 1 可直接要求保护该溶剂合物产品本身，在后续的独立权利要求和从属权利要求中再限定其为晶体形式。总之，在保证权利要求书的保护范围清晰、明确的前提下，设置合理数量的从属权利要求以及多种类型的独立权利要求以层层递进地对晶型产品进行保护，是提高授权质量、有效延长核心产品保护期的最佳手段。

  对于晶型发明专利申请的说明书而言，不仅应该清楚详细地说明化合物晶体的组成和晶体结构，而且应当记载能够证明所述晶体的物质组成和微观结构的相应物理化学参数，包括上述用于晶体表征的 X 射线衍射特征峰和图谱、

---

❶ 范雄. X 射线金属学 [M]. 北京：机械工业出版社，1981：99.

晶胞参数数据、固体核磁共振峰、热分析图谱、热重分析图谱、红外光谱、拉曼光谱等。同时，说明书还应当详细记载所述化合物晶体的至少一种制备方法，使得本领域的技术人员能够实施。另外，尤其重要的是，说明书中应当描述所要求保护的药物晶型对于药物活性、化学物理稳定性、密度或流动性、溶解性、生物利用度、药物稳定性、吸湿性等药物特性以及制剂过程能够产生何种技术改进或技术优势，并且所述优势和改进必须有详细的实验数据作支撑。如果是对于首次发现所述化合物的晶型，除非申请人能够证实常规结晶手段不足以发现已知活性化合物的任何其他晶体，否则需要在说明书中详细记载现有的化合物为油状不易分离和提纯，或者现有的无定型状态由于形状或吸湿性而难于制成制剂等，通过多个角度证明由于新晶型的开发给所述化合物的成药性带来了预料不到的技术效果。总之，晶型发明专利说明书的高质量撰写是决定晶型发明能否获得授权以及授权稳定性的基石，对于提高晶型专利的质量起着决定性的作用。

三、晶型专利申请审查中的常用法条

（一）单一性

单一性，按照《专利法》第31条第1款的规定，是指一件发明或者实用新型专利申请应当限于一项发明或者实用新型，属于一个总的发明构思的两项以上发明或者实用新型，可以作为一件申请提出。

晶型发明专利申请的单一性可以从如下两个角度考虑：①当化合物具备新颖性和创造性时，可在一件申请中保护多个不同的晶型或聚集态；②如果化合物本身是已知的，则该化合物不同晶型之间不具备单一性，不能在一件申请中保护多个不同的晶型或聚集态。

当所要保护的几个晶型之间不具备单一性时，只能在一件申请中保留一种晶型，其余晶型可另行提交多件分案申请。

（二）说明书的充分公开

《专利法》第26条第3款规定："说明书应当对发明或者实用新型作出清楚、完整的说明，以所属技术领域的技术人员能够实现为准……。"

药物晶型发明属于化学领域中的一类特殊产品发明，是以化学结构特征与微观物理结构特征相结合表征的化学物质，因而既有化学产品的一般共性，又有微观结构的特殊性。因此对于药物晶型发明申请的说明书而言，不仅应该明确记载化合物晶体的组成和晶体结构，而且应当记载能够证明所述晶体的物质组成和微观结构的相应的物理化学参数。同时，说明书还应当记载所述化合物晶体的至少一种制备方法，使得本领域的技术人员能够根据所述方法制备所述晶型。如果本领域的技术人员根据说明书公开的信息不能确认所述化合物晶体的物质组成或者微观结构，或者依据说明书公开的制备方法不能制备所述化合物晶体，则说明书对于所述化合物晶体的公开未达到本领域技术人员能够实现的程度。另外，由于药物晶型发明属于化学发明，因此说明书中对于其技术效果的证实也必须以详细的实验方法以及具体的实验数据作支撑，以使得所述晶型能够在说明书中达到充分公开的程度。

（三）新颖性

《专利法》第22条第2款规定："新颖性，是指该发明或者实用新型不属于现有技术；也没有任何单位或者个人就同样的发明或者实用新型在申请日以前向国务院专利行政部门提出过申请，并记载在申请日以后公布的专利申请文件或者公告的专利文件中。"

对于晶型发明专利申请新颖性的审查，一般是按照《专利审查指南2010》第二部分第三章第3.2.5节中对于包含性能、参数特征的产品权利要求的审查进行，即所谓"推定不具备新颖性"：专利申请的权利要求为用X衍射数据等多种参数表征的一种结晶形态的化合物A，对比文件公开的也是结晶形态的化合物A，如果根据对比文件公开的内容，难以将两者的结晶形态区分开，则可推定要求保护的产品与对比文件产品相同，该申请的权利要求相对于对比文件而言不具备新颖性。

在实质审查和复审阶段，收到推定不具备新颖性审查意见后证实新颖性的举证责任主要在申请人一方。一般来说，申请人可以通过提交对比实验数据证明本申请保护的晶体不同于对比文件公开的晶体。如果所要保护的晶体和对比文件晶体的XRPD图十分相似（先考虑峰位置，再考虑峰强度），可以通过晶胞参数、红外、DSC等其他数据进行比对。如果对比文件只公开了相同化合物的固体形式，则可以通过分析对比文件化合物与所要求保护化合物的熔点等理化性质的差异进行比对。如果对比文件只公开了相同化合物的固体形式，且无熔点等数据，则可以重复对比文件的合成方法制备出对比文件化合物，以其XRPD图谱与所要求保护的化合物的XRPD图谱进行比对。另外，如果提交对比实验存在难度，也可以对对比文件的制备过程进行具体分析，通过结晶过程所采用的溶剂、时间、温度等结晶条件确定其是否为现有技术已知的晶型形式,进而通过将对比文件所制备的晶型与现有技术已经报道的晶型进行归类之后再与本申请进行比对,也可以进行新颖性陈述。

在无效宣告阶段,晶型发明新颖性的审理则采用"谁主张,谁举证"的原则。无效宣告请求人需要从晶型的结构/组成、参数表征、制备方法等方面证实所采用的对比文件与待无效专利所要求保护的晶型确实相同。这就要求请求人通过书面举证、实验重复等来证实两者完全相同,而不能简单以"无法区别"来推定新颖性。在请求人没有出具明确的证据证明两者相同,或是出具的证据难以证明两者完全相同的情况下,合议组一般不会认可现有技术能够破坏待无效专利晶型的新颖性。例如在哌林多普利叔丁基胺盐无效案中,合议组就明确认为"如果现有技术没有明确表征其晶体形态,且根据现有技术公开的制备方法也无法确认其制得的晶体形态与权利要求所保护的晶体形态相同,则不得断言权利要求不具备新颖性"。

(四)创造性

《专利法》第22条第3款规定:"创造性,是指与现有技术相比,该发明具有突出的实质性特点和显著的进步,该实用新型具有实质性特点和进步。"

药物晶型发明作为发明专利申请的一种,同样遵循《专利审查指南2010》第二部分第四章第3节规定的带有普遍性的创造性审查原则和审查基准,即可以采用"三步法"的整体评价思路进行判断:确定最接近的现有技术;确定发明的区别特征和发明实际解决的技术问题;判断要求保护的发明对本领域的技术人员来说是否显而易见。在确定区别特征时,除了判断化合物结构是否存在差别之外,还需要考虑由于晶型的不同而带来的微观结构上的区别。在确定发明实际解决的技术问题时,要从整体上考察说明书所记载的技术效果,并基于最接近的现有技术确定实际解决的技术问题。对于晶型发明,如果化合物结构是已知的,与现有技术的区别仅在于化合物的微观结构上,则需要重点考察基于化合物微观结构上的区别所带来的技术效果,并由此确定发明实际技术的技术问题。对于显而易见性的判断,一方面,在药物化学领域,研发新药的成本极其高昂,而研发成本主要耗费在化学活性结构的筛选上。出于经济及效率的考虑,本领域的研发人员会围绕有价值的已知化合物进行衍生研究,研究方向之一就是化合物的多晶型现象,因而寻找有价值化合物的不同晶型的动机是普遍存在的。同时,微观结构形态的不可预期性不等同于产品的非显而易见性。在化合物活性结构已知的情况下,本领域技术人员通过常规的技术手段如重结晶等方法通常可以获得该化合物的晶型。因而,当要求保护的发明于现有技术的贡献仅是提供了一种晶型时，且晶型不具有预料不到的技术效果，则该晶型通常不能被认为是非显而易见的。另一方面，寻求药物的多晶型为本领域普遍存在的动机，意在比如延长专利保护期、降低制药成本、改善成药效果等。

综上，对于晶型发明的创造性判断而言，需要围绕发明要解决的技术问题、采用的技术手段以及发明能够解决的技术问题/取得的技术效果等方面进行综合评判。具体主要从以下两个方面入手：①申请解决了技术问题，且技术问题的解决与晶型有必然、密切的联系；②现有技术是否存在采用开发所述晶型来解决该技术问题的教导或启示。需要注意的是，这里的"技术问题"必须注重"技术"实质，即必须紧扣药物化合物产业应用中的缺陷或问题，而仅"提供一种晶型""发现一种晶型"并不是技术问题。同样，仅仅是理化性质（如熔点、外观、纯度等）的改善也不直接等同于解决了技术问题，而需要重点考察理化性质与产业应用上的技术问题之间的关系。例如现有技术晶型熔点35℃，本申请新晶型熔点达到70℃，而本领域已知压片时局部温度过高会导致化合物熔化，熔点低不能用于压片，本申请的晶型熔点提高使得该药物可开发片剂。可见，本申请所开发的晶型解决了片剂开发中的技术问题，具备创造性。又如在溴化替托品无效诉讼案中，最高人民法院在再审判决中明确指出：对于某种化合物是否存在晶体形式、存在多少种晶体形式以及存在何种晶体形式的不可预期性并不能等同于创造性审查中的"非显而易见性"。该案也进一步明确了晶型创造性的判断中"在创造性评判中能够被考虑的预料不到的技术效果，除了应当在原申请文件中明确记载以外，还应当是给出了相应实验数据予以证实的技术效果"。

（五）其他法条

对于药物晶型发明，其他法条（如清楚、支持、缺少必要技术特征等）的审查与其他发明并无明显区别，因此笔者不再赘述。

四、小结和建议

综上所述，对于一款创新药物，原研药公司会在申请基础化合物专利后进一步申请最适合成药的晶型专利，即药物晶型专利是各国制药企业进一步延长药物的专利保护期、实现利益最大化的重要手段。然而，近些年来被宣告无效的药物专利族中，晶型专利占了较大比例，且晶型专利被成功无效的比例相对于其他类型的专利也较高，导致药物晶型专利的专利权稳定性相对较差，不能很好维护申请人和公众利益之间的平衡。因此，从源头提高药物晶型专利的质量，既能有效维护制药企业的前期研发和专利申请上的资金投入，提高申请人专利申请的积极性，同时也能避免浪费复审、无效和法院诉讼等行政及司法资源，有效维护专利制度的权威性。

为了提高药物晶型专利的质量，强化此类专利的保护效力，申请人和专利代理师可以从以下角度着手开展工作。

（一）重视专利申请文件的撰写

在撰写专利申请文件时，申请人和专利代理师需要充分交流，对技术交底书中的技术细节进行仔细打磨，同时需在撰写申请文件之前进行充分检索，充分了解现有技术，并在背景技术中针对相关最接近的现有技术设置合适数量的对比实验，以突出本申请所要求保护晶型的技术优势。鉴于药物晶型专利的创造性与实际解决的技术问题以及技术效果的证实非常相关，因此说明书的撰写尤其重要。在说明书中需要明确写出药物晶型的确认手段和表征数据，明确所要求保护的晶型的确认手段和表征数据能够把所要求保护的晶型与现有技术的其他固体形态区分开来，便于后续侵权判定和维权举证。另外，说明书中应明确：采用该药物晶型能够解决所述药物实际应用中的技术问题，并且需有详细而全面的实验数据来证实相关的技术效果。所述技术效果可以包括在药物活性、化学物理稳定性、密度或流动性、溶解性、生物利用度、药物稳定性、吸湿性等方面或者对于制剂过程能够产生何种超出本领域普通技术人员预期的技术效果。对于权利要求书而言，在保证保护范围清晰、明确的前提下，设置合理数量的从属权利要求以及多种类型的独立权利要求，以层层递进地对晶型产品进行保护，能够有效应对后续专利无效宣告的挑战，提高专利权稳定性。

（二）及时跟踪药物晶型专利的审查政策和标准

随着我国药品专利链接制度的建立，仿制药厂更有动机对原研药厂的在先专利提出挑战。在药品专利纠纷早期解决机制中，相比于《专利法》第76条规定的诉讼或行政裁决而言，专利权无效宣告程序将是更为重要的法律程序。对于专利权人而言，如果在无效宣告程序中能够成功保住专利，则能够最大可能地阻止仿制药上市。因此申请人和专利代理师需要全面了解药物晶型专利审查中所涉及的常用法条，以针对性地制定答复和应对策略。本文第三部分已经全面总结了药物晶型专利审查中的常见法条，对此，相关申请人和专利代理师应当做到烂熟于心，以在专利授权和确权阶段针对性地进行应对。此外，还应随时注意跟踪涉及重大品种的药物晶型专利的相关无效宣告和诉讼案件，了解复审合议组和法院的相关审查和审判动向。

此外，国家知识产权局相关审查部门也应该在专利审查工作中加强对于药物晶型专利审查标准的宣讲和交流，及时反馈相关无效宣告和诉讼案件结果，使得各审级均能执行统一的审查标准。同时还应推动相关领域的审查员进一步丰富和更新药物晶型领域的相关技术知识，以便在准确站位所属技术领域的技术人员的基础上客观准确地评价药物晶型发明的技术贡献，从而能更大程度地保障授权专利的稳定性，有效维护中国专利制度的权威。

专利创造性判断的认知偏差研究

刘 耘[*]

【摘 要】

　　高质量专利离不开高质量的专利审查。中国专利审查指南在专利创造性判断中所提及的"事后诸葛亮"仅仅是心理学上众多认知偏差中的一种。笔者试着从假设的人与现实的人的偏离、对技术方案理解存在不同、早已发现影响最大的"事后诸葛亮"偏差和创造性审查过程本身是信息加工的过程四个角度,论证了创造性判断中客观地存在认知偏差,这些偏差不仅有专利审查指南所提及的后见偏差,还有未提及的代表性偏差、可得性偏差、投射偏差、锚定偏差、证实性偏差,并指出中国专利审查指南对创造性审查进行"事后诸葛亮"的提醒突出了重点,但不全面。建议在专利审查指南中系统引入"认知偏差"概念,强化对审查员"认知偏差"的提醒,并拓宽审查员知识结构,以"认知偏差低的审查员"作为审查员成长的目标,从而进一步提高创造性审查质量。

---

[*] 作者单位:北京东方亿思知识产权代理有限责任公司。

【关键词】
　　创造性审查的认知偏差　后见偏差　认知偏差低的审查员

一、认知偏差理论概述

　　认知偏差是认知心理学的重要内容。认知心理学认为，人的认知过程是人认识客观事物的过程，即对信息进行加工处理的过程，是人由表及里、由现象到本质地反映客观事物特征与内在联系的心理活动。它由人的感觉、知觉、记忆、思维和想象等认知要素组成。在这个过程中，由于受到认知系统本身的不足以及人们主观原因等因素的影响，人们的主观加工与客观事物之间存在一定程度的差异，这便是认知偏差。

　　20世纪50年代，H. A. 西蒙（H. A. Simon）提出了人类有限理性（bounded retionality）的理论。该理论认为，经济人❶最大化行为假设是以完全理性为条件的。而现实的情况是，由于环境的不确定性和复杂性以及信息的不完全性，人们逐步认识到人类认识能力的有限性，认识到人类的认知能力本身是一种稀缺资源，人们的理性认识能力本质上受到心理和生理上思维能力的客观限制。因而，人的行为理性的本质是有限的，而不可能达到完全理性，人们决策的标准是寻求令人满意的决策而非最优决策。该理论揭示了人们在认识上无法实现最优化。

　　在此基础上，特沃斯基（Tversky）和卡尼曼（Kahneman）等人自20世纪70年代以来进行了大量关于认知偏差的研究，认为人类认知能力的局限性决定了在实际的决策判断中人们总是以近似代替精确，以有限理性而不是无限理性来寻求满意而不是最优。因此，人们在生活中经常采用启发式、拇指规则、样本推断这样的认知策略来实现快速且节约认知资源的判断，但同时又不可避免地产生认知偏差。

　　认知偏差是个比较热门的研究领域，卡尼曼也是因为研究这个领域拿了诺贝尔奖，认为认知偏差影响到每个人生活的方方面面，如处理信息、形成观点、行为决策等，小到在超市货架前买可口可乐还是百事可乐，大到买房的时

---

　　❶ "经济人"常被用作经济学和某些心理学分析的基本假设。西方古典经济学中的"经济人"假设认为人具有完全的理性，可以作出让自己利益最大化的选择。1978年诺贝尔经济学奖得主西蒙修正了这一假设，提出了"有限理性"概念，认为人是介于完全理性与非理性之间的"有限理性"状态。

候可以接受的价位，都受到认知偏差的影响。

二、专利创造性判断中客观地存在认知偏差

当前知识产权行业并没有关注过专利创造性判断中的认知偏差，但是创造性判断中确实客观地存在认知偏差，原因如下。

（一）专利创造性判断中假设的人与现实的审查员的偏离为认知偏差存在提供了前提

中国专利审查指南规定了创造性审查的主体是假设的人。中国专利审查指南规定：发明是否具备创造性，应当基于所属技术领域的技术人员的知识和能力进行评价。所属技术领域的技术人员，也可称为本领域的技术人员，是指一种假设的"人"，假定他知晓申请日或者优先权日之前发明所属技术领域所有的普通技术知识，能够获知该领域中所有的现有技术，并且具有应用该日期之前常规实验手段的能力，但他不具有创造能力。如果所要解决的技术问题能够促使本领域的技术人员在其他技术领域寻找技术手段，他也应具有从该其他技术领域中获知该申请日或优先权日之前的相关现有技术、普通技术知识和常规实验手段的能力。设定这一概念的目的在于统一审查标准，尽量避免审查员主观因素的影响。

根据以上规定，中国专利审查指南所规定假设的人具有以下几个特点。

1. 假设的人必须掌握申请日之前本领域所有的普通技术知识

假设的人应知晓其所属技术领域的所有普通技术知识，但是，在我国与专利相关的法律渊源中没有界定普通技术知识的含义。一般认为所属技术领域的技术人员所知晓的普通技术知识根据来源和表现形式的不同，可以分为四种类型：①众所周知的事实；②所属技术领域和通用技术领域的惯用手段；③记载于所属技术领域和通用技术领域的教科书、工具书、技术手册等中的知识；④在技术快速更新的技术领域，记载于文献中、被所属技术领域的技术人员广泛知晓的知识。❶

可见，假设的人掌握的所有普通技术知识包括所有众所周知的技术知识、所有的惯用技术手段、所有的记载在教科书中的知识以及所有记载于文献中广泛知晓的知识。这四个"所有"对审查员的知识提出了很高的要求，使其必

---

❶ 马文霞. 所属技术领域技术人员的知识和能力 [N]. 中国知识产权报，2013-12-25 (11).

须有很强的记忆能力、扎实的知识功底。可以说,中国专利审查指南规定的"本领域技术人员"是本领域普通技术知识的"百科全书"、"图书馆"和"活字典"。显然,现实中的审查员因为记忆能力的限制,不可能知晓所有的普通技术知识。

2. 假设的人必须能通过各种手段、渠道获知所有的现有技术

中国专利审查指南规定:"现有技术包括在申请日(有优先权的,指优先权日)以前在国内外出版物上公开发表、在国内外公开使用或者以其他方式为公众所知的技术。"

使用而导致技术方案的公开,或者导致技术方案处于公众可以得知的状态,被称为使用公开。为公众所知的其他方式,主要是指口头公开等,例如口头交谈、报告、讨论会发言、广播、电视、电影等能够使公众得知技术内容的方式。

然而,现实是:由于受到时间、精力、渠道和资源等方面的限制,审查员无法准确地获得所有的现有技术。在专利创造性审查实践中,审查员只对电子形式的专利文献和非专利文献进行检索,对使用公开、以其他方式为公众所知的公开均未考虑。显然,现实中的审查员并未获知所有的现有技术。

3. 假设的人是完全理性的,而现实的审查员是有限理性的

理性是指人类能够运用理智的能力。相对于感性的概念,它通常指人类在审慎思考后,以推理方式推导出结论的这种思考方式。理性通过论点与具有说服力的论据发现真理,通过符合逻辑的推理而非依靠表象而获得结论、意见和行动的理由。

中国专利审查指南规定了假设的人以合乎逻辑的分析、推理或者有限的试验而具有应用常规实验手段的能力,但他不具有创造能力。

中国专利审查指南所规定假设的人进行的分析、推理是完全理性的。然而,根据认知心理学可知,人的理性是有限的,不可能达到完全理性。因此,现实中审查员的理性是有限性的。

总之,现实中审查员由于存在有限的记忆能力、有限的手段及渠道和有限的理性而与中国专利审查指南中规定的假设的人存在偏离。

(二)在专利审查实践中,不同审查主体对技术方案理解不同为创造性审查中的认知偏差产生提供了依据

认知偏差是在不确定的情形下产生的。对发明的技术方案和对比文件的技

术方案理解不同为认知偏差的产生提供了空间。根据创造性判断三步法，正确理解本发明的技术方案是专利审查的第一步。同时，正确地理解对比文件也很重要。客观认定对比文件公开的事实是创造性判断中关键的一步。只有客观、准确地认定对比文件公开的事实以及是否具有技术启示，才能得出该专利是否具有创造性的准确结论。❶

然而，客观地理解技术方案，客观认定对比文件公开的事实有时是很难的。不同的审查主体对技术方案有着不同的理解。例如，在发明名称为激光加工方法及激光加工品、申请号为 200880017639.3 的第 80826 号复审请求审查决定中，在权利要求未修改的情况下，合议组撤销了实审阶段作出的驳回决定，表明了实审阶段的原审查员和复审阶段的原国家知识产权局专利复审委员会对技术方案存在不同的理解。

例如，在西门子公司诉原国家知识产权局专利复审委员会一案［北京知识产权法院（2016）京 73 行初 908 号行政判决书］中，法院撤销被告原国家知识产权局专利复审委员会作出的第 100583 号复审请求审查决定，表明了法院与原国家知识产权局专利复审委员会对技术方案存在不同的理解。

可见，不同的审查主体对技术方案的理解并不相同，这给审查主体提供了产生认知偏差的空间。

（三）在创造性审查实践中早已发现影响最大的认知偏差，并加以提醒

在心理学上，人们在知道事件的结果的情况下比在不知道结果的情况下判断这个结果可能发生的概率更大，心理学上称为"后见之明"效应或者"后见偏差"（hindsight bias）。美国的谚语"星期一清晨的四分卫"（意思是周日晚上看完橄榄球赛之后周一早上谈论球赛，好像早知结果似的，早在他们的预料之中）和中国的成语"事后诸葛亮"均表达相同含义。

早在 1911 年美国的 *Diamond Rubber* 案中，美国联邦最高法院明确地批评了事后眼光（hindsight）对创造性判断的影响。该案的麦肯纳（McKenna）法官拒绝使用"事后诸葛亮"的眼光判断是否显而易见，并表示：马后炮总是容易的。问题一旦解决了，就不再有困难。新事物常常看起来就在眼皮底下，唾手可得，常人只要稍微注意一点就能发现，但法律对于专利的显而易见判断性却设定了不同于精明推测的标准。❷

---

❶ 赵世猛. 3D 显示行业爆发专利"阻击战"[N]. 中国知识产权报，2016 - 10 - 19.
❷ 参见：220 U.S. 428, 430（1911）。

中国专利审查指南也规定：审查发明的创造性时，由于审查员是在了解了发明内容之后才作出判断，因而容易对发明的创造性估计偏低，从而犯"事后诸葛亮"的错误。

可见，在专利创造性审查实践中很早就认识到后见偏差。

（四）创造性审查的过程本身就是信息加工的过程，还存在其他认知偏差

认知心理学把人的认知过程看成人脑的信息处理过程，已有学者❶把认知过程分为三个环节：信息识别—信息编辑—信息评价。

在信息识别阶段，对输入的信息进行识别。识别的内容包括信息的来源、选择的准则、赋权依据、主观概率、所能承担的成本等。在对信息进行识别后，即进入信息编辑阶段，按照一定的方式和方法对经过识别的信息进行简化、编码、合并、分解和求解的认知过程，也就是将外部粗糙的"异码信息"转化为可供评价的"已码信息"的过程。经过编辑后所形成的信息，人们对其主观效用进行对比和评价。

该学者进一步将国外文献中涉及的26种认知偏差按照以上三个环节分类。①信息识别阶段偏差：易得性偏差、代表性偏差、文化和社会认知、小数字定理、认知失调、从众心理、过度反应、搜寻成本。②信息编辑阶段偏差：框架依赖、保守性偏差、模糊趋避、无关效果、神奇式思考、准神奇式思考、锚定和调整。③信息评价阶段偏差：过度自信、后见之明、原赋效果、确定效果、反射效果、后悔厌恶、归因偏差、人性好赌、损失厌恶、宿钱效应、处置效应。

创造性审查过程同样存在信息识别—信息编辑—信息评价的过程，创造性判断"三步法"需要进行信息的识别、信息的编辑和信息的评价。

具体地，信息的识别包括：理解本发明的技术方案和对比文件的技术方案，提取发明构思。信息的编辑包括通过比较和概括，确定本发明实际要解决的技术问题以及区别技术特征。信息的评价包括基于所确定的技术问题判断区别技术特征是不是显而易见。

信息加工的每个阶段都存在诸多偏差，创造性审查实践中早已发现的后见偏差仅仅是信息评价这一环节中众多偏差之一。因此除了后见偏差之外，专利

---

❶ 王宁，茅宁. 对有限理性个体投资者心理偏差的研究新进展 [J]. 经济理论与经济管理，2005（6）：58-63.

创造性审查过程还存在诸多其他的认知偏差。只是由于后见偏差对专利创造性审查的影响最大，中国专利审查指南对后见偏差进行重点提醒。

三、专利创造性判断中的其他各个偏差

专利创造性审查过程中除了"事后诸葛亮"（即后见偏差），还有其他多种认知偏差对专利创造性审查产生影响，主要有如下几种。

1. 代表性偏差

代表性启发法是人们在不确定条件下进行判断时，倾向于抓住问题的某个特征来对事物出现的概率进行直接推断。当判断者使用代表性启发法判断某一事物是否出现时，只需要看这一事物的"代表性特征"是否出现。代表性偏差的特点是在判断时过于强调局部特征，局部特征越具有典型性，则依据该特征来作出判断的权重越大。

在专利创造性判断中也存在代表性偏差。在创造性判断阶段，审查员要判断技术特征是否被对比文件公开，通常根据技术特征的文字描述来判断是否被对比文件公开。当该技术特征的文字描述在对比文件中出现时，则认为该技术特征被对比文件公开了。

在不能正确理解技术方案的情况下，根据技术特征的文字描述来判断是否被对比文件公开会产生代表性偏差。例如，在判断与区别技术特征相应的技术特征在对比文件中的作用时，会认为文字描述相同的技术特征客观上必然能起到相同的作用。例如在国家知识产权局的《审查操作规程·实质审查分册2011》中提及的案例：权利要求1与对比文件1的区别在于：可燃气体喷嘴有一根与高压气源相通的中心管，而对比文件2公开了在其可燃气体喷嘴的中心有一根与高压气源相通的中心管。该发明和对比文件2的中心管结构相同，据此就认定权利要求1相对于对比文件1的区别技术特征在对比文件2中公开就犯了代表性偏差，对中心管结构这一代表性特征赋予了过大的比重，从而忽视了该技术特征在权利要求1与对比文件1中的技术效果。实际上，中心管结构的技术效果在权利要求1与对比文件1中各不相同。

在实践中，审查员有时会根据文字描述是否相同来判断技术特征是否被现有技术公开，从而导致代表性偏差。

2. 可得性偏差

人们由于受记忆力或知识的局限，在进行判断时大多利用自己熟悉的或者容易想到的信息，赋予那些易见的、容易记起的信息以过大的比重。但这只是

应该被利用的信息的一部分，还有大量对于正确评估同样有着重要影响的其他必须考虑的信息被人们忽略了，导致了可得性偏差。比如人们往往倾向于重点关注热门股票，从而作出其上涨概率较大的判断。而事实往往相反，很多关注较少股票的涨幅通常大于热门股票的平均涨幅。

在创造性审查中，审查员需要运用本领域的普通技术知识来判断技术特征是否为公知常识。然而，本领域的普通技术知识要远远多于审查员易记起的技术知识。由于记忆力的局限性，审查员会使那些易见、容易记起的信息占过大的比重，从而影响了判断的结果。在实践中，审查员有时会根据容易想到的技术知识来判断技术特征是否为公知常识，从而导致可得性偏差。

3. 锚定偏差

在判断过程中，人们需要对某个事件作定量估测时，会将某些特定数值作为起始值。起始值像锚一样制约着估测值，导致锚定偏差。在锚定效应下，人们会倾向于固执于自己已经形成的信念，而不是根据新的信息调整自己的认知。

在创造性审查中，最初形成的判断和结论对后续的再次判断有锚定作用。例如，在前述第80826号复审请求审查决定中，在实审阶段，尽管申请人再三争辩，实审审查员却一直坚持自己最初形成的结论：所述工件为黏合薄膜或光学薄膜，所述激光的聚光径为 $50\sim500\mu m$ 是常规手段能够得到的。在实践中，审查员有时会根据最初形成的倾向性结论而进行判断，从而导致锚定偏差。

4. 证实性偏差

在判断时，倾向于有意或无意地寻找证实性的证据来验证自己的观点，而不是寻找能够证伪的证据，导致判断失误。

证实性偏差在房产投资中非常普遍，当人们投资房产时，倾向于去寻找房价上涨的很多理由，而不去寻找房价下跌的理由。投资决策上常常表现为过度交易或盲目坚持，造成投资失败。

在专利复审前置审查阶段，在申请人提出复审请求后，作出驳回决定的审查员对申请案进行前置审查。在前置审查阶段，作出驳回决定的审查员倾向于寻找证据证实自己作出的驳回决定是正确的，即关注该驳回决定是正确的证据，而不是关注该驳回决定是错误的证据，这有可能导致证实性偏差。

5. 投射偏差

人们常常认为别人与自己具有相同的知识背景，从而认为别人也与自己具有相同的观点、意见，推而广之，推己及人——这就是投射偏差。人们总是无意间夸大自己意见的普遍性，甚至把自己的特性也赋予他人身上，假定自己与他人是相同的。

在创造性审查中，要求审查员必须站位假设的人——本领域技术人员。然而，审查员往往容易犯投射偏差的错误，将自己的能力和知识投射到本领域技术人员身上，认为本领域技术人员和自己有相同的知识和能力。这样推己及人的思维方式与中国专利审查指南要求完全相反。

在开始审查时，审查员要通过检索等手段获知本领域所有的现有技术。在审查员的知识和能力与本领域技术人员的知识和能力完全匹配之前，审查员将自己的知识和能力赋予本领域技术人员身上，认为自己就是本领域技术人员，往往会导致投射偏差。

四、启示和建议

认知偏差是人类无法避免的，只能用尽全力减少与真实世界的认知偏差。在创造性审查中要求审查员以客观、理性的方式作出正确的审查意见，但是审查员作为普通人而非理性人，在审查过程中会不由自主地受到认知过程、意志过程、情绪过程等各种心理因素的影响，以至于陷入各种认知偏差，并最终导致审查错误。为了避免创造性审查的认知偏差，建议如下。

1. 专利审查指南应当将"事后诸葛亮"上位概括为认知偏差，并对审查员进行认知偏差的提醒

专利审查指南仅仅对审查员进行"事后诸葛亮"式的提醒，避免其犯这一错误。然而，从专利实践的角度看，对审查员进行"事后诸葛亮"的提醒仅仅是突出了重点，在创造性审查中还存在其他认知偏差，因而，这样提醒不够全面，不能全面地指导和规范审查员的创造性审查。

从认知理论角度来看，"事后诸葛亮"是认知偏差理论中的一种，因此建议在专利审查指南中从认知理论的高度引入认知偏差的概念，将"事后诸葛亮"提醒进行上位概括和拓展，对审查员进行认知偏差的如下提醒：

审查发明的创造性时，审查员应当避免各种认知偏差。

由于审查员是在了解了发明内容之后才作出判断，因而容易对发明的创造性估计偏低，从而犯"后见偏差"的错误。

由于审查员有时会根据文字描述是否相同来判断技术特征是否被现有技术公开，因而容易犯"代表性偏差"的错误。

由于审查员会根据容易想到的技术知识来判断技术特征是否为公知常识，

因而容易犯"可得性偏差"的错误。

由于审查员需要对专利的创造性进行多次判断，最初形成的倾向性结论具有锚定效应，因而容易犯"锚定偏差"的错误。

由于审查员在复审前置审查阶段对申请人提出的复审请求进行前置审查，审查员倾向于证实自己作出的决定，因而容易犯"证实性偏差"的错误。

审查员在自己的知识和能力与审查所要求的本领域技术人员的知识和能力完全匹配之前，认为自己就是本领域技术人员，容易犯"投射偏差"的错误。

总之，审查员应当牢牢记住，对发明的创造性评价是由发明所属技术领域的技术人员依据申请日以前的现有技术与发明进行比较而作出的，以减少和避免主观因素的影响。

2. 扩宽审查员的知识结构，做一名低认知偏差的审查员

一方面，认知偏差主要发生在审查员处于不确定的情境下，导致认知偏差，因此，培养技术功底扎实、知识渊博的专家型审查员对克服认知偏差是非常必要的。

另一方面，专利审查实践表明仅仅掌握技术知识是不够的。审查员都是理工科出身，对心理学方面的知识了解很少，这种知识结构已远远不能适应高质量的专利审查要求。尽管认知偏差几乎无法避免，但只要认识到这些现象的存在，就能降低它们的负面影响。因此，在专利创造性审查实践中掌握心理学方面的知识，学习认知偏差的起源、类型、防范等知识，才能更加从容地应对创造性审查实践的考验，才能从更高的高度、更深的层次进行认知，从而避免发生各种认知偏差。只有不断完善审查员的知识结构、提升认知水平，才能减小各种认知偏差，使得创造性审查工作事半功倍。

总之，专利创造性审查中客观地存在认知偏差。高质量专利离不开高质量的专利审查，当前提高专利审查质量和效率已经成为提高专利质量的当务之急，了解并掌握认知偏差的理论和规律对当前提高审查质量和审查效率无疑有很大的帮助。

参数特定化要求对技术属性审查的作用

——以计算机实施的发明为例

杨 丽[*]

【摘 要】

近年来,随着诸如人工智能、区块链、大数据等领域涉及算法计算机执行的发明申请数量增加,技术属性审查和判断成为专利授权时无法绕过的一个挑战。在技术属性审查过程中,参数特定化的要求逐渐成为评价发明是否构成技术方案的重要标准。笔者认为美国专利审查历史中对方法权利要求的作用对象的物理性要求是参数特定化的历史源头,而参数特定化的要求限缩了抽象概念与实际应用相结合的范围。笔者建议,应该采用应用场景的标准来衡量抽象概念与实际应用的有效结合。

【关键词】

技术属性 参数特定化

---

[*] 作者单位:上海专利商标事务所有限公司。

一、技术属性审查与参数特定化要求

随着新型行业的产生和互联网技术的不断发展，由计算机执行的发明，尤其是结合算法等抽象概念发明专利申请的数量不断上升。❶从专利审查实践中可以看到，此类专利申请与常规专利申请相比，除了需要符合被称为实质性审查的"三性"（即新颖性、创造性和实用性）要求之外，还面临着客体可专利性审查的挑战。客体可专利性审查的主要内容即判断专利申请方案是否具备技术属性。而根据我国《专利法》第2条第1~2款的规定❷、《欧洲专利局审查指南》第G部分第I-1节的规定❸，以及美国专利法第101条的规定❹，能够获得专利授权的发明必须具备技术属性。也就是说，技术属性是各国专利审查实践中固有的要求。

近年来，在技术属性审查过程中，参数特定化的要求逐渐成为评价发明是否构成技术方案的重要标准。何为参数特定化的要求？举个例子，对于一种卷积神经网络（CNN）模型的训练方法，参数特定化的要求指的是该算法中涉及的一些参数要有明确、具体的物理含义，诸如该训练方法针对的是图像处理领域中的数字图像，而不能只是具备某种宽泛的参数属性的对象。

参数特定化的要求使得各国对计算机执行的发明，尤其是诸如涉及算法、算法改进、算法应用等发明专利权的授予，仅限于算法中参数或对象具有明确、具体物理含义的那些发明。因此，算法本身、算法改进一般不能被授予专利权。而算法应用则必须在表明其所涉及参数的特定化达到一定程度之后，这样的发明才能够被授予专利权。参数特定化要求源自各国对算法之类抽象概念的谨慎态度，可尝试推断其原因为：若在权利要求中未明确记载有确定、具体物理含义的参数，这样的方案一旦被授予专利权，则可能被权利人应用于说明

---

❶ WIPO. Technology Trends 2019 [EB/OL]. [2021-03-15]. https：//www.wipo.int/edocs/pubdocs/en/wipo_pub_1055.pdf.

❷《专利法》第2条第1~2款规定："本法所称的发明创造是指发明、实用新型和外观设计。发明，是指对产品、方法或者其改进所提出的新的技术方案。"

❸ 参见：Guidelines for Examination in the EPO, November 2019, Part G, Chapter II. "an 'invention' within the meaning of Art. 52 (1) must be of both a concrete and a technical character (see G-I, 2 (ii)). It may be in any field of technology."

❹ 参见：35. U. S. C. 101 Patentable inventions："whoever invents or discovers any new and useful process, machine, manufacture, or composition of matter, or any new and useful improvement thereof, may obtain a patent therefor, subject to the conditions and requirements of this title."

书或权利要求书中未明确记载的领域而同样实现有益的技术效果，从而使得专利权人的权利范围过大，可能造成垄断该算法在所有领域适用的后果。这样的结果显然不符合期望。

二、各国普遍存在参数特定化要求

美国专利商标局对参数特定化存在要求。《美国专利客体适格性指南2019》对于抽象概念是否与实际应用相结合给出了正面和反面示例。其一，如果权利要求方案中的数据具有极大的普遍性和概括性，从而权利要求中对这些数据进行处理的步骤均能够由人在人脑中执行完成，那么即便权利要求中将这些数据限于特定应用领域的具体数据，这样的方案依然被解读为抽象概念，而不是抽象概念与实际应用的结合，从而无法通过客体审查。[1] 其二，权利要求中的方法被用于处理数字图像——诸如数字图像的像素，并且该方法输出诸如经处理数字图像之类的经过修改的计算机数据结构，则这样的一种方法无法单单由人在人脑中执行完成，必须结合计算机的使用来执行，这样的方法便构成了抽象思维与实际应用的相结合，能够通过客体审查。[2]

欧洲专利局对参数特定化亦存在要求。《欧洲专利局审查指南》中指出：AI 和机器学习在技术领域中的应用，如果用于技术目的，则被认为对发明的技术性作出了贡献。以涉及 AI 计算机执行的发明为例，在 AI 技术的三大类[3]中，诸如语音或计算机视觉等使用 AI 技术实现某一功能的 AI 应用大类以及将 AI 技术应用到诸如交通运输、生命科学、医疗等不同领域的 AI 应用领域大类有望被认为作出了技术贡献；而借助于机器学习，模糊逻辑聚焦于数学模型、高级形式的统计等 AI 技术大类，即便本身对算法的改进能够加强算法的鲁棒性，提升算法的效率，但由于不符合参数特定化的要求，缺乏与实际应用的结合，仍被认为未能作出技术贡献。

国家知识产权局对参数特定化亦存在要求。在针对一种建立数学模型的方法示例进行客体审查时，《专利审查指南 2010》指出该方法"不涉及任何具体的应用领域，其中处理的训练样本的特征值、标签值、目标分类模型以及目标特征提取模型都是抽象的通用数据，利用训练样本的相关数据对数学模型进行

---

[1] 参见：*Elec. Power Group, LLC v. Alstom S. A.*，830 F. 3d 1350，2016。
[2] 参见：*Research Corp. Techs. v. Microsoft Corp.*，627 F. 3d 859，2010。
[3] WIPO. Technology Trends 2019 [EB/OL]. [2021-03-15]. https://www.wipo.int/edocs/pubdocs/en/wipo_pub_1055.pdf.

训练等处理过程是一系列抽象的数学方法步骤，最后得到的结果也是抽象的通用分类数学模型"。不具有具体物理含义而仅仅具有通用属性的数据的处理不被国家知识产权局认为是技术特征，而是一种智力活动的规则和方法。

在审查实践中，各国不免将抽象概念与实际应用相结合的要求等同于参数特定化的要求，从而通过判断权利要求中所涉及的参数是否具备具体的物理含义来判断权利要求的方案是纯粹的抽象概念，还是其与实际应用的结合。可以说，参数特定化的要求成为判断权利要求的方案是否与实际应用相结合的充要条件。对涉及诸如抽象概念等算法的发明采取如此谨慎态度是可以理解的，但是将参数特定化确认为判断权利要求方案是否与实际应用相结合的充要条件是否恰当或与预期目的相适配，则是值得商榷的。

三、参数特定化的历史源头：方法权利要求的物理性要求

参数特定化在当今主流审查标准中普遍被认为是判断抽象概念是否与实际应用相结合的充要条件。但是参数特定化的要求并非新的，而是继承于方法权利要求的物理性要求，并且目前看来大有重复历史进程的趋势。

方法权利要求与设备或机器的本质区别便在于，方法是人抽象思维的一种描述。虽然方法有执行方、被执行方，往往借助于各种物理设备或工具来实现，但不可否认的是方法本身具有高度的抽象性。因此，方法权利要求并非历来就被学界认可为受专利保护的法定客体。1793年的美国专利法案（Patenting Act）并未明确将方法（process）确认为是受专利保护的法定客体，相反其使用了技艺（art）一词。直到1952年，美国专利法才认定方法作为一种受专利保护的法定客体。

对方法的理解源于 *Cochrane v. Deener* 案❶法官给出的说明：方法是用于产生给定结果而作用于某些材料的一种处理模式。方法是对物体执行的一个动作或一系列动作，以使得该物体被转变或简化为一个不同的状态或事物。方法要求以某种特定的顺序用某些物质来完成某些事情。这一说明被奉为对方法的定义，但是对其的理解同时将方法的作用对象局限于物理上有形的物体或物质。

在1951年 *In Re Abrams* 案❷中，对方法作用的对象提出了要求，即方法的作用对象应当是具体的物理物体，并且方法不应当仅包括抽象的思维步骤。*In*

---

❶ 参见：*Cochrane v. Deener*, 94 U.S. 780, 24 L. Ed. 139, 1876。

❷ 参见：*In Re Abrams*, 38 C.C.P.A. 945, 188 F. 2d 165, 1951。

Re Abrams 案基于上述理解进一步采纳了由当事人的代理律师给出的判断方法，即权利要求能否被授予专利权的三条准则：

（1）如果方法权利要求的所有步骤都是思维性质的步骤（mental step），则该主题是不可专利的。

（2）如果方法权利要求既包含有益且物理的步骤，也包含所谓的思维步骤，而该权利要求相比于现有技术的新颖性或改进之处在于这一个或多个所谓的思维步骤，那么该权利要求被认为是不可专利的，原因与第一种情形类似。

（3）如果方法权利要求既包含有益且物理的步骤，也包含所谓的思维步骤，而该权利要求相比于现有技术的新颖性或改进之处在于这一个或多个有益且物理的步骤，而所谓的思维步骤是用来定义或限制该方法范围的附带步骤，那么该权利要求是可专利的。

这三条准则实际上表明，方法权利要求只有在对现有技术的贡献并非由其中的思维步骤作出时才能够被授予专利权。参数特定化的要求初现端倪。

在1968年的 *In Re Prater* 案[1]中，美国关税与专利上诉法院（United States Court of Customs and Patent Appeals，CCPA）推翻了其在 *In Re Abrams* 案中采纳的三条准则。*In Re Prater* 案涉及一种提供来自频谱图中峰值的数学数据的方法。CCPA认为，对于包括能够由机器执行一系列步骤的数学方法的专利保护，不应当因为思维步骤也能够被用于执行该方法而被否定。对能够在没有人类干预的情况下被执行包括一系列步骤或步骤组合并且涉及一种有用技艺的方法，不应当仅仅由于该方法也能够可替代地由思维步骤来执行而被排除专利保护。*In Re Bernhart* 案[2]坚持了上述观点。*In Re Bernhart* 案涉及的专利申请请求保护一种自动构建三维物体的二维描绘的方法。CCPA认为，对该案中的权利要求授予专利权并不会禁止对其中所包含的公式所有后续使用。任何人需要将这些公式用于权利要求中所记载的物理设备才可能造成侵权，而不仅仅是使用这些公式。实际上，所有的机器都是根据物理法则运转的，这些物理法则只要被人们知晓，则必然能够以数学公式的形式来体现。我们不会因为机器执行这些物理法则而具有新颖性，就否定机器的可专利性——这条原则同样适用于方法权利要求。

然而，事物的发展总是波浪式前进，螺旋式上升。在1978年问题又卷土

---

[1] 参见：*In Re Prater*, 56 C. C. P. A. 1360, 415 F. 2d 1378, 1968。
[2] 参见：*In Re Bernhart*, 57 C. C. P. A. 737, 417 F. 2d 1395, 1969。

重来。Parker v. Flook 案❶的专利请求保护一种在催化转换过程期间更新警报限值的方法，其中涉及一个数学公式的使用。Stevens 法官认为，如果一项权利要求实质上涉及使用数学公式的一种计算方法，那么即便该解决方案被用于具体的目的，或甚至与具体的终端应用进行绑定，该方法权利要求也是不可专利的。In Re Walter 案❷再次给出了参数特定化的线索。该案涉及一种地震预测和监控的方法。Rich 法官认为，如果发明仅仅是提出并求解数学算法，并没有将其以任何方式应用于方法步骤，那么方案外活动不会使该权利要求具备可专利性，仅仅在权利要求的前序部分中阐述该数学算法的应用领域也不会使该权利要求具备可专利性。

从 20 世纪 90 年代至今，从 1998 年 State Street 案❸确立的"有用、具体和有形的结果"测试法，到 2008 年在 In Re Bilski 案❹中推翻前述测试法转而建立"机器或转换"测试法，再到 2014 年的 Alice/Mayo 案❺两步法，对参数特定化的要求仿佛再经历了一个轮回。在现如今遵循 Alice/Mayo 案两步法进行客体审查的背景下，《美国专利客体适格性指南 2019》明确排除了仅仅字面记载了"应用"抽象概念，或者仅仅包括在计算机上实现抽象概念的指令，或者仅仅包括使用计算机作为工具来执行抽象概念，或者仅仅是将抽象概念的用途与特定技术环境或使用场景进行一般结合的权利要求的可专利性。由此可见，参数特定化的要求俨然再次站到了聚光灯下。

四、对参数特定化要求的评价

针对方法权利要求作用对象的物理性要求，历史已经给出了明确答案：方法权利要求可专利性不取决于作用对象是否具有物理性。在 1880 年的 Tilghman v. Proctor 案❻中，涉案专利申请请求保护一种用于从脂肪体中提取游离脂肪酸和丙三醇的方法。该方法的作用对象显然不是人们肉眼可见的物体或物质，而是亚分子级的化学成分。对于该方案，美国联邦最高法院 Bradley 法官

---

❶ 参见：*Parker v. Flook*, 437 U. S. 584, 98 S. Ct. 2522, 57 L. Ed. 2d 451, 1978。

❷ 参见：*In Re Walter*, 618 F. 2d 758, 1980。

❸ 参见：*State St. Bank & Trust Co. v. Signature Fin. Grp.*, 149 F. 3d 1368, 1998。

❹ 参见：*In Re Bilski*, 545 F. 3d 943, 2008。

❺ 参见：*Mayo Collaborative Servs. v. Prometheus Labs.*, *Inc.*, 566 U. S. 66, 132 S. Ct. 1289, 182 L. Ed. 2d 321, 2012；*Alice Corp. Pty. Ltd. v. CLS Bank Int'l*, 573 U. S. 208, 134 S. Ct. 2347, 189 L. Ed. 2d 296, 2014。

❻ 参见：*Tilghman v. Proctor*, 102 U. S. 707, 26 L. Ed. 279, 1880。

提纲挈领地指出：方法可以被授予专利，这点是毋庸置疑的。专利法并不限于新的机器和新的组合物，而是延及任何新的且有用的技艺或制造。一种制造方法显然是一种法律含义上的技艺。方法权利要求的触角从有形具象物逐渐转向无形物，诸如电子信号、频率频谱等。

在 1887 年的 *Telephone* 系列案❶中，涉案的一系列专利申请涉及一种传送声学信号或其他声音的方法，包括将声波能量转换成磁能，然后进一步转换成震动的电流。该方法的作用对象显而易见不是有形物体，而是肉眼不可见的某一能量形式。美国联邦最高法院引用了 *Cochrane v. Deener* 案❷，认为方法与制造物一样能够成为专利客体，但是并不认为 *Cochrane v. Deener* 案给出了方法权利要求必须作用于有形物质才具备可专利性的指引，而是认定涉及能量转换的方法的权利要求 5 是有效专利。

对于方法权利要求的作用对象，可借鉴的是，专利法并未要求可专利的机器必须作用于有形物体，例如，电表就是一个典型的例子。既然对专利法认定类型之一的机器未施加作用对象物理性的要求，那么如果对作为一种形式的技术的防范施加此类限制显然欠缺一致性。这样的理解在之后的案例中被延续下来。在 1935 年与涉及一种人工孵化鸡蛋方法有关的两件 *Smith* 案❸中，美国联邦最高法院认为，Smith 的方法通过一种从未在自然界中发生过的方法来保证了一种功能的效果（孵化鸡蛋），并且该种方法并未在现有技术中有所记载，那么这样的方法是一种可专利的方法。此后在 1952 年，美国专利法正式将方法确认为一种法定客体类型。之后，可专利的方法必须物理地作用于有形物质是对可专利客体的一种误读成为一种共识。❹ 方法权利要求作用对象的物理性要求至此退出历史舞台。

参数特定化也具有与作用对象物理性类似但更曲折的发展历程，直到目前也尚未在业界达成公认一致的结论。根据上文所述，参数特定化可以追溯到 1951 年的 *In Re Abrams* 案❺对思维步骤的三条判断准则，而 1968 年的 *In Re*

---

❶ 参见：*Dolbear v. Am. Bell Tel. Co.*，126 U. S. 1，8 S. Ct. 778，31 L. Ed. 863. 1888。
❷ 参见：*Cochrane v. Deener*，94 U. S. 780，24 L. Ed. 139，1876。
❸ 参见：*Smith v. Snow*，294 U. S. 1，55 S. Ct. 279，79 L. Ed. 721，1935；*Waxham v. Smith*，294 U. S. 20，55 S. Ct. 277，79 L. Ed. 733，1935。
❹ 参见：*In Re Prater*，56 C. C. P. A. 1360，415 F. 2d 1378，1968；*In re Bernhart*，57 C. C. P. A. 737，417 F. 2d 1395，1969。
❺ 参见：*In Re Abrams*，38 C. C. P. A. 945，188 F. 2d 165，1951。

*Prater*案❶对此给出了强有力的回答。参数特定化的要求在1978年的*Parker v. Flook*案❷和1980年的*In Re Walter*案❸中"故态复萌",但是很快又在1981年的*Diamond v. Diehr*案❹被否定。*Diamond v. Diehr*案的涉案专利申请请求保护一种用于将原生未固化的合成橡胶模制成精准固化产品的方法,在权利要求中包括一个数学公式和经过编程的数字计算机。美国专利商标局的审查员认为该权利要求试图保护用于操作橡胶模制方法的计算机程序而驳回了该申请。美国联邦最高法院与CCPA对此具有与美国专利商标局不同的认识:两者均认为原本作为法定客体类型受保护的权利要求并不会仅仅因为其使用了数学公式、计算机程序或数字计算机就转变为不可专利客体。目前达成的共识是美国专利法第101条排除专利保护的是自然法则、自然现象和抽象概念,而将自然法则或数学公式应用于已知的结构或方法是值得保护的。该权利要求中所记载的Arrhenius公式本身或单独来看是不可专利的,但是以更高效的方式将该公式应用于一种固化橡胶的方法显然未被美国专利法第101条所排除。从20世纪90年代起至今的*State Street*案 – *In Re Bilski*案 – *Alice/Mayo*案循环,再次将参数特定化的要求提升到了影响可专利性的高度。

  以可能落入抽象概念范畴内的计算机执行的发明为例,大致可以分为两大类:一类涉及算法本身或对算法本身的改进,一类涉及算法的功能应用或行业应用。从知识生产角度,例如基础理论学科知识到算法的形成,再到算法的功能应用或行业应用是思想到技术的转变过程,也是抽象程度逐渐降低而具象程度逐渐提升的一个过程。技术属性审查实质上是在这一过程中设置了一个"技术方案"或非"抽象概念"的门槛,从而使得具象程度达到或超过"技术方案"或非"抽象概念"的门槛的方案通过技术属性的审查,成为可专利客体。如有些学者认为的那样,AI技术可专利性的判定不应当归结为是否通用、是否数学、是否抽象的二值问题,而应当更多地思考对抽象概念具体应用程度的阈值设置在哪里更合适,一如创造性判断标准中创造性高度的阈值设置。❺我们的关注点应当落在技术属性审查的这一门槛值到底设置在思想到技术转变

---

❶ 参见:*In Re Prater*, 56 C. C. P. A. 1360, 415 F. 2d 1378, 1968。
❷ 参见:*Parker v. Flook*, 437 U. S. 584, 98 S. Ct. 2522, 57 L. Ed. 2d 451, 1978。
❸ 参见:*In Re Walter*, 618 F. 2d 758, 1980。
❹ 参见:*Diamond v. Diehr*, 450 U. S. 175, 101 S. Ct. 1048, 67 L. Ed. 2d 155, 1981。
❺ 狄晓斐. 人工智能算法可专利性探析:从知识生产角度区分抽象概念与具体应用[J]. 知识产权, 2020 (6): 81 – 96.

过程中的何处。鉴于欧洲、美国和中国对参数特定化的要求的普遍适用，可以认为目前的普遍做法是将技术属性的门槛值设置在思想到技术的转变过程中的最后一个环节，诸如算法到具体行业或领域的应用。

符合参数特定化的要求能够有力地证明发明阐述的并非单纯的抽象概念，而是抽象概念与实际应用的结合。但是并非所有涉及抽象概念与实际应用结合的发明均符合参数特定化的要求。例如，一种用于简化复杂合式公式的方法，被限定用于评估飞行器或航空器运载工具的各种备选设计。尽管该算法并未明确限定其中所涉及的初始位数组、谓词、合取范式、析取范式的具体物理含义，但是本领域技术人员能够明白，在评估飞行器或航空器运载工具各种备选设计的场景下，只有在这些参数与备选设计方案中的飞行航线选择、飞行高度、飞行距离、天气状况等因素相对应的情况下，该算法才能够被有效地实施并达成预期的效果。也就是说，虽然该发明并不符合参数特定化的要求，但是该发明并未垄断算法本身，而仅仅寻求该算法在评估飞行器或航空器运载工具的各种备选设计这一场景下的应用，也即实质上是抽象概念与实际应用的结合。在这种情形下，参数特定化的要求似乎沦为对权利要求撰写形式或技巧上的要求，而非对权利要求的方案的技术属性的实质性要求。参数特定化的要求实质上限缩了抽象概念与实际应用结合的范围。该要求虽然在审查实践中易于评价和执行，但是却将实质上是抽象概念与实际应用的结合，但却不符合参数特定化要求的发明排除在可专利范围之外。而参数特定化要求的初衷在于排除对抽象概念本身的专利保护，避免任何人独占对抽象概念及其任何后续应用、转化的垄断。只要证明发明并不涉及抽象概念本身，而是抽象概念与实际应用的结合，这样的发明就应当能够受到专利法的保护。

基于此，相比于对参数特定化要求的严格性，笔者认为以基于场景应用的标准来确定门槛值的设置可能更为合理。此处的场景应用意指方案的实施是在一个可构想、可实际发生的场景中，而不强求方案必须处于思想到技术的转变过程中的最后一个环节。一旦通过权利要求的记载能够确定方案在其中被实施的场景，那么其就必然摆脱了属于抽象概念或智力活动的规则和方法的束缚而向实际生活伸出了触角。

以计算机执行涉及算法的发明为例，场景应用的标准对算法本身或对算法本身的改进，以及算法的功能应用或行业应用均具有包容性。

从具体体现角度来说，在方案涉及算法本身或对算法的改进时，算法与计算机内部结构的紧密结合成为要求。算法或算法的改进就是要提升效率，降低资源使用，或提高资源利用率。与计算机内部结构的紧密结合能够体现算法的场景应用。如果算法脱离于计算机中执行的应用场景，显然将落入抽象概念或智力活动的规则和方法的范畴。例如，一种根据样本特征值和训练模型来建立数学模型的方法，无法构建具体应用场景来体现其实现的效率提升效果，这样的算法改进不涉及应用场景而无法确定其要解决的技术问题。相反，当一种训练数据的算法被结合到单处理器方案和并行多处理器方案中后，该方案基于训练数据的大小改变来从单处理器方案和数据并行的多处理器方案中选择一个方案作为训练数据的方案。可以看到，此类对算法的改进在其技术方案的描述中构建了应用场景，也因此能基于该应用场景来确定其要解决的技术问题，即，在训练数据的大小发生改变时，如何选择训练方案来实现效率的提升。

在方案涉及算法的应用时，无须要求参数特定化。算法的应用与算法本身或对算法的改进相比，在思想到技术的转变过程中已经前进了一大步，来到了最后一个环节。此时，只要满足应用场景的要求，没有必要再要求方案中的参数具备明确、具体的物理含义。例如，上文提到的一种用于简化复杂合式公式的方法，被限定用于评估飞行器或航空器运载工具的各种备选设计。此种算法与应用领域的松散耦合在当前主流的审查标准中均不被认可。但是从应用场景角度出发，该方案在未限定该算法中所涉及的初始位数组、谓词、合取范式、析取范式具体物理含义的情况下也能够为本领域技术人员构建一个应用场景。实际上，将上述简化合式公式方法应用于评估飞行器或航空器运载工具的各种备选设计时，在算法的应用过程中，并不存在无限数目个以排列组合形式呈现的应用方式，而是可能仅存在能够解决高效选择飞行器备选设计技术问题的有限数目种应用方式。也即初始位数组、谓词、合取范式、析取范式可以与该应用场景中的一些物理含义，诸如飞行航线选择、飞行高度、飞行距离、天气状况等因素相对应，只要这种对应关系是确定的。在能够构建应用场景的情况下，算法与应用的松散耦合应当被接受而不强求算法的参数必须特定化。

参数特定化不是满足抽象概念与实际应用相结合的必然要求，而仅仅可以作为一种判断线索或依据。不满足参数特定化的要求并不必然意味着权利要求的方案涉及纯粹的抽象概念而被排除可专利性，能够有效构建应用场景也是抽象概念与实际应用相结合的有力证明，应当作为参数特定化要求的替换手段被纳入客体可专利性判断之中。

五、结论与建议

参数特定化不是满足抽象概念与实际应用相结合的必然要求，而仅仅可以作为一种判断线索或依据。不满足参数特定化的要求并不必然意味着权利要求的方案涉及纯粹的抽象概念而被排除可专利性，能够有效构建应用场景也是抽象概念与实际应用相结合的有力证明，应当作为参数特定化要求的替换手段被纳入客体可专利性判断之中。在技术属性审查标准的发展过程中，建议结合我国企业的发展现状、存在优势的行业和领域、与国际同行之间的竞争态势等综合因素来修订技术属性审查的标准。

参考文献

[1] VICOM/Computer‐related Invention. T208/84.

[2] *Aerotel Ltd v Telco Holdings Ltd*. [2006] EWCA Civ 1371.

[3] *In Re Freeman*, 573 F. 2d 1237, 1978.

[4] *In Re Abele*, 684 F. 2d 902, 1982.

[5] 尹新天. 中国专利法详解 [M]. 北京：知识产权出版社，2011：17.

[6] *Corning v. Burden*, 56 U. S. 252, 14 L. Ed. 683, 1853.

[7] *In Re Musgrave*, 57 C. C. P. A. 1352, 431 F. 2d 882, 1970.

[8] 张政权. 涉及计算机程序的发明专利保护法律规范的冲突、选择与适用 [J]. 电子知识产权，2013（7）：82 - 87.

[9] 王翀. 人工智能算法可专利性研究 [J]. 政治与法律，2020（11）：125 - 135.

[10] 刘强. 人工智能算法发明可专利性问题研究 [J]. 时代法学，2019（4）：17 - 26.

[11] 王帅. 浅谈"区块链技术"的可专利性 [J]. 河南科技，2020（6）：146 - 150.

[12] 张韬略. 美国《专利客体适格性审查指南》的最新修订及评述 [J]. 知识产权，2020（4）：84 - 96.

[13] 李春晖. 美国专利客体适格性的审查：兼评美国2019PEG的更新及中国专利审查指南的修订 [EB/OL]. (2019 - 12 - 05) [2022 - 12 - 15]. https：//mp.weixin.qq.com/s/ - 4QaCw - Yo69fjYUeMwWNdg.

[14] OSENGA K. Patent‐Eligible Subject Matter... Still Wielding the Wrong Weapon‐12 Years Later [EB/OL]. [2022 - 12 - 15]. https：//advance.lexis.com/document/? pdmfid = 1000516&crid = e28e0850 - 9dd4 - 45eb - 81c6 - b5bed3a3d915&pddocfullpath = %2Fshared%2Fdocument%2Fanalytical - materials%2Furn%3AcontentItem%3A5YFR - 1D01 - JTNR - M1PM - 00000 - 00&pdcon tentcomponentid = 166146&pdteaserkey =

sr7&pditab = allpods&ecomp = kxdsk&earg = sr7&prid = bb51f2cf – 8a9d – 431d – ad89 – ccbd1c5babee.

[15] LI Y. The Current Dilemma and Future of Software Patenting [EB/OL]. (2019 – 07 – 19) [2022 – 12 – 15]. https：//doi. org/10. 1007/s40319 – 019 – 00841 – w.

[16] USPTO. Comments on 2019 Revised Subject Matter Eligibility Guidance [EB/OL]. [2022 – 12 – 15]. https：//www. uspto. gov/patent/laws – and – regulations/comments – public/comments – 2019 – revised – subject – matter – eligibility.

[17] USPTO, 2019 Revised Patent Subject Matter Eligibility Guidance, Federal Register, Vol. 84, No. 4, p. 50.

[18] USPTO. Subject matter eligibility [EB/OL]. [2022 – 12 – 15]. https：//www. uspto. gov/patent/laws – and – regulations/examination – policy/subject – matter – eligibility.

[19] USPTO. October 2019 Update：Subject Matter Eligibility [EB/OL]. [2022 – 12 – 15]. https：//www. uspto. gov/sites/default/files/documents/peg_oct_2019_update. pdf.

[20] 泊头子. 美国专利客体适格性判断标准浅析 [EB/OL]. (2018 – 11 – 02) [2022 – 12 – 15]. https：//blog. csdn. net/zhjsxp/article/details/83653999.

[21] 崔国斌. 专利法上的抽象思想与具体技术：计算机程序算法的客体属性分析 [J]. 清华大学学报（哲学社会科学版），2005 (3)：37 – 51.

[22] 漆苏，朱雪忠. 从 *Mayo v. Prometheus* 案看美国"专利适格标的"判断标准的变化 [J]. 知识产权，2012 (9)：87 – 94.

浅析中国专利授权后的修改制度

金红莲[*]

【摘 要】

根据国家知识产权局的统计报告显示,2020年我国的专利申请量为5194154件,其中发明专利为1497159件。[❶] 我国日益发展和壮大的专利申请量和授权量、日益活跃的知识产权保护行动、专利侵权诉讼以及授权专利的修改及其无效宣告获得了越来越多的关注。根据我国《专利法》、《专利法实施细则》和《专利审查指南2010》的规定,专利申请的修改根据时间节点可分为申请过程中的修改和专利授权后的修改。授权后的修改是基于无效宣告程序的修改,无效宣告程序的开启是能够进行授权后修改的唯一途径。研究并理解中国专利授权后的修改规则,对于专利权人、无效宣告请求人、诉讼中的原告和被告在知识产业保护实践方面都具有重要意义。

【关键词】

专利 授权后修改 无效宣告

---

[*] 作者单位:飞利浦家电(中国)投资有限公司。
[❶] 国家知识产权局. 1-1分国内外三种专利申请/授权/有效量(2020年)[EB/OL]. [2022-12-15]. https://www.cnipa.gov.cn/tjxx/jianbao/year2020/a/a1.html.

一、我国专利的修改规则

（一）专利申请过程中的修改

根据我国《专利法》、《专利法实施细则》和《专利审查指南 2010》的规定，专利申请的修改根据时间节点可分为申请过程中的修改和专利授权后的修改。申请过程中的修改包括发明专利申请在进入实质审查程序并收到"进入实质审查程序"通知书之日起 3 个月内的主动修改，以及在实质审查过程中基于《专利法实施细则》第 51 条第 3 款的修改，即针对审查员提出专利申请中存在的问题而进行的被动式修改。专利申请过程中对专利文件的修改相比于授权后的修改，在能够进行修改的方式、修改的范围方面都具有较大的自由度。

（二）专利授权后的修改

在我国的专利申请授权之后，专利文件的唯一修改路径是提出无效宣告请求，并借助无效宣告程序而进行修改。但无效宣告程序中的修改方式、修改范围非常受限，这对于专利权人而言是相对不利的。

《专利法实施细则》第 69 条规定："在无效宣告请求的审查过程中，发明或者实用新型专利的专利权人可以修改其权利要求书，但是不得扩大原专利的保护范围。发明或者实用新型专利的专利权人不得修改专利说明书和附图，外观设计专利的专利权人不得修改图片、照片和简要说明。"

《专利法实施细则》第 69 条的规定可以解读为如下几个层次：在无效宣告请求的审查过程中，权利要求书可以修改，但不得扩大原专利的保护范围；除了权利要求以外，其余部分均不得修改；只有发明专利或者实用新型专利的权利要求可进行修改，外观设计专利不得修改。

在下文中着重讨论能进行修改的发明专利或者实用新型专利权利要求的修改方式。

《专利审查指南 2010》第四部分第三章第 4.6 节中对无效宣告程序中专利文件的修改作了较为详尽的规定。无效宣告程序中专利文件的修改原则有：①不得改变原权利要求的主题名称；②与授权的权利要求相比，不得扩大原专利的保护范围；③不得超出原说明书和权利要求书记载的范围；④一般不得增加未包含在授权的权利要求书中的技术特征。

2017 年 4 月 1 日起，国家知识产权局将《专利审查指南 2010》第四部分第三章第 4.6.2 节第 1 段修改为：在满足上述修改原则的前提下，修改权利要求书的具体方式一般限于权利要求的删除、技术方案的删除、权利要求的进一步限定、明显错误的修正。

删除《专利审查指南2010》第四部分第三章第4.6.2节第3段，将第4段作为第3段，并新增1段作为第4段，内容如下：权利要求的进一步限定是指在权利要求中补入其他权利要求中记载的一个或者多个技术特征，以缩小保护范围。

在2017年修改的《专利审查指南2010》相比于之前版本具有如下明显的修改：①增加了"明显错误的修正"；②权利要求的进一步限缩方式为补入其他权利要求中记载的一个或者多个技术特征，即补入的技术特征不能直接来源于说明书，而应该是从权利要求中选择，但修改方式并不限于整体权利要求的补入，而是以技术特征为单位来进行补入。

二、案例分析

在实践过程中，对于"明显错误的修正"以及"其他权利要求的技术特征的补入"有时很难正确地把握。笔者借助入选最高人民法院发布的2020年度知识产权十大案例的无效案例来讨论该问题。2020年，夏普株式会社（以下简称"夏普"）与OPPO广东移动通信有限公司（以下简称"OPPO"）之间有关通信专利的案件受到知识产权从业人员乃至社会各界的广泛关注，入选2020年度知识产权十大案例。其中，夏普为专利号ZL01819676.4、发明名称"一种无线通信系统"的中国专利的专利权人，OPPO向国家知识产权局提出了针对该中国专利的无效宣告请求。

国家知识产权局于2020年10月27日作出了第46741号无效宣告请求审查决定，案例中涉及的专利的权利要求被全部无效。

（一）明显错误的修正

夏普在无效宣告过程中对权利要求进行了修改。在审查该专利无效宣告请求的过程中，焦点问题是夏普在无效宣告过程中的修改是否满足授权后修改的标准。夏普所作的修改如下。

第一点修改争议是，夏普将权利要求4、6中的"帧内频带"修改为"帧内带"以进行明显错误的修正。夏普认为该修改属于明显错误的修正，认为该专利的说明书和权利要求书中出现的"频带"是对原始日文公开文本中的"带域"的译文，该翻译不够精准。根据证据2说明书第1页第4段中的记载可知，所谓的"频带"指的是帧内的时间区域。因此，夏普将权利要求6以及其他权利要求中的"频带"修改为"带",该修改没有超出原专利的范围,而且是毫无疑义可以确定的内容。

OPPO认为将"帧内频带"修改为"帧内带"并不属于"明显错误的修正"。

合议组支持了OPPO的理由,具体理由如下:《专利审查指南2010》第二部分第八章第5.2.2节"允许的修改"中对于符合《专利法》第33条规定的修改给出了规定,其中在第5.2.2.2节"对说明书及其摘要的修改"中对"明显错误"规定:"(11)修改由所属技术领域的技术人员能够识别出的明显错误,即语法错误、文字错误和打印错误。对这些错误的修改必须是所属技术领域的技术人员能从说明书的整体及上下文看出的唯一的正确答案。"基于相同的原则,权利要求中的明显错误应是所属技术领域的技术人员明显就能够识别出的,并且其修改也是唯一确定的。根据本领域技术人员对权利要求技术方案的整体理解,授权权利要求4、6中的"帧内频带",权利要求6中的技术特征"根据进行移动站间直接通信的终端的组合和分配给基站移动站间通信的上述第一频率,来选定分配给进行移动站间直接通信的终端的上述第二频率"并无明显的语法错误、文字错误或打印错误,夏普认为不正确的内容并不是可以从原说明书、权利要求书的上下文中清楚地判断出来的。此外,"帧内带"也并非本领域公知的技术术语。基于上述理由,合议组认定了将"帧内频带"修改为"帧内带"不属于明显错误的修正,修改不被接受。

(二)进一步限定相关的修改

第二点修改争议是,夏普将移动终端侧的权利要求1中同步装置相关的特征补入基站侧权利要求3、4中,分别对权利要求3、4进行修改,增加了权利要求1中有关同步装置的限定,即"上述无线通信系统包括同步装置,在上述移动站间直接通信中使用与用于上述基站移动站间通信的上述第一频率不同的上述第二频率时,根据在上述基站移动站间通信中所使用的控制信息,来使上述基站移动站间通信中的帧与上述移动站间直接通信中的帧同步"。

然而,OPPO对上述修改提出了不同的意见,主张上述修改不符合无效宣告程序中的修改标准,请求国家知识产权局不采纳上述修改。

《专利审查指南2010》第四部分第三章第4.6.2节"修改方式"中规定:在满足上述修改原则的前提下,修改权利要求书的具体方式一般限于权利要求的删除、技术方案的删除、权利要求的进一步限定、明显错误的修正。权利要求的进一步限定是指在权利要求中补入其他权利要求中记载的一个或者多个技术特征,以缩小保护范围。

然而，对权利要求3、4的修改不是对保护主题"基站"的进一步限定。新加入的技术特征"同步装置"的操作实际上是移动站的操作，而非基站的操作，基站也不需要针对移动站的"同步"操作作出任何相应的调整，因此本质上这并非对基站操作的限定。

此外，对权利要求3、4的修改超出了该申请的原始公开的范围。该专利原说明书和权利要求书中均没有记载"基站"包括这样一种"同步装置"的技术方案。

合议组认为，进一步限定是指通过在权利要求中补入其他权利要求中记载的一个或者多个技术特征的修改方式，目的是进一步限缩原权利要求的保护范围，要求在实质上达到进一步缩小原有保护主题的保护范围的结果，并不是仅仅在形式上增加新的技术特征。

合议组认定上述针对权利要求3、4的修改不符合无效宣告过程中对权利要求的修改原则和修改方式，不予采纳。

（三）该案对修改的启示

在无效宣告过程中的权利要求修改，除了要满足无效宣告程序中的修改基本原则外，还需要符合《专利法》、《专利法实施细则》以及《专利审查指南2010》中其他部分所规定的修改方式。根据《专利审查指南2010》的规定，在无效宣告过程中允许的权利要求的修改方式一般限于权利要求的删除、技术方案的删除、权利要求的进一步限定、明显错误的修正。关于明显错误的修正是2017年修改的《专利审查指南2010》中新追加的规定，但关于明显错误的修正在其他部分，即审查过程等非无效宣告程序中均有具体规定，判定标准与审查过程中的标准基本相似。即，明显错误的修正原因是语法不通顺、易于辨别的错别字等明显能认定的错误存在于授权后的文本中，而且修改后的文本应当是唯一的、毫无疑义能确定的内容。根据上述标准，可以理解为明显错误的修正基本不可能在无效宣告过程中发挥作用，不能为专利权人所用，不会给专利权人带来修正错误的机会。

无效宣告过程中，为了与对比文件进行区分或者出于某些其他方面的考虑，在进一步限缩权利要求的范围时，同样也需要加以甄别和判断，将其他权利要求中的某个或某些特征补入权利要求中时，是否会形成不同的技术方案且该技术方案并未记载于原来授权的权利要求中。

要注意的是，加入技术特征并不必然导致权利要求的限缩，亦可能导致权利要求的范围变化，且该变化后的范围并不会被原来的权利要求所涵盖。

总而言之,授权后的权利要求修改具有诸多限制,修改标准相对严苛,修改时要仔细判定原有范围以及明显错误。

授权后修改的标准对于专利权人而言比较严苛,这可能是出于公共利益的考量。利大于弊还是弊大于利,需要经过一段时间的考察和实践。在当前我国专利撰写水平普遍不高的情况下,应当考虑对专利权人而言相对宽松的权利要求修改规则,而不是过分严格的修改机制。❶

三、其他发达国家和地区的授权后修改制度

(一)美国的授权后修改机制

在美国,专利权人有多种授权后修改途径,包括更正证书(certificate of correction)、申请再颁专利(reissue)、单方再审(ex parte reexamination, EPR)、双方重审(inter partes review, IPR)和授权后复审(post grant review, PGR)。美国的授权后修改途径、方式相对而言是最为丰富的,既有一些简单文字修改等制度,还有实质性的修改方式,对保护专利权人具有积极的作用。

(二)欧洲的授权后修改机制

《欧洲专利公约》第123条第3项的规定表明,修改授权后的权利要求书,可以重写、修正或删除部分或全部权利要求中的技术特征,并不受到授权公告的权利要求书中具体技术特征的限制,只要修改后的权利要求书符合《欧洲专利公约》第123条第2项的规定,即没有超出原申请文件的范围,并且没有超过授权的权利要求书所确定的保护范围。

此外,欧洲在无效过程中的权利要求的修改,相比于中国的权利要求的修改有些不同之处。欧洲的权利要求的修改中可以补入说明书中记载的技术特征,而非仅限定于权利要求中出现的技术特征。从说明书中补入技术特征后,没有超出原申请文件的范围,例如,没有形成说明书中没有记载的技术方案,则该修改可被接受。

(三)日韩的授权后修改机制

日本和韩国均设立了专利授权后的独立订正审判/审批制度和被吸收到无效宣告程序中的订正请求制度,专利权人可以通过这些制度对专利权范围进行调整。

---

❶ 李旭颖. 浅析我国专利授权后修改制度构建[J]. 中国发明与专利,2017,14(3):87-93.

日本专利法第126条对订正审判制度进行了规定，明确了订正审判制度旨在防止对专利中部分存在瑕疵的情况请求无效的情形。订正审判中可修改的范围不仅包括权利要求，还包括说明书、附图等。可请求订正审判的主体是专利权人。此外，独占许可人、质权人可在获得专利权人的授权后，请求订正审判。

韩国专利法第136条对授权后的独立订正审批制度进行了规定。适用授权后订正审批的情形限于：①限缩权利要求的范围；②对错误记载事项进行修改；③使不清楚的事项修改为明确的事项。

订正审判/审批的适用范围包括已授权专利，专利授权后若权利期满后，也能申请订正审判/审批。由于订正审判/审批的请求人是专利权人，而且可能涉及权利要求的范围变更，如果专利权人为多人，则需要所有共同专利权人一同进行请求。

订正审判/审批可以由专利权人一方单方发起，因此可以作为维权前的预备方案，对权利要求进行修改，使得权利要求的范围稳定，更适合于维权。虽然与无效宣告过程中的修改方式相似，但专利权人的主动性较强，比较有利于专利权人对自身权利的维护。

四、当前的授权后修改制度对实践的启示

（一）授权后修改制度的思考

目前，我国的专利授权后的唯一修改途径是无效宣告程序，而且无效宣告程序中关于修改原则、修改方式的限制较为严格，与其他发达国家的专利系统相比，修改途径少、修改方式比较有限，相对于专利权人而言是不利的。

随着专利维权意识的提高、专利维权活动的活跃、专利无效请求的增加，授权后的修改将越来越多地得到各方关注。国家知识产权局、法院、行政执法机关、专利权人、被告侵权人等各方都将意识到目前修改制度所存在的不足。

相比于其他国家，美国的修改制度是走得最远、最复杂的。欧洲、日韩的修改制度相比于美国较为保守，但相比于中国又较为宽容。从鼓励发明创造、鼓励知识产权发展的方面考虑，对授权后修改制度进行适当的修改，将更符合当前以及今后的专利体系。

（二）充分利用分案时机

如上所述，当前中国的修改后授权制度对专利权人是较为不利的，因此，

专利权人要有防患于未然的忧患意识。此外，《专利法》及其实施细则对分案的时机也进行了进一步限制：只有母案授权或者驳回后的三个月内可以申请分案，一旦超过了这一时间段，将无法再申请分案。

因此，针对重要专利申请，例如，与公司的明星产品相关的专利、与标准必要专利相关的技术等，可以在母案申请授权或驳回时，申请多个分案，尽可能多保留不同的权利要求范围，争取较多的修改机会。

（三）不同国家的布局

对于进入不同国家的专利，要灵活运用各国授权后修改制度的差异。专利权人，若发现授权后专利文件存在瑕疵时，可积极应对以使专利的效力更加稳定。例如，可灵活运用日韩的订正审判/审批机制，对进入日本或韩国的专利进行主动修改，使得授权权利要求的范围稳定。

五、结　　语

与美国、欧洲、日韩等国家和地区的知识产权机关相比，国家知识产权局目前采用的授权后修改制度较为单一，对授权前审查的要求较高，无效宣告等后续程序对申请人不利。希望今后能在借鉴其他发达国家和地区专利机关做法的基础上，对我国的授权后修改制度进行适合于中国国情的修订。此外，在无效宣告等后续程序中考虑专利权人和公共利益的平衡，作出相对平衡的审查。

浅析人工智能技术的权利要求布局

徐 迪[*]

【摘　要】

　　为了强化人工智能（AI）领域的专利保护，笔者针对几种常见 AI 专利的权利要求布局方式及其对应的保护范围及维权难度，进行了一些简单介绍。结合这几种常见 AI 专利的具体情况，笔者指出在构建 AI 专利的权利要求书时，申请人应当优先采用 AI 产品及其使用方法相对于现有产品的区别特征来构建独立权利要求，从而避免训练阶段的方法特征对专利权的保护范围构成非必要的限制，并避免训练阶段的方法特征对侵权举证造成困难。

【关键词】

　　人工智能　权利要求　专利侵权　侵权举证

一、背景介绍

　　人工智能（Artificial Intelligence，AI）技术是一门新兴的技术科学，能够通过模拟人类的思考方式对获取的信息进行知识提取，再智能地基于提取到的

---

[*] 作者单位：上海专利商标事务所有限公司。

知识进行分类判断,从而替代人工来提供智能的服务。自从 1956 年被首次提出以来,经过半个多世纪的发展,AI 技术已经被广泛应用于机器视觉、指纹识别、人脸识别、视网膜识别、虹膜识别、掌纹识别、专家系统、自动规划、智能搜索、定理证明、博弈、自动程序设计、智能控制、机器人学、语言和图像理解、遗传编程等诸多技术领域。❶

随着 AI 技术被广泛应用到各技术领域并取得显著的商业价值,在国家知识产权局于 2019 年 12 月 31 日公布的关于修改《专利审查指南》的决定中,在《专利审查指南》第二部分第九章增加了第 6 节,"包含算法特征或商业规则和方法特征的发明专利申请审查相关规定",正式将包含技术特征的 AI 技术方案纳入《专利法》保护客体的范围。根据《中国人工智能发展报告 2020》❷显示,我国的 AI 专利申请量已位居世界第一。

二、讨论分析

为了提升 AI 领域的专利质量,并利于专利权人进行专利维权,以强化 AI 领域的专利保护,以下将针对几种常见的 AI 专利的权利要求布局方式及其对应的保护范围及维权难度进行简单的介绍,谨供广大 AI 领域的同仁参考。

(一) 封闭型和开放型 AI 产品专利

如上所述,AI 模型需要基于从输入信息中提取到的知识来进行分类判断,才能达到替代人工来提供智能服务的效果。上述知识提取及分类判断的操作往往需要基于预先训练的学习参数来实施。因此,一个完整 AI 技术方案通常包括训练阶段和预测阶段。训练阶段是指根据大量数据样本调整神经网络模型及分类网络模型中学习参数的阶段,是赋予 AI 模型知识提取功能和分类判断功能的准备阶段。预测阶段是根据训练确定的学习参数对输入数据进行特征提取及分类判断以获取对应结果的使用阶段,是 AI 模型实际创造商业价值的阶段。

1. 封闭型 AI 产品专利

对于预先完成训练再交付用户使用的封闭型 AI 产品,其神经网络模型及分类网络模型的学习参数在完成训练后就已确定。由于这类封闭型 AI 产品的训练阶段通常只在产品的开发阶段中实施,而不会在产品的生产过程及使用过程中重现,也不会出现在侵权产品的核心代码中,专利权人往往无法通过对侵

---

❶ 王永庆. 人工智能原理与方法 [M]. 西安:西安交通大学出版社,1998:1-17.
❷ 唐杰. 中国人工智能发展报告 2020 [R]. 北京:知识智能联合研究中心,2021.

权产品进行反向工程来证明其采用了权利要求限定的训练方法。因此，业内一般不推荐将这类 AI 产品的训练阶段写入专利的独立权利要求，以避免难以进行侵权举证的问题。

2. 开放型 AI 产品专利

对于在用户使用过程中持续获取数据并进行在线训练的开放型 AI 产品，其神经网络模型及分类网络模型的学习参数会在用户的使用过程中持续地发生修正和变化。由于这类开放型 AI 产品的训练阶段会在产品的使用过程中不断重现，并会产生不断修正 AI 模型的效果，业内一般推荐将这类 AI 产品的训练阶段写入专利的权利要求书中，并在说明书中清楚地记载其对应的效果以提升专利申请的授权概率并提升授权专利的稳定性。

至于是否需要将这类开放型 AI 产品的训练阶段写入专利的独立权利要求，申请人可以结合 AI 模型的核心算法以及 AI 产品的应用场景是否具有足够的"新创性"来进行综合的判断。具体来说，若 AI 模型的核心算法以及 AI 产品的应用场景都不涉及明显的改进，则申请人可以考虑将该在线训练的步骤特征写入独立权利要求，将其区别于现有技术以取得专利的授权。反之，若 AI 模型的核心算法以及 AI 产品的应用场景中的任意一者涉及明显的改进，则申请人可以考虑先将该在线训练的步骤特征作为优选的从属权利要求来进行保护，再根据审查意见来判断是否存在将这些步骤补入独立权利要求的必要。这种权利要求的布局方式一方面能够扩大专利的保护范围并降低对侵权产品的举证难度，另一方面能够提升专利申请的授权概率并提升授权专利的稳定性。

（二）按相对于现有技术的改进点区分的 AI 专利

进一步地，目前市场上常见的 AI 专利可以根据其相对于现有技术的改进点，分为对 AI 模型的应用场景、训练方法及核心算法的改进方案。以下将逐一针对这三种 AI 专利的权利要求布局方式及其对应的保护范围及维权难度进行简单的介绍。

1. AI 模型的应用型专利

现有 AI 模型的应用型专利是指将现有的神经网络模型及分类网络模型直接应用到一个具体的应用场景中所形成的专利。这种应用类型的专利通常不涉及对 AI 模型核心算法及训练方法的改进，其技术难度较低，并且与使用同样 AI 模型的现有技术的特征重合度较高，较容易被审查员认定为其他应用场景下使用同样 AI 模型的现有技术的简单变形。

因此，对于这种应用类型的专利，申请人在构建权利要求时应当着重结合应用场景来清楚、简要地限定 AI 模型的输入数据及输出数据，并在说明书中清楚、完整地描述在本领域中使用该 AI 技术能够取得何种意想不到的效果及显著的进步，以及为何选择权利要求限定的输入数据能够取得更好的技术效果，从而通过输入数据及输出数据的区别技术特征来体现本专利相对于现有技术的创造性。

进一步地，对于不涉及 AI 模型核心算法及训练方法改进的应用类型专利，其算法特征及训练方法特征往往无法对专利申请的创造性提供突出的贡献。因此，申请人也应当优先针对该申请在应用场景、输入数据、输出数据这几方面的区别技术特征来构建权利要求，并尽可能地避免在独立权利要求中限定非必要的算法特征及训练方法特征，从而避免这些不涉及改进的算法特征及训练方法特征对专利的保护范围构成非必要的限缩，并避免这些算法特征及训练方法特征对专利侵权的举证造成不必要的困难。

2. AI 模型的训练方法专利

AI 模型的训练方法专利是指采用独特的训练方法来训练现有的神经网络模型及分类网络模型所形成的专利。这种训练方法类型的专利通常不涉及对 AI 模型核心算法及应用场景的改进，与现有技术的区别主要体现在训练步骤的不同。

如上所述，对于预先完成训练再交付用户使用的封闭型 AI 产品，其训练阶段通常只在产品的开发阶段中实施，而不会在产品的生产过程及使用过程中重现，也不会出现在侵权产品的核心代码中，专利权人往往无法通过对侵权产品进行反向工程来证明其采用了权利要求限定的训练方法。进一步地，即使专利权人能够证明侵权产品是使用专利要求保护的训练方法训练获得的，由于训练步骤是由 AI 模型的开发者实施，而使用步骤通常是由 AI 产品的用户及经销商实施的，专利权人仍难以找到能够全面覆盖独立权利要求全部技术特征的侵权行为的实施主体，因而难以针对单一的侵权方进行专利维权。

因此，对于这种训练方法的改进专利，申请人应当在构建权利要求时优先考虑训练方法的改进是否会造成 AI 产品使用方法的不同。例如，对于涉及数据样本前期处理步骤的专利，其 AI 产品的使用过程中往往也会对应地涉及对产品输入数据的前期处理步骤。又如，对于涉及 AI 模型分步训练步骤的专利，其 AI 产品的使用过程中往往也会对应地涉及分步对产品输入数据进行知识提取及分类判断的步骤。此时，申请人可以通过在独立权利要求中限定上述对产品输入数据进行前期处理的步骤特征，或者分步对产品输入数据进行知识提取及分类判断的步骤特征，以凸显本专利与现有技术的区别，从而规避对侵权产品训练步骤的举证责任。

反之，若该训练方法的改进不会造成 AI 产品使用方法的变化，则申请人需要在独立权利要求中适当地限定训练方式的特征，以使该独立权利要求能够区别于现有技术。在这种情况下，业界一般推荐申请人采用静态的技术特征来描述 AI 模型的训练方式。例如，根据预先训练的学习参数确定对应于所述输入数据的输出数据，其中，所述学习参数是通过某某步骤训练获得。相比于直接向独立权利要求中添加训练步骤的动态限定方式，这种静态的限定方式只限定了学习参数的来源，而未限定侵权方需要执行对应的训练步骤。因此，虽然这种静态的限定方式无法避免训练方法专利权人对侵权产品训练步骤的举证责任，但其不再涉及多主体共同的问题，能够便于专利权人针对实施该使用步骤的用户及经销商等单一侵权主体进行专利维权。

3. AI 模型的核心算法专利

AI 模型的核心算法专利是指采用原创或改进的 AI 模型来进行上述特征提取及分类判断操作的专利。这种核心算法专利的适用范围广泛，但技术难度较高，改进点往往在于知识提取方案、数据迭代方案、信息交互方案、学习参数修正方案等数学领域的改进方案。一方面难以被审查员及本领域的普通技术人员理解，容易产生《专利法》第 26 条第 3 款及第 4 款规定的不清楚的问题；另一方面存在被认为不属于《专利法》第 2 条第 2 款规定的技术方案，或被认定为《专利法》第 25 条第 2 款规定智力活动的规则和方法的风险。

因此，对于这种核心算法的改进专利，虽然业内一般不推荐申请人在其独立权利要求中明确地限定输入数据、输出数据及应用场景，但申请人应当注意在构建独立权利要求时适当地添加数据传输等技术特征，以避免该方案被认为不属于《专利法》第 2 条第 2 款规定的技术方案，或被认定为属于《专利法》第 25 条第 2 款规定智力活动的规则和方法的不予保护客体。此外，申请人还应当在从属权利要求中尽可能地罗列该核心算法适用的应用场景，并在说明书中对该核心算法在各种应用场景下的应用方案进行清楚、完整的说明。如此，这些罗列于从属权利要求并记载于说明书中的各种应用场景一方面能够对该核心算法提供全面的专利保护，以便于专利权人针对各种应用场景有效地进行专利维权，另一方面能够为专利权人后期分案提供文本基础，以便专利权人针对单一的应用场景分案进行专利转让、专利许可等专利实施。

三、结　语

基于以上论述,笔者认为在申请 AI 领域的发明专利时,申请人应当首先明确其技术方案相对于现有技术的改进点,以及该改进点能够取得的有益效果,并在申请文件的说明书中清楚、完整地记载这些内容,以提升其专利申请的授权率,并提升其专利权的稳定性。其次,在构建 AI 专利的权利要求书时,申请人应当跳出研发人员的固有思维,优先采用 AI 产品及其使用方法相对于现有产品和方法的区别特征来构建独立权利要求,从而尽可能地避免训练阶段的方法特征对专利权的保护范围构成非必要的限制,并避免训练阶段的方法特征对侵权举证造成困难。

以上结论仅是笔者针对几种常见 AI 专利的具体情况所提供的一些浅见,谨为广大 AI 领域的同仁对各自专利及专利申请的保护范围及维权难度提供参考。

浅谈多主体实施的方法专利的侵权事实认定方式对专利撰写的启示

杨 丽[*] 邵月星[*]

【摘 要】

在侵权事实认定方面，全面覆盖原则对多主体实施的方法专利带来挑战。笔者通过对我国司法案例的分析和域外学说的讨论探讨了多主体实施的方法专利在举证责任、侵权事实的认定方面存在变化，并且域外学说在我国司法实践中亦存在适用空间。据此笔者提出了相应的权利要求撰写启示，即强调前因行为对后果行为的发生存在不可替代的实质性作用以及保留存在协作关系的多主体之间的交互。

【关键词】

多主体实施的方法专利 侵权事实的认定方式 不可替代的实质性作用 协作关系

---

[*] 作者单位：上海专利商标事务所有限公司。

一、引　言

根据我国《专利法》第 11 条❶的规定可知，构成专利侵权需满足三个要件：①主观方面，行为人须以生产经营为目的；②侵权行为的实施，即侵权行为的表现形式限于法条中列举的那些行为；③行为的作用对象须为专利产品或专利方法。判定是否构成专利侵权即判断行为人所实施的行为是否同时满足上述三个要件，其中对第三要件的判断涉及对行为人的行为作用对象是否是专利产品或专利方法的判断，即行为人制造、使用的产品是否为专利产品或者行为人实施的方法是否为专利方法的判断，这不可避免地涉及对技术特征的比对和判断。全面覆盖原则❷是进行技术特征比对时必须遵循的重要原则之一，要求包含与权利要求记载的全部技术特征相同或者等同的技术特征的被诉侵权技术方案，才认定落入专利权的保护范围。

全面覆盖原则使多主体实施的方法专利的权利人维权难度增加。所谓多主体实施的方法专利是从专利方案的权利要求的撰写方式角度归纳出的一类专利。这类权利要求保护方法步骤，其中这些方法步骤由多个实施主体分别实施，一个实施主体往往只能实施整个专利方法的一部分步骤。一方面，多主体中的任一个主体均没有完整使用专利方法，因而不满足全面覆盖原则而不应被认定为构成专利侵权。另一方面，多主体中的任一个或多个主体很有可能以为生产经营目的，各自使用专利方法的一部分以相互配合、彼此交互的方式完整实施专利方法，并且以此获得了利益。不对这种行为进行侵权追责似乎有违公平正义，也无法有效保护专利权人的权益。

虽然从以下讨论的案例中可以看到，在实际司法实践中多主体实施的方法专利专利权人的维权难度有所降低，但总体来说难度依然较大。笔者试图通过分析司法案例和域外学说中对侵权事实认定的方式谈谈对方法专利的撰写启

---

❶ 《专利法》第 11 条第 1 款规定："发明和实用新型专利权被授予后，除本法另有规定的以外，任何单位或者个人未经专利权人许可，都不得实施其专利，即不得为生产经营目的的制造、使用、许诺销售、销售、进口其专利产品，或者使用其专利方法以及使用、许诺销售、销售、进口依照该专利方法直接获得的产品。"

❷ 北京市高级人民法院《专利侵权判定指南（2017）》第35 条：全面覆盖原则。全面覆盖原则是判定被诉侵权技术方案是否落入专利权的保护范围，应当审查权利人主张的权利要求所记载的全部技术特征，并以权利要求中记载的全部技术特征与被诉侵权技术方案所对应的全部技术特征逐一进行比较。被诉侵权技术方案包含与权利要求记载的全部技术特征相同或者等同的技术特征的，应当认定其落入专利权的保护范围。

浅谈多主体实施的方法专利的侵权事实认定方式对专利撰写的启示

示，以期帮助专利权人如何从自身角度尝试降低可能的维权难度。

二、多主体实施的方法专利在侵权事实认定上的解决路径

1. 专利权人举证责任的减轻

西电捷通案❶涉及一种名为"一种无线局域网移动设备安全接入及数据保密通信的方法"的专利。涉案专利的方法包括分别由移动终端 MT、无线接入点 AP 和认证服务器 AS 执行的步骤，具体操作如图 1 所示。被诉侵权人索尼公司是移动终端 MT 的生产制造商。

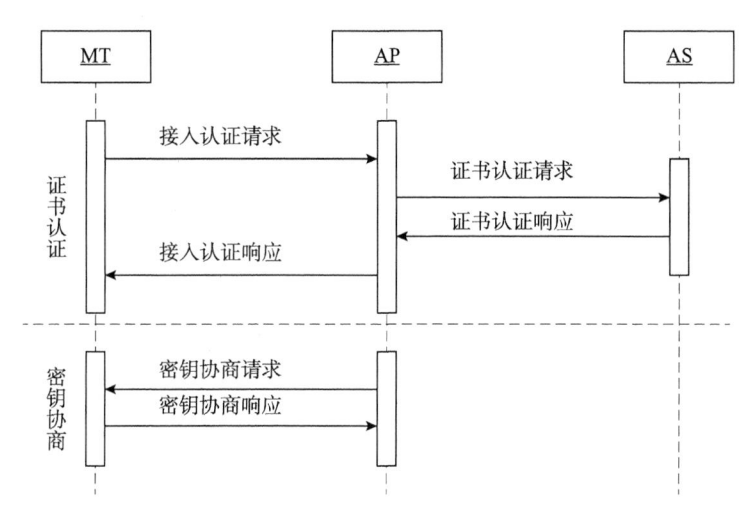

图 1　西电捷通案涉案专利

从图 1 中可以看出，涉案专利是典型的多主体实施的方法专利。被诉侵权人并未单独实施该方法专利的全部步骤，因而要认定被诉侵权人构成直接专利侵权，必须提供强有力的证据证明被诉侵权人以经营为目的单独实施了该方法专利的全部步骤，例如在被诉侵权人生产手机过程中所涉及的产品测试验证等过程。然而，基于谁主张，谁举证的基本原则，令专利权人提供此类证据可以说是难于登天。在庭审过程中，专利权人尽其所能提供了索尼的几款手机具备 WAPI 功能（涉案方法专利所实现的功能）的初步证据，但是这些证据不足以证明索尼公司实施了涉案专利的全部方法步骤。然而，一审法院和二审法院均

---

❶ 参见：北京市高级人民法院（2017）京民终 454 号民事判决书。

认为，虽然现有证据不能证明索尼公司在生产制造、出厂检测阶段使用了涉案专利，但是，就手机制造行业而言，无论在产品设计研发、产品定型后的生产制造以及出厂测试的哪个阶段使用了涉案专利，均构成专利法意义上的实施涉案专利的行为。

鉴于涉案专利属于通信行业的标准必要专利之一（具备 WAPI 功能的手机为获得入网许可必须符合行业标准，也即必须通过实施涉案专利来实现 WAPI 功能）的事实，结合专利权人提供被诉侵权人的产品具备 WAPI 功能的初步证据，一审法院和二审法院在该案中充分考虑专利权人举证难的困境，在事实认定方面较为大胆地采用了推定存在侵权行为的方式，减轻了专利权人的举证责任。这其中不乏对被诉侵权人通过销售涉案产品获得巨大经济利益事实的考虑，以期兼顾各市场主体在经济活动中的正当竞争秩序。

2. "不可替代的实质性作用"的采用

腾达案❶涉及一种名为"一种简易访问网络运营商门户网站的方法"的专利。如图 2 所示，涉案专利的方法包括分别由用户设备（图 2 中的 PC）和接入服务器（图 2 中的 BAS，即被诉侵权人销售的路由器产品）执行的步骤。上述事实对被诉侵权人构成直接侵权行为的认定带来了显著的困难和挑战。最高人民法院创造性地提出了"不可替代的实质性作用"的侵权事实认定方式以对此作出回应，在二审判决书中指出：被诉侵权行为人以生产经营为目的，将专利方法的实质内容固化在被诉侵权产品中，该行为或者行为结果对专利权利要求的技术特征被全面覆盖起到了不可替代的实质性作用，也即终端用户在正常使用该被诉侵权产品时就能自然再现该专利方法过程的，则应认定被诉侵权行为人实施了该专利方法，侵害了专利权人的权利。

涉案专利方法的步骤是通过用户将购买的路由器产品接通电源，按说明书的指示配置和操作路由器时自动完成的，也即销售路由器产品的被诉侵权人并未单独实施涉案专利的方法步骤，即便被诉侵权人通过销售涉案路由器获得了经济利益。有学者从法律解释的角度将上述做法阐释为将使用专利方法扩大解释为包括在制造过程中把专利方法固化于产品。❷ 笔者认为，将专利方法的实

---

❶ 参见：最高人民法院（2019）最高法知民终 147 号民事判决书。

❷ 罗睿，姜萌，周莎莎. 多主体专利侵权"不可替代的实质性作用"规则的适用条件研究：再评敦骏公司诉腾达公司案［EB/OL］．［2022－12－15］. http://news.zhichanli.cn/article/9898.html.

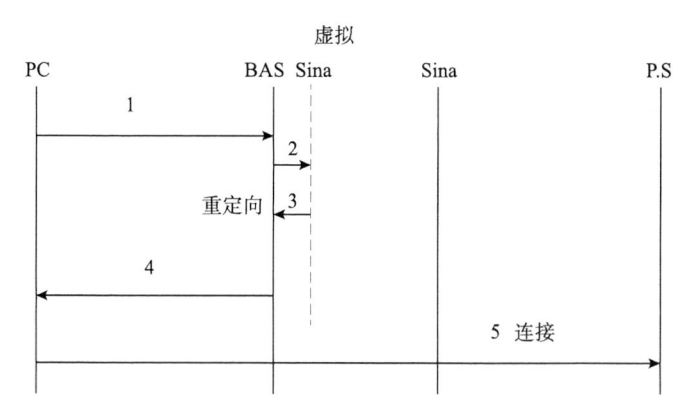

```
                    虚拟
PC           BAS   Sina        Sina         P.S
|————————————>|     |            |           |
|      1      |     |            |           |
|           2 |     |            |           |
|           <—|     |            |           |
|     重定向 3 |     |            |           |
|           <—|     |            |           |
|<————————————|     |            |           |
|      4      |     |            |           |
|                   |            |           |
|                   |       5 连接           |
|                   |————————————————————>  |
```

图 2 腾达案涉案专利

质内容固化在被诉侵权产品中，该行为或者行为结果对专利权利要求的技术特征被全面覆盖起到了不可替代的实质性作用。尽管被诉侵权人没有单独实施涉案专利的全部步骤，但其将专利方法固化到其产品中的行为不可避免地导致了用户在按说明书的指示配置和操作路由器时将完成涉案专利中用户设备端的相应方法步骤，即被诉侵权人的原本不构成专利侵权的前因行为不可避免地导致了他人的涉嫌专利侵权的后果行为。前因行为对后果行为的发生起到了"不可替代的实质性作用"，因而最高人民法院将仅实施了前因行为的被诉侵权人视为实施了后果行为，从而使得路由器端执行的方法步骤加上用户设备端执行的方法步骤均被视为由被诉侵权人完成，进而因符合全面覆盖原则来认定侵权事实的成立。

因此，与有些学者认为该案是对全面覆盖原则的突破❶不同，笔者亦认为"不可替代的实质性作用"方法的适用并不是对全面覆盖原则的突破和僭越❷，仅仅是在侵权事实认定层面的变通。

3. 域外理论学说的借鉴

美国对于多主体实施的方法专利侵权的事实认定方法也存在从"代理"

---

❶ 郭小军. 多主体实施的方法专利侵权的解决路径：兼评"不可替代的实质性作用"规则 [J]. 电子知识产权，2020（9）：55-66.

❷ 张晓阳. 多主体实施的方法专利侵权案件的裁判思路与规则：以敦骏公司诉腾达公司案为例 [J]. 人民司法，2020（7）：35-40.

标准❶到"控制或指挥"标准❷的探索过程。"控制或指挥"标准是指存在一方实施了指挥或控制整个过程,其中每一步均应可归因于控制方,控制方像提线木偶一般。随着"控制或指挥"标准在司法实践中被越来越多的法官采纳,❸其被进一步明确为教导和启示行为达不到"控制或指挥"的标准,❹并且一方是否控制或指挥另一方的行为以及各方是否组成了联合企业这两种情形构成判断一方将为另一方的执行方法步骤负责的事实依据。❺

与美国联邦最高法院在 Akamai 案❻的判决中认定没有直接侵权的存在就没有间接侵权的基本准则不同,德国在其专利法第 10 条中规定了帮助型专利间接侵权的客观与主观构成要件,并且认为帮助侵权并不必然以直接侵权作为前提条件,从而通过对帮助型间接侵权的认定来解决多主体实施的方法专利侵权的问题。英国亦采用类似做法。日本亦采用间接帮助侵权的路径,但其专利法中规定的间接帮助侵权行为除了如德国专利法规定的许诺销售或提供物品外,还包括生产、进口、出租、持有、通过电子线路提供程序等行为,与德国专利法的规定相比扩大了构成帮助型间接侵权的行为方式。

尽管域外理论学说并不是我国的正式法律渊源,但我国法院在涉及多主体实施的方法专利的侵权事实认定时也会参考❼甚至采纳❽这些学说,并作为判案依据,可见这些域外理论学说在我国司法实践中亦存在一定的适用空间。具体来说,在美高案中,法院采纳了"控制或指挥"标准并认定:美高公司通过广告终端机实现部分步骤,并且控制中央服务器再现其他步骤,导致了方法权利要求的所有步骤流程被完整再现,即美高公司构成使用涉案专利方法。显然,广告终端机与中央服务器存在合作或协议关系,因此符合"控制或指挥"

---

❶ 参见:*Crowell v. Baker Oil Tools*,*Inc.*,143 F. 2d 1003(9th Cir. 1944);*Mobil Oil Corp. v. W. R. Grace & Co.*,367 F. Supp. 214(D. Conn. 1973);*Faroudja Labs.*,*Inc. v. Dwin Elecs.*,*Inc.*,No. 97 - 20010 SW,1999 U. S. Dist. LEXIS 22987(N. D. Cal. Feb. 24,1999)。

❷ 参见:*BMC Res.*,*Inc. v. Paymentech*,*L. P.*,498 F. 3d 1373(Fed. Cir. 2007)。

❸ 参见:*Intellect Wireless*,*Inc. v. Sharp Corp.*,45 F. Supp. 3d 839,2014 U. S. Dist. LEXIS 73653;*IBM v. Booking Holdings Inc.*,775 Fed. Appx. 674,2019 U. S. App. LEXIS 15119,2019 WL 2207450。

❹ 参见:*Muniauction*,*Inc. v. Thomson Corp.*,532 F. 3d 1318(2008)。

❺ 参见:*Akamai Technologies*,*Inc. V. Limelight Networks*,*Inc.*,134 S. Ct. 2723(2014);*Akamai Technologies*,*Inc. v. Limelight Networks.*,797 F. 3d 1020(2015)。

❻ 参见:*Akamai Technologies*,*Inc. v. Limelight Networks*,797 F. 3d 1020(2015)。

❼ 罗睿,姜萌,周莎莎. 多主体专利侵权"不可替代的实质性作用"规则的适用条件研究:再评敦骏公司诉腾达公司案[EB/OL]. [2022 - 12 - 15]. http://news.zhichanli.cn/article/9898.html.

❽ 参见:最高人民法院(2019)最高法知民终 421 号民事判决书。

标准。而在腾达案中，用户与路由器制造商之间也不存在协议合作或协议关系，无法达到"控制或指挥"标准。笔者认为，在侵权判定标准中，"控制或指挥"标准比"不可替代的实质性作用"的认定标准更高。

三、多主体实施的方法专利的撰写启示

尽管上述司法案例似乎暗含我国司法主体有意降低多主体实施的方法专利的维权难度的意图，但是举证难、周期长、赔偿低、成本高等难题依然使专利权人面临巨大挑战。单纯寄望于法院在司法实践中的灵活操作亦不是长久之计。因此，从申请人的自身角度出发，提高申请的撰写质量以更好地维护自身的权利才是需要关注的重要方面，而上一部分中的司法案例的新趋势也给我们带来了有用的新启示。

1. 单侧撰写是不二选择

首先，在撰写方法权利要求时，尽可能选择单侧撰写的方式，即在撰写专利权利要求的过程中仅以单侧设备作为实施主体进行描述。也就是说，方法权利要求仅涉及该单侧设备要执行的步骤。以腾达案的涉案专利的权利要求1为例，可以试图从接入服务器的角度来改写该权利要求，例如：

一种由接入服务器访问门户网站的方法，其特征在于，包括：

A. 接入服务器的底层硬件直接向"虚拟Web服务器"提供第一个上行HTTP报文，所述第一个上行HTTP报文是在门户业务用户设备未通过认证前生成的，其中该"虚拟Web服务器"功能由接入服务器的高层软件的"虚拟Web服务器"模块实现；

B. 由该"虚拟Web服务器"虚拟成用户要访问的网站与门户业务用户设备建立TCP连接，"虚拟Web服务器"向接入服务器底层硬件返回含有重定向信息的报文，再由接入服务器底层硬件按正常的转发流程向门户业务用户设备发一个重定向到真正门户网站Portal-Server的报文。

在以上改写中，直接删除了原本由用户设备执行的步骤C。笔者认为，多侧到单侧的权利要求改写需注意以下两点。其一是紧紧围绕发明点来确定独立权利要求中要包括的必要步骤。在该例中，基于发明的主要改进点在于在接入服务器的高层软件加入虚拟服务器模块来实现"虚拟Web服务器"，逐条判断分析原权利要求1中的步骤A至步骤C（以及可能的权利要求1中未包括但在说明书中记载的方法步骤），并最终确定权利要求1中要包括的必要步骤。其二是以多主体之中最重要的主体为切入点，转换原本步骤的逻辑方向进行描述。在该例中，以最有可能被侵权行为人提供的实施主体（例如接入服务器）为切入点来撰写权利要求。此外，在《专利审查指南2010》允许"介质+计算机程序流程"的权利要求的情况下，在方法权利要求后跟随介质是有必要的。使用介质一般包括将介质固化到产品设备中。

2. 不适用单侧撰写情形的可用选项

当单侧撰写无法实现或不适用时，可以从实施方法专利各主体的属性角度来考虑权利要求的撰写方式。

（1）强调前因行为对后果行为的发生存在"不可替代的实质性作用"

当技术方案中存在不以生产经营为目的的主体时，可以最高人民法院提出的"不可替代的实质性作用"作为参考来撰写方法步骤。强调潜在侵权人所实施的方法步骤在整个方法专利实现过程中所起的作用，增加潜在侵权人所实施的原本不构成专利侵权的方法步骤（前因行为）和不以生产经营为目的的主体（例如普通消费者或用户）所实施涉嫌侵权的方法步骤（后果行为）之间的因果关系，或者增加前因行为导致后果行为的必然性程度，以期达到对全面覆盖原则的实现起到了"不可替代的实质性作用"的程度。同时，增加不以生产经营为目的的主体所实施的涉嫌侵权的方法步骤客观性，减轻其中能体现主体的主观意图的内容。以腾达案为例，其中不以生产经营为目的的主体为用户，用户购买路由器之后的正常操作就是在按说明书的指示配置和操作路由器。应尽量客观地描述用户执行的方法步骤，例如能够被机械地重复、未体现用户的主观意志、任何主体在特定应用场景下都能够执行的步骤。

（2）保留存在协作关系的多个主体之间的交互

当技术方案中存在相互之间具有协作关系（例如，代理加工、委托加工等）的多个主体时，可以参考美国法院提出的"控制或指挥"标准这一学说来撰写方法权利要求。仍然以西电捷通案为例，笔者认为权利要求1被撰写成由无线接入点AP和认证服务器AS这两个主体实施的专利方法亦是一种选择，因为无线接入点AP和认证服务器AS来自同一制造商的可能性非常大，或者无线接入点AP和认证服务器AS各自的制造商之间存在合作协议（例如，代理生产、委托生产）的可能性非常高，而使得这两个主体具有极高的可能性符合"控制或指挥"标准，从而能够借用"控制或指挥"标准来认定侵权事实和侵权行为的存在。

四、结　语

笔者分析了西电捷通案和腾达案，认为我国司法实践在多主体实施的方法专利的侵权认定中，就举证责任和侵权事实的认定方式而言存在一定的变化，并且"控制或指挥"标准等域外学说在我国司法实践中亦存在适用空间。据此笔者提出了相应的权利要求撰写启示，即单侧撰写无法实现或不适用时，可以从实施方法专利的各主体的属性角度来考虑权利要求的撰写方式，强调前因行为对后果行为的发生存在不可替代的实质性作用或者保留存在协作关系的多主体之间的交互。

不应将外领域对比文件确定为最接近的现有技术

——最高人民法院案例分析及对《专利审查指南2010》的修改建议

徐敏刚[*] 王小东[*]

【摘 要】

在应用"三步法"进行创造性判断中,将外领域对比文件确定为最接近的现有技术会导致无法合乎逻辑地确定技术问题及论证技术启示,司法裁判也无法有效说理。笔者基于理论分析并结合最高人民法院案例的分析,建议修改《专利审查指南2010》,杜绝在"三步法"中将外领域对比文件确定为最接近的现有技术。若有例外,应另行规定。

【关键词】

创造性 审查指南 最接近的现有技术 技术问题 技术启示

本文以下引用的《专利审查指南2010》的小节均在第二部分第四章中。

---

[*] 作者单位:北京三友知识产权代理有限公司。

问题的提出

第3.2.1.1节的"三步法"中关于确定最接近的现有技术（以下简称"对比文件1"）规定：

最接近的现有技术，例如可以是……，或者虽然与要求保护的发明技术领域不同，但能够实现发明的功能，并且公开发明的技术特征最多的现有技术。

然而，这种允许将技术领域不同（以下简称"外领域"）的现有技术作为对比文件1的规定却会令后续的技术问题和技术启示的判断无法合乎逻辑地进行，实践中成为审查员或无效宣告请求人规避对技术启示的分析和证明的"捷径"，对于申请人或专利权人来说非常不公，却又求告无门。

虽然该规定的最后提到"应首先考虑技术领域相同或相近的现有技术"，但这种建议性用语在实践中没有任何约束力，申请人或专利权人无法以其作为争辩理由。

应当说明，外领域对比文件虽然不应作为对比文件1，但可以也只能作为技术启示、技术手段来使用，这也符合第2.4节关于本领域技术人员能够从外领域寻找技术手段的规定：

如果所要解决的技术问题能够促使本领域的技术人员在其他技术领域寻找技术手段，他也应具有从该其他技术领域中获知该申请日或优先权日之前的相关现有技术、普通技术知识和常规实验手段的能力。

例如，在第4.4节"转用发明"提到的潜艇副翼的示例中，本领域的潜艇显然是改进对象，外领域的飞机主翼提供的是改进的技术启示、技术手段，而不是改进对象。

以下以"三步法"的内部逻辑关系并结合案例具体阐述上述观点。

一、《专利审查指南2010》为避免"事后诸葛亮"所作的努力

创造性判断的前提是承认现有技术中不存在本发明的方案，考察的是本领域技术人员是否有动机结合不同现有技术而得到本发明，因而必然带有大量主观因素。由于不同人存在立场、技术背景等多方面的差异，很容易陷入"公说公有理，婆说婆有理"的境地。

为了如第6.2节指出的"减少和避免主观因素的影响"，避免"事后诸葛亮"，《专利审查指南2010》采取了两方面措施：

（1）设置了虚拟的"本领域技术人员"的概念，其既不知晓本发明的方案，也没有创造能力，因而不能将其具体化为发明人、审查员、代理人、侵权

人或任何实际的技术人员。如第 2.4 节所指出的，设定这一概念的目的，在于统一审查标准，尽量避免审查员主观因素的影响。

（2）将技术问题/技术效果摆在突出的核心位置，并贯穿创造性判断"三步法"的始终。也就是说，包含主观因素的创造性判断必须回答这样的问题：不知晓本发明方案的本领域技术人员为何会进行上述组合、运用，他是出于怎样的动机。

全面理解"三步法"后能够得到的合乎逻辑的答案是：本领域技术人员在对比文件 1 的基础上结合其他技术手段的主观目的当然不是得到其并不知晓的本发明，而是解决对比文件 1 中存在的技术问题，获得更好的技术效果。

二、贯穿"三步法"始终的"技术问题"的逻辑性

对于技术问题，"三步法"包括了以下（1.1）~（3.2）共五个方面的规定。

在第一步中即考虑技术问题和技术效果：

（1.1）"最接近的现有技术，例如可以是……所要解决的技术问题、技术效果或者用途最接近……。"

第二步的核心是根据技术效果确定技术问题：

（2.1）"发明实际解决的技术问题，是指<u>为获得更好的技术效果</u>而需<u>对最接近的现有技术进行改进</u>的技术任务。"

（2.2）"应当根据审查员所认定的最接近的现有技术重新确定发明实际解决的技术问题……作为一个原则，发明的任何技术效果都可以作为重新确定技术问题的基础，只要本领域的技术人员从该申请说明书中所记载的内容能够得知该技术效果即可。"

第三步确定是否存在技术启示的核心依然是技术效果/技术问题：

（3.1）"现有技术中是否给出将上述区别特征<u>应用到该最接近的现有技术以解决其存在的技术问题</u>（即发明实际解决的技术问题）的启示，这种启示会使本领域的技术人员在面对所述技术问题时，有动机<u>改进该最接近的现有技术</u>并获得要求保护的发明。"

（3.2）在可认为存在技术启示的三种情况中，需同时满足技术手段公开以及该手段在现有技术和本发明中作用相同这两方面的标准。

笔者仅讨论结合对比文件 1、2 评价创造性的情况。

分析上述规定可得出以下结论。

第一，由于比较对象的不同，在（2.2）中重新确定的技术问题很可能不同于（1.1）中的说明书中描述的技术问题，否则也就没有必要"重新"确定了。

第二，从（2.1）、（3.1）可知，相对于"最接近的现有技术"不是"更好的技术效果"是不能作为确定技术问题的基础的。同样，对比文件已解决的技术问题当然也不能被确定为"发明实际解决的技术问题"。

第三，关于"更好的技术效果"，第 3.2.2 节第（1）项举例为"质量改善、产量提高、节约能源、防治环境污染等。"可见，区别特征或技术手段本身不是"技术效果"，更不是"更好的技术效果"。

第四，（2.1）、（3.1）明确指出，对比文件 1 是改进对象，而对比文件 2 提供改进手段、技术启示，将改进手段应用到改进对象中而获得更好的技术效果。

第五，判断对比文件 2 是否给出技术启示需要同时满足手段本身及其在本发明中的作用都被公开这两个方面。这是因为创造性判断中并不存在技术手段相同则效果相同的原理和判断逻辑。恰恰相反，技术手段本身能够起到的作用是不确定的，只有在具体完整的技术方案中与其他特征相互配合才能发挥特定作用。

对此，第 6.4 节还特别指出："创造性的判断，应当针对权利要求限定的技术方案整体进行评价，即评价技术方案是否具备创造性，而不是评价某一技术特征是否具备创造性。"

曾有观点认为，判断技术启示时不应只看技术手段在对比文件 2 中的作用，本领域技术人员会考虑该手段在现有技术整体中能够起到的作用。但是，这种观点显然与（3.2）相悖，使得创造性判断变成特征的简单拼凑，因为审查员或无效宣告请求人只需找到公开了技术手段的对比文件 2，并断言其在本申请中的作用在现有技术整体中是公知的即可，导致上述"减少和避免主观因素的影响"的努力和措施沦为一纸空文。

三、将外领域对比文件作为对比文件 1 会导致无法合理确定技术问题、无法判断技术启示

（1）如果外领域的对比文件 1 "能够实现发明的功能，并且公开发明的技术特征最多"，与本发明的区别主要在于技术领域，则据此重新确定的"技术问题"就只能是如何将对比文件 1 应用于本领域的对比文件 2，或如何确定技

术领域。但技术领域本身显然并非技术效果，甚至不是技术手段，因而基于技术领域确定技术问题既不符合"三步法"的规定，也不合逻辑。

上面提到的潜艇副翼的例子中，技术问题并不是如何确定飞机主翼的应用领域，而是如何改善潜艇的升降性能，其实质是借用外领域的技术手段来解决本领域中的技术问题。

（2）既然对比文件1本身并不存在能够合理确定的技术问题，而只是应用到本领域的对比文件2，那么它就只是解决对比文件2的技术问题的改进手段而非改进对象。

由此，即使将对比文件1转换领域应用到对比文件2后获得了技术效果，该技术效果也与对比文件1本身无关，不是针对对比文件1进行的改进，最终也没有使对比文件1获得更好的技术效果，从而与规定（2.1）~（3.2）完全不符。换言之，既然对比文件2是改进对象，那么就应当将对比文件2作为最接近的现有技术，这样后续论证才可能符合规定（2.1）~（3.2）。

而且，本领域技术人员从本申请说明书中所记载的内容也不可能得知"领域转换"这样的"技术效果"。即使是潜艇副翼这样的借用发明，说明书的撰写也会是以现有潜艇为基础提出其在水中升降不便的问题，而不会以飞机为基础而提出需将飞机主翼进行转换领域的"问题"。

相反，如果以外领域的对比文件1强行采用"三步法"进行创造性判断，则必然陷入类似新颖性判断的先拼凑特征，再声称相同方案必然获得相同技术效果的逻辑中，导致"事后诸葛亮"。

（3）第4.4、4.5节规定的"转用发明"和"已知产品的新用途发明"涉及的只是发明本身的类型。即，发明本身是"转用"或"新用途"类型，而不是用"转用"或"新用途"的概念来判断创造性。

而且，第4.4节的所谓"转用发明"应当是"借用发明"，因为实际考察的应当是能够从外领域寻找技术手段的"所属技术领域的技术人员"基于本领域的现有技术是否能借用外领域的现有技术来解决本领域的技术问题，而不是本领域技术人员是否能将本领域的现有技术莫名其妙地转用到外领域。

因此，在该节潜艇副翼的示例中，对比文件1应当是现有的具有水平舱的潜艇，要解决的技术问题应当是如何改善潜艇的升降性能，而不应将飞机作为对比文件1去解决如何将飞机主翼转用到其他领域的"问题"。

四、三个案例

虽然上面提到以外领域的对比文件1进行"三步法"判断会陷入无法合理确定技术问题和技术启示的困境，但某些审查员甚至是合议组却认为这是降低技术启示分析难度，避开论证技术手段的作用是否相同的"捷径"。

近年来很多无效宣告请求人也发现了这条"捷径"，而且这样的结合方式还能得到合议组直至最高人民法院的支持，但这对在申请、维权中花费了大量成本的专利权人来说无疑是非常不公平的。

篇幅所限，本文仅对第3个案例进行详细分析。

1. 涉案申请：200610003329.9

第一次复审请求审查决定（第44185号）以外领域的对比文件4作为最接近的现有技术，结合相近领域的对比文件2及公知常识的断言维持了驳回决定。在北京市第一中级人民法院撤销第一次复审请求审查决定后，第二次复审请求审查决定（第85791号）仍以相同的方式维持了驳回决定。

之后，申请人提交了分案申请：201210377015.0。在第二次审查意见通知书及驳回决定中，审查员以本领域的对比文件3作为最接近的现有技术，而且相比而言，对比文件3公开的特征也最多。

然而，复审请求审查决定（第115188号）却没有引用公开特征最多的本领域的对比文件3，而是改以均为外领域的对比文件1、2和公知常识的断言维持了驳回决定，对于申请人关于技术领域、技术问题的争辩不予回应。

可见，即便检索到公开技术特征最多的本领域对比文件，为了降低否定创造性的难度，合议组也可能倾向于选择外领域的对比文件作为对比文件1。

2. 涉案专利：ZL03826179.0（CN1759242B）

无效宣告请求人以外领域的证据1作为最接近的现有技术提出了第一次无效请求，在合议组的"指导"下，又改以本领域的证据2作为最接近的现有技术提出了第二次无效宣告请求。在此基础上，合议组作出了无效宣告请求审查决定（第33181号）。

可见，即便用本领域证据作为最接近的现有技术也可能否定创造性，无效宣告请求人也认为用外领域证据作为最接近的现有技术更便于论述。

然而，尽管最接近的现有技术的确定没有问题，在后续的诉讼中也得到了各级法院的支持，但该无效宣告决定依然在技术问题的确定、技术启示的判断，以及公知常识的论述等方面存在重大缺陷乃至常识性错误。篇幅所限，笔者将另行撰文评述。

3. 涉案专利：ZL201210342112.6（CN102995185B）

合议组以外领域的证据1作为最接近的现有技术作出了无效宣告请求审查决定（第35873号），并在后续的诉讼中得到了各级法院的支持。

涉案专利的权利要求1为：

一种用于捻线机或翼锭式多股捻绳机的工位的喂纱装置，所述工位为了在外纱线中产生纱线张力而具有工位自身的纱线制动器，其特征在于，<u>该喂纱装置（13）是能够加装的补充组件（12）的组成部分，并且该补充组件（12）能够被固定在相邻工位（2）的壁（24，25）上</u>，并具有两个能够被单独控制的驱动装置（27A，27B），在这两个驱动装置上分别连接有一个用于对外纱线（5）施加作用的纱线摩擦轮（14）。

捻线机是将两股纱线捻成一股的纺机，具体是将外纱线形成气圈围绕内纱线旋转进行捻合。而对于气圈张力控制则有①被动的"纱线制动器"（前序部分）和②更节能的主动控制器［特征部分中的"驱动装置（27A，27B）"连接的"纱线摩擦轮（14）"］之分。

主、被动控制器本身都是公知的，该专利要解决的问题是如何对仅有被动控制器的老式捻线机以低成本加装主动控制器的方式进行节能改造。

捻线机的加工只是将两股线捻成一股，因此包括若干相邻的彼此独立的工位。该专利的技术构思是将包括两个主动控制器的双联喂纱装置固定在相邻工位（2）的壁上，从而无须改变各工位本身的结构就能同时对两个工位进行节能改造。

外领域的证据1涉及具有多个织点的针织机，公开了双联主动喂纱装置。本领域的证据2涉及具有被动控制器的捻线机。决定认为证据2给出了将证据1的喂纱装置应用到捻线机的技术启示，而其他区别特征都是公知常识。

然而，证据1的针织机与捻线机差别甚大。

首先，针织机处理的若干根线都是针对同一针织产品，因此没有划分为多个相同的、独立的工位，或者说只有一个工位。

其次，针织机不存在捻合处理所涉及的气圈及其控制，其喂纱装置控制的只是织点的纱线供给量而非纱线张力。

因此，双联装置在证据1中既不是装在不存在的相邻工位的壁上，也与气圈控制及相应的节能效果无关。

决定认为证据1与该专利的区别仅在于捻线机的应用领域和对气圈进行张

力控制的基本功能,而证据2公开了用于对捻线机的气圈进行张力控制的喂纱装置,给出了将证据1的主动喂纱装置应用到捻线机以实现对气圈进行张力控制的技术启示。

然而,如以上理论分析所指出的,这样的认定从"三步法"的角度看无论从逻辑上还是从技术实质上看都是完全混乱的:

(1)改进对象不是证据1,不符合(2.1)、(3.1)的规定;

(2)作为改进对象的证据2却给了改进自己本身的"技术启示";

(3)无法指出本领域技术人员出于怎样的动机将证据1的喂纱装置应用到证据2;

(4)退一步说,就算主动喂纱装置在证据1中也有节能的作用,而且也不考虑其控制对象是否是气圈,但这并没有超出该专利所基于的现有技术。

证据1采用双联结构的目的是使得结构紧凑,因为针织机可包括多达上百个织点,采用双联结构可减少一半的安装点,但在包括若干独立工位的捻线机中却不存在这样的问题,将喂纱装置装在相邻工位的壁上而不是工位内部,对于捻线机的结构来说反而是不紧凑的。

可见,如果以证据2作为最接近的现有技术,虽然可以合乎逻辑地采用"三步法"评价创造性,但却难以论证证据1存在技术启示。即便能够论证二者结合能实现节能改进,但证据1双联结构的作用与该专利不同,对于"相邻工位(2)的壁"这样在证据1中根本不存在的安装位置更不可能公开或教导。

因此,决定以证据1作为最接近的现有技术,则虽不合理但却合法地避开了技术问题、技术效果、技术启示等"麻烦"的论证过程,甚至在评述过程中根本没有提到具体的技术问题,而这却是"三步法"的核心。对于没有公开、同时也是发明点的安装位置的特征,决定仅以"常规设置"进行敷衍。

专利权人在庭审过程阐述了上述观点,并明确指出区别特征的技术效果是实现旧机器的低成本节能改造。

但遗憾的是,最高人民法院(2019)最高法知行终207号判决书对此没有给出针对性回应,尤其对于技术效果/技术问题同样选择了回避,而仅笼统指出:

本领域技术人员根据实际需要将能够加装的喂纱装置使用到不同的纺织机械上,是一种常规选择,并不存在难以克服的技术障碍;

(专利权人/上诉人)在二审过程中对于本专利权利要求1所保护的喂纱

装置与证据1公开的喂纱装置的其他区别特征是否能够给权利要求1带来创造性……并未提出实质上诉理由，本院对其他区别特征……不再予以评述。

显然，若判决对专利权人提出的技术问题/技术效果进行任何回应/评述，则都会显示将证据1作为最接近的现有技术无法应用"三步法"作出合乎逻辑的判断。

五、对于《专利审查指南2010》的修改建议

（1）从以上分析可以看出，现有规定形成了规避技术问题和技术启示论证的漏洞，不仅成为审查员、合议组用以驳回看似"简单"的申请但又找不到有力证据时的"审查手段"，而且也成为侵权人提出无效宣告的有利"武器"，对于申请人或专利权人来说非常不公却又求告无门。

因此，建议删除第3.2.1.1节"（1）确定最接近的现有技术"中的"或者虽然与要求保护的发明技术领域不同，但能够实现发明的功能，并且公开发明的技术特征最多的现有技术。应当注意的是，在确定最接近的现有技术时，应首先考虑技术领域相同或相近的现有技术"。

也就是说，对比文件1的技术领域必须与本发明相同，外领域的对比文件可作为提供改进手段、技术启示的对比文件2。这样，无论是审查员/合议组的评述还是申请人/专利权人的争辩都能够按照"三步法"的规定作出有逻辑的表述，也符合本领域技术人员能从外领域寻找技术手段的规定，对于申请人/专利权人和公众都更加公平。

需要说明的是，由于笔者主要从事机电领域的专利代理工作，对于上述观点是否适用于化学领域不敢妄言。但即使有例外也应另行规定，这样也符合《专利审查指南2010》的现有体例。例如，《专利审查指南2010》将化学领域发明的特殊性以单章规定（第二部分第十章）。

（2）如以上第三部分第三点所述，第4.4节的"转用发明"应改为"借用发明"，以明确改进对象应当是本领域的现有技术，而外领域的现有技术是且只能是借用的技术手段。

用外观设计专利和发明专利来保护人机交互的发明创造

张启程* 张 琛*

【摘　要】

　　图形用户界面（GUI）是人机交互的重要工具。涉及人机交互的发明往往与 GUI 相联系。与 GUI 相关的人机交互发明往往涉及界面图形改进与软件产品改进的联动。笔者从一个示例出发来探讨如何通过外观设计专利和发明专利来对人机交互的发明进行保护。

【关键词】

　　图形用户界面　发明专利　外观设计　人机交互

随着互联网技术、智能技术和通信技术的飞速发展，带有屏幕的电子产品，比如手机、笔记本、智能电视等已经成为人们生活和工作的必需品。甚至有人说，今天人们每天看到的事物大多是通过屏幕来进行虚拟呈现的。这使得人们对于人机交互越来越关注，而 GUI 是人机交互的重要工具，也越来越受到知识产权界的重视。在 2014 年《专利审查指南 2010》增加了 GUI 作为外观设计专利的保护客体之后，每年都有为数众多的 GUI 外观设计申请递交到专

---

* 作者单位：中科专利商标代理有限责任公司。

利行政部门。在 2021 年 6 月 1 日的《专利法》修正案施行后，由于中国专利实践对于局部外观设计的认可，GUI 外观设计专利再次成为热点。与此同时，随着新业态的发展，涉及软件的发明专利申请也越来越多地得到了鼓励。事实上，涉及 GUI 的发明不仅仅可以通过外观设计专利来进行保护，也可以通过发明专利来进行保护。笔者将从一个示例出发来探讨在实务中应当如何利用这两种类型的专利来保护涉及 GUI 的发明。

一、GUI 外观设计专利的特点

从广义上讲，GUI 是一种人与计算机通信的界面显示格式，允许用户使用鼠标等输入设备操纵屏幕上的图标或菜单选项，以选择命令、调用文件、启动程序或执行其他一些日常任务。❶ 在今天的电子产品中几乎或多或少地采用了 GUI 作为人机交互接口。国家知识产权局第 328 号公告明确将涉及 GUI 的产品外观设计定义为，产品设计要点包括 GUI 的设计。也就是说，在中国《专利法》的体系下，GUI 的外观设计专利还是要以产品为基础的。GUI 外观设计专利与其他的外观设计专利最大的差别在于其保护的是虚拟的图案。虽然 GUI 外观设计专利必须以产品为载体，但是实际上在很多情况下，GUI 外观设计的核心都在于 GUI 的图形本身，而 GUI 的图形其实是由软件来产生的，而往往并非由硬件产品的制造者来制作的。因此，GUI 外观设计专利与软件的关联往往实质上是大于与硬件产品的关联的。特别是，在实践中，当 GUI 外观设计专利中除 GUI 之外的部分（例如显示器的边框等）为惯常设计时，GUI 外观设计专利实质上是与硬件产品的外观相脱离的。或者说，虽然计算机软件产品并非 GUI 外观设计的保护客体，但是 GUI 外观设计实际上提供了一种能够从一个独特的角度间接保护计算机软件产品的途径。

二、利用外观设计专利来保护与 GUI 相关的发明的具体示例

在国家知识产权局专利局复审和无效审理部发布的 2020 年度专利复审无效十大案件中包括了一件涉及 GUI 外观设计专利的无效案件。该案件涉及国家知识产权局第 44582 号无效宣告请求审查决定，涉案专利的名称为"用于移动通信终端的图形用户界面"，专利号为 ZL201830455426.5。在该案件的审查决定中，国家知识产权局专利局复审和无效审理部对于 GUI 外观设计专利保

---

❶ 刘芳. 图形用户界面外观设计专利侵权认定研究［D］. 长春：吉林大学，2020.

用外观设计专利和发明专利来保护人机交互的发明创造

护范围的界定以及静态 GUI 设计和动态 GUI 设计的判断思路等都给出了具有指导意义的观点。在本文中，笔者将以该案件中所涉及的动态 GUI 设计为例，讨论采用 GUI 外观设计专利和发明专利两者对涉及 GUI 的软件发明进行保护的不同特点，从而为在专利代理实践中如何更好地采用不同类型的专利来对涉及 GUI 的软件发明进行保护提供思路。

  在该涉案专利中，一共包含 10 个外观设计，其中设计 1 至设计 7 是静态 GUI 设计，设计 8 至设计 10 为动态 GUI 设计。在无效宣告请求审查决定中，设计 1 至设计 7 被宣告无效，而设计 8 至设计 10 被维持有效。图 1 给出了涉案专利设计 8 的主视图界面以及各个界面状态变化图。根据涉案专利所列出的视图以及简要说明中的内容可以知道，设计 8 中的主视图界面包括靠近中间位置左侧从左至右设置的双重线条的进度条，进度条右侧有三个金币图标。在进度条上面有一个留白区（从界面使用状态参考图中可以看出是图像显示区），在进度条下面有一个输入区。用户可以在输入区中点击键盘。当用户连续点击输入区时，界面上可以依次呈现图 1（b）至图 1（d）的变化。界面变化的要素包括进度条的填充部分从左向右的伸长和三个金币图标被从左至右逐步点亮。

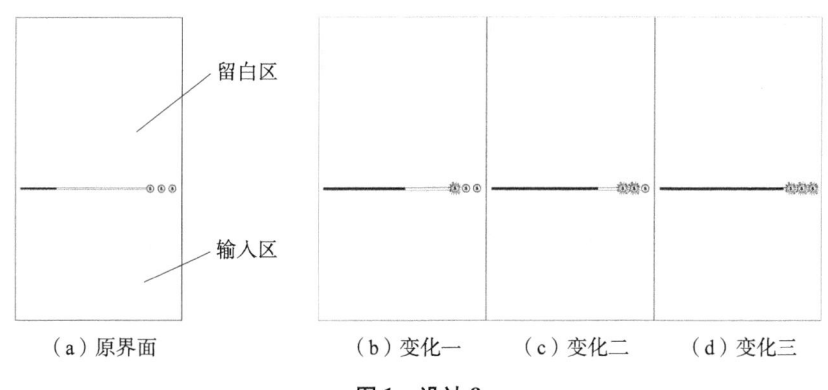

（a）原界面　　（b）变化一　　（c）变化二　　（d）变化三

图 1　设计 8

  图 2 给出了涉案专利设计 9 的主视图界面以及各个界面状态变化图。设计 9 与设计 8 的区别在于进度条灰黑过渡区有几个爆炸性细点。图 3 给出了涉案专利设计 10 的主视图界面以及各个界面状态变化图。设计 10 与设计 9 的区别在于输入区中显示出了键盘的图案并且增加了一个界面状态变化，即在进度条被填满且金币均被点亮之后，在界面上会出现一个弹出框。在该外观设计专利

— 175 —

的设计 8 至设计 10 中，通过要素的增减构造了动态 GUI 不同的相似设计。这种方式也表明了在涉及 GUI 的外观设计专利中，也可以在一件专利申请中通过增加要素来布局不同的保护范围。这种思路与发明和实用新型专利申请中撰写从属权利要求的方式在构思上有些相似。

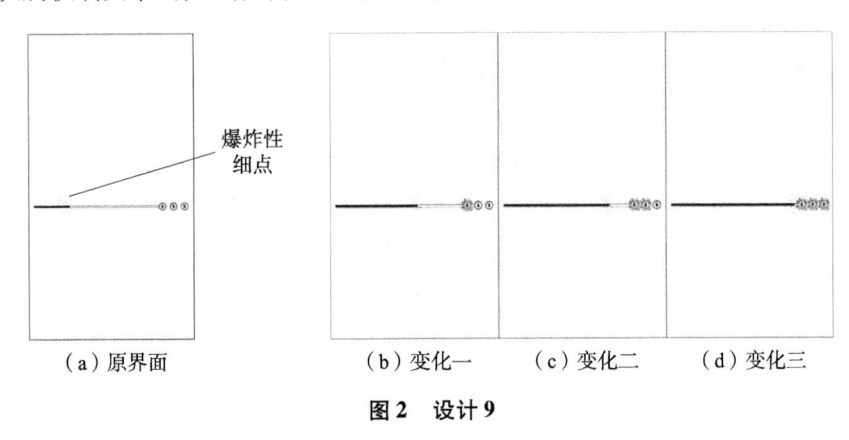

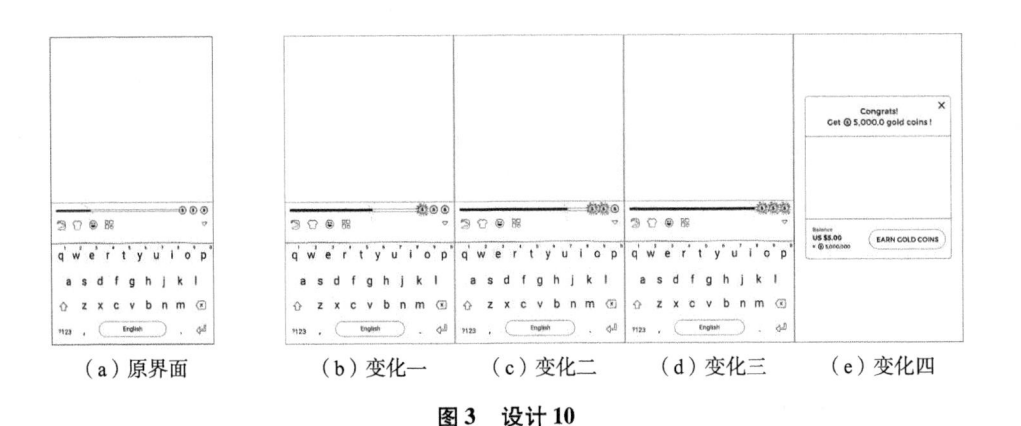

（a）原界面　　（b）变化一　（c）变化二　（d）变化三

图 2　设计 9

（a）原界面　　（b）变化一　（c）变化二　（d）变化三　（e）变化四

图 3　设计 10

从上面对于涉案专利的介绍可以看出，虽然上述 GUI 外观设计名义上保护图形界面及其变化，但是这些图形界面的区域和变化过程与涉及人机交互计算机软件产品的处理步骤有很清晰的对应关系。这种对应关系结合下一部分给出的用发明专利来保护对应的发明示例可以更清晰地看出。而 GUI 的制造者往往实质上就是制作对应程序的计算机软件产品的制造商。这意味着 GUI 外观设计产品可以提供一种间接地保护涉及 GUI 的计算机软件产品的途径。虽然在实践中对于如何界定计算机软件制造商对于 GUI 外观设计专利的侵权行为的认定存在争议，但是随着《专利法》将部分外观设计专利引入，GUI 外观设计有望从整体产品设计中获得较高程度的独立性，这对于今后 GUI 外观设计专利的专利权人维权将颇为有利。

三、利用发明专利来保护与 GUI 相关的发明的考量

从上述描述中，我们不难发现，GUI 外观设计专利，特别是动态 GUI 设计，不仅依赖于图形本身，而且与用户的使用、人机交互的功能密切相关。而人机交互的过程往往也伴随着技术方案的产生，因此，对涉及 GUI 的发明也可以考虑利用发明专利来进行保护。仍以上面所讨论的涉案专利为例，我们不妨构想一下，如果利用发明专利来对实现上述 GUI 设计的软件产品来进行保护，该如何构建权利要求呢？由于发明专利撰写必须围绕技术方案来进行，因此，涉及软件的发明专利需要抽象成一种方法或装置的主题来撰写。这样的主题可以包括一种包括处理器等的装置、一种显示方法、一种计算机存储介质等。其可以针对 GUI 的人机交互功能的技术要素来构建技术方案。由于发明专利的撰写方式有很多种，笔者在此仅仅给出发明专利独立权利要求的一种简单示例，如下：

一种用于显示信息输入区的点击状态的方法，包括：接收用户在触控屏的信息输入区上的点击输入；检测用户的所述点击输入并对用户的点击进行统计；根据该统计的结果在触控屏上显示进度条和多个指示图标，所述进度条的点亮长度和指示图标的点亮个数与用户的连续点击次数正相关。

上述发明专利的权利要求可以用于解决用户输入特性的采集和直观显示、改进用户体验等技术问题。与 GUI 外观设计专利不同，出于构建技术方案的需要，上述权利要求将人机交互的操作描述为一系列的步骤。而上述"接收用户在触控屏的信息输入区上的点击输入"的步骤和"根据该统计的结果在触控屏上显示进度条和多个指示图标"的步骤与前述 GUI 外观设计中的主界面视图和界面变化状态图具有清晰的对应关系。但该权利要求中也包含了一些没有直接呈现在 GUI 界面上的技术特征，比如步骤"检测用户的所述点击输入并对用户的点击进行统计"。但从实际产品的角度考虑，如果要实现上述人机交互功能，这一检测步骤也是必需的。因此，虽然该 GUI 外观设计专利和上述权利要求的保护范围不尽相同，出发角度也不一样，但从对产品的保护来讲，实际上它们都对实现人机交互功能的产品进行了保护。

将该发明专利的示例性权利要求与上述 GUI 外观设计专利的设计 8、9、10 进行对比，可以发现，这两者的保护范围是有差别的，但都体现了同样的人机交互功能。在上述权利要求中，直接限定了用户基于 GUI 进行的人机交互操作作为技术特征。而 GUI 外观设计专利限定的是 GUI 上的图形以及这些图形伴随着人机交互操作的变化。可以说，如何实现良好的人机交互是基于 GUI 的发明的核心。这两种专利是分别用文字和图形两种语言从不同角度对于人机交互操作进行界定。需要说明的是，对于 GUI 外观设计专利，保护范围以表示在图片或照片中的内容（该产品的外观设计）为准，但其简要说明对于图片或照片内容的解释作用往往要强于不涉及 GUI 的外观设计专利。这是因为人机交互功能和操作仅仅通过图片或照片来表示往往不够清晰和准确，在此情况下，简要说明中对于人机交互功能和操作的解释在对于 GUI 外观设计专利的解读中往往起着至关重要的作用。例如，在上述 GUI 外观设计专利中，简要说明中就包含这样的描述：

……6. 界面说明：界面用于显示进度条，进度条下方区域用于显示键盘，当使用者连续点击键盘区域时可以控制进度条变化；设计 8 及设计 9 的主视图界面中，使用者连续点击进度条下方键盘区域时，可以分别依次呈现出设计 8 及设计 9 的界面变化状态图 1~3；设计 10 的主视图界面中，连续点击进度条下方键盘时，可以依次呈现出设计 10 的界面变化状态图 1~4；设计 10 界面变化状态图 4 中的空白区域用于显示图片或文字等内容。

而在上述无效宣告请求审查决定中，合议组也对于该 GUI 外观设计专利的设计 8 至设计 10 的保护范围给出了如下的认定："可以确定主视图界面为点击键盘之前的输入显示界面，而当连续点击进度条下方键盘区域时则呈现出各个界面状态变化图所示的进度变化界面，二者界面通过连续点击键盘和进度条、金币图标进行关联和变化，结合简要说明可以确定，键盘、进度条、金币图标具有交互功能，并会产生关联动态效果。"

由此可见，上述 GUI 外观设计视觉效果的展现并不仅仅依赖于图形本身，而是依托于人机交互功能和操作。从这个意义上讲，用于直接限定与 GUI 相关联的人机交互操作的发明专利权利要求，也可以对 GUI 的设计进行保护。我们再回到上述示例性权利要求，其中包含的各个要素，例如信息输入区、进度条和指示图标以及所述进度条的点亮长度和指示图标的点亮个数等，与 GUI 设计图形均具有清晰的对应关系。从对产品保护的角度，发明专利可以对 GUI 的图形要素进行上位概括以获得更大的保护范围，还可以在从属权利要求中对于 GUI 的图形要素进行更细致和具体的限定。但在考量发明专利的授权条件（例如专利性）时，重点是围绕技术问题、技术手段和技术效果来进行的，因此，对于比较简单的人工交互操作改进，容易因为创造性不足而被拒绝授予发明专利权。而 GUI 外观设计专利的授权并不需要考量技术方案，因此，对于界面上图形及变化的改进以及所涉及人机交互操作的技术方案比较简单的改进，GUI 外观设计专利授权比发明专利更容易。然而，对于与人机交互相关技术方案的改进较大的方案，发明专利在覆盖范围上要比 GUI 外观设计专利更大，且发明专利因在授权之前需要历经实质审查而权利更为稳定。可见，发明专利在保护涉及 GUI 的发明创造方面也具有自身的优势。

四、结　　语

GUI 本质上是一种人机交互工具的接口，并非一种实体的图形，与计算机软件产品有着与生俱来的联系。与 GUI 有关的发明经常实际上是对人机交互方式的改进。随着新领域、新业态的技术的不断发展，涉及人机交互操作方式的发明不断涌现。优秀的 GUI 设计能够美化人机交互界面，改善用户的操控性和舒适性，增加多种多样的人机交互功能，具有很大的商业价值。

专利服务行业的从业者，不论是专利代理师还是企业的专利顾问，一项重要的工作就是从技术革新中发掘可以被固化成知识产权的创新成果来进行加工，以通过发明专利、外观设计专利、实用新型专利等形式工具来加以保护。GUI 外观设计专利为人机交互的电子产品提供了一种有利的保护途径。特别是，2021 年 6 月 1 日施行的《专利法》修正案已经将局部外观设计纳入外观设计专利的保护范畴，这对今后对于 GUI 外观设计专利侵权人的侵权行为认定将大有裨益。

如前所述，GUI 设计的改进往往与产品人机交互方式的改进是相伴相生的。因此，GUI 外观设计专利的运用不应仅仅局限于图案的改进，还应注意到其可以间接地保护涉及人机交互方式改进的发明。由于 GUI 外观设计专利相比于发明专利具有授权快、成本低、授权容易、维权取证简单等特点，因此，GUI 外观设计专利在对于涉及人机交互方式的专利挖掘方面，应当给予更多的重视。另外，当从 GUI 本身出发时，也不应当只局限于考虑外观设计专利，而还应当考量人机交互方式本身的技术方案是否具有新创性，是否可以用发明专利来进行保护。例如，该技术方案可以是 GUI 与底层技术或具体算法的结合。

GUI 外观设计专利和发明专利给电子产品的人机交互方式提供了两种不同角度的保护思路。在面对涉及 GUI 的发明创造时，可以考虑从这两个角度进行多层次的保护。

如何通过制度创新来提高实用新型、外观设计专利质量探讨

周晓东[*]

【摘　要】

　　我国实用新型专利、外观设计专利的审查制度，基于审查效率的考量，采用的是形式审查，加上一直以来注重专利数量的实际情况，这两类专利中垃圾专利、僵尸专利等非常多。这种现状不但浪费了大量的行政、司法资源，而且阻碍了技术创新，与专利制度设计的初衷背道而驰。如何通过行政、司法中的制度设计来提高实用新型专利、外观设计专利的质量，从而节省行政、司法资源，促进技术创新，是一个很有意义的课题。好的专利制度设计，关系到既要体现公平与效率这一法律的基本价值追求，又要体现民法诚实信用这一基本原则。笔者针对实用新型专利和外观设计专利的审查特点和专利质量现状，展开研究和探讨，提出提高专利质量的方法，即从增加授权后的专利权评价报告－撤销程序出发，详细分析新制度的运用方式，最后结合审判实务，提出实用新型专利、外观设计专利的个案认定制度以及恶意诉讼赔偿制度，以冀弥补现有专利制度的不足，实现效率和公平双赢。

---

[*] 作者单位：江苏漫修律师事务所。

【关键词】
　　专利权评价报告　　专利撤销程序　　个案认定　　恶意诉讼赔偿

　　目前，我国的专利制度主要包括专利审查制度、专利无效宣告制度与专利诉讼制度。专利审查制度主要有发明专利实质审查制度和实用新型专利、外观设计专利的形式审查制度。后两类专利还涉及专利权评价报告制度等。而专利无效宣告制度是发明专利、实用新型专利或外观设计专利授权后的一个事后救济程序。因此根据目前的专利制度，对于实用新型专利和外观设计专利而言，公众只能通过授权后的无效宣告制度表达意见、获取救济。对于专利诉讼制度而言，主要体现在专利审理民事、行政二元制，当事人在进行专利侵权诉讼中，涉及专利无效的，通常需要交国家知识产权局审理，往往权利人维权成本高、周期长、维权成功后赔偿力度小。上述几种专利制度彼此独立又相互影响，随着社会的发展，制度很多方面的弊端已日益显现，甚至阻碍了社会创新，违背了专利制度设计的初衷。

一、现有制度的现状及缺陷

（一）专利审查制度中专利权评价报告制度的现状和缺陷

1. 专利权评价报告制度的现状

　　《专利法》第66条第2款规定："专利侵权纠纷涉及实用新型专利或者外观设计专利的，人民法院或者管理专利工作的部门可以要求专利权人或者利害关系人出具由国务院专利行政部门对相关实用新型或者外观设计进行检索、分析和评价后作出的专利权评价报告，作为审理、处理专利侵权纠纷的证据……。"根据《专利法实施细则》第57条的规定，国务院专利行政部门在作出专利权评价报告后，任何单位或者个人可以查阅或者复制。专利权评价报告目前为全方位审查，也即除了新颖性与创造性审查，还涉及是否公开充分、权利要求书是否得到说明书支持等。

2. 专利权评价报告制度的缺陷

　　一方面，目前专利权评价报告在法院适用时只有证据的效力，意义不是很大。另一方面，专利权评价报告的请求主体仅限于专利权人和利害关系人。《专利法实施条例》规定的利害关系人只限于专利许可合同的被许可人。目前大多数的专利许可方都会主动提供专利权评价报告给被许可人，以维持许可合同的稳定性。而对于专利侵权诉讼的潜在被告来说，他们还是不能通过正常渠道来主动申请专利权评价报告。如果专利权人通过恶意申请专利侵占公共资源，其他社会公众除了对这些恶意申请的专利提起无效宣告程序外，没有其他任何救济途径。

（二）现有制度带来的专利质量问题

1. 现有的制度已经无法应对层出不穷的专利质量问题

长期以来，各级政府通过资助的形式鼓励各行各业及个人进行专利申请，我国的专利申请量和授权量一直处于高速增长阶段。由于实用新型专利、外观设计专利不进行实质审查，非常容易授权，因此我国专利的质量，特别是实用新型专利、外观设计专利的质量都很低，有些低质量的专利甚至是申请人通过抄袭现有技术等手段恶意申请获得的。目前的专利制度已经无法应对层出不穷的专利质量问题。有一些企业利用实用新型专利和外观设计专利恶意布局，拿着这些低质量的专利进行恶意诉讼，而对于这种恶意诉讼的情况目前还没有有效的法律可以制约。另外，即便专利权人不提起恶意诉讼，低质量的专利其实是占用了本应该属于社会共有、大家都可以使用的公共资源，违反了公平原则。再者，如果第三人要排除法律风险使用专利的话，只能提起无效宣告程序。专利无效宣告程序涉及国家知识产权局—中级人民法院—高级人民法院等多级程序，这些程序费时、费力、费财。对于没有经过实质审查就授权的实用新型专利和外观设计专利来说，耗费大量的时间和精力去无效和诉讼明显有违公平原则。

2. 市场上还存在很多专利黑代理机构

一些企业为了评高新技术企业而申请专利，本质目的并不是保护技术创新，一些企业则通过申请大量重复的实用新型专利和外观设计专利来申请政府或相关单位的资助。因此，这些企业根本不在乎专利质量。大批量申请专利的背后出现了一些不负责任的专利黑代理机构，这些代理机构往往没有代理机构资质，其内部的工作人员也往往没有专利代理师资格，它们为企业批量"生产"专利，从不在乎专利的质量，利用实用新型专利申请和外观设计专利申请不需要进行实质审查的漏洞，谋取其中的利益，严重破坏市场秩序。目前的制度如果无法管控专利的质量问题，无法遏制黑代理现象，则无意间放任了这些黑代理机构的横行。尽管国家已经在进行专利代理领域的"蓝天行动"，但市场上还是存在很多专利黑代理机构。

二、现有制度改进的建议

(一) 针对实用新型专利、外观设计专利，增加授权后的专利权评价报告－撤销程序

如上文所述，目前实用新型专利、外观设计专利只经过形式审查就可以授权，因此垃圾专利多。低质量的专利严重占用了公共资源，明显有违公平原则和诚信原则。对比笔者提出专利权评价报告－撤销程序，增加授权后的专利行政部门主动撤销程序，此程序与修改后的专利权评价报告制度结合使用。

1. 现有专利权评价报告制度的修改

针对专利权评价报告制度的提出人，建议改成任何第三人。专利行政部门出具的专利权评价报告除了具有证据的效力外，同时也作为专利行政部门主动启动撤销程序的行政依据。也就是说，当专利权评价报告的结果为发现（或部分发现）存在不符合授予专利权条件的缺陷时，由于评价报告此时具有了实质审查的意义（弥补了实用新型专利申请、外观设计专利申请没有实质审查导致的诸多缺陷），专利行政部门可以依职权主动启动已授权的专利（全部或部分）撤销程序。另外，改进后的专利行政部门主动撤销程序是行政决定，因此权利人对撤销决定不服的，可以通过行政复议或行政诉讼（此时专利行政部门为被告）来获得救济。

2. 专利权评价报告－撤销程序的细节

(1) 专利权评价报告的申请

当然，考虑到专利行政部门的审查资源有限，必须限制为对每一件专利任何第三人无论是谁提出都只能提一次，并且为了扼制第三人恶意大量提出专利权评价报告的问题，建议适当提高每份专利权评价报告的收费。另外，考虑到提出专利权评价报告的第三人大多是竞争对手企业，对专利涉及的相关技术一定十分了解，因此，建议可以给第三人一个提供证据的机会（类似发明专利申请实质审查中的公众意见），让其可以在提出专利权评价报告的同时提出。这类证据通常为审查员不会或没条件关注的材料，比如在先公开的行业杂志、行业标准等。

(2) 专利权评价报告的作出

我国《专利法》对申请发明专利的要求是：同申请日以前的现有技术相比，有突出的实质性特点和显著进步；而对申请实用新型专利的要求是，与申请日以前的现有技术相比，有实质性特点和进步。因此，考虑到发明专利和实

用新型专利的创造性标准不同，在审查时应尤其注意实用新型专利权评价报告创造性的审查标准低于发明专利的相关审查标准，因此对创造性的审查要尤其慎重，防止大量实用新型专利因没有创造性而被撤销。

（3）专利权评价报告到撤销程序

专利权评价报告作出的结论除了发送给第三人，还需要发送给专利权人和专利行政部门负责撤销的部门，撤销部门随即作出撤销决定。如果是部分撤销的决定，可以给予专利权人合并权利要求的机会，如果专利权人在规定的期限内不合并的，就直接部分撤销该专利。

3. 专利权评价报告-撤销程序的优点

对于任何第三人而言，这种制度赋予通过一次简易程序审查专利有效性的机会。第三人不需要通过提起无效宣告程序（后期可能还会进入行政诉讼程序）花费大量的人力物力来无效一件专利。最理想的情况下，也许只需要花费一笔申请专利权评价报告的费用并等待2~3个月的时间，就可以撤销掉一件专利。对于任何第三人而言，申请专利权评价报告较之启动专利无效宣告程序，存在省时、省力、省钱的优点。真正有用的专利是经得起专利权评价报告"评价"的，能留下来的专利都是一些有价值的专利，无形中提高了我国专利的质量。另外，如果专利代理机构代理的专利很容易被专利权评价报告否定，那么客户就不会再信赖该代理机构，转而寻找代理质量更高的代理机构合作。从这个角度上来讲，该制度也有助于清理社会上的黑代理、低质量代理，优化专利代理行业的市场风气，同时提高专利代理师撰写专利文件的质量，提高专利代理师的责任感。

该制度从表面上看会增加审查员的工作量，但是一些比较简单的专利也许可以通过该程序直接被撤销，无须再通过无效宣告和法院诉讼程序，节省了国家知识产权局专利局复审与无效审理部开庭的工作量，同时节省了社会公众参加庭审而花费的人力、物力。反过来讲，专利申请人也会更加谨慎地提交专利申请，代理机构会更加注重专利代理质量，在提交专利申请前多做检索工作，低质量的专利少了，审查工作量就会下降。如此良性循环，一方面可以提高我国专利的申请质量，另一方面从整体上来讲，也节省了社会资源。

针对有一些企业恶意将公共资源申请成专利，上述制度有利于让任何作为第三人的竞争对手出面清理专利，维护公共领域的公平正义。这种制度实际上就是把本来需要第三人耗费精力来做的事情转移给专利权人去办。专利权人通过公开换取了一定时期内的垄断，取得该垄断资源是专利权人的权利，如何维系该垄断地位也应是专利权人义务，因此这种制度可以有效扼制垃圾申请，扼制恶意诉讼，平衡专利权人和第三人的权利和义务。

（二）针对实用新型专利、外观设计专利，增加个案认定制度

一件专利侵权民事或行政纠纷案件，如果涉及无效宣告程序，审理的时间会很长，无效宣告程序的各项费用也很高，尤其是无效宣告程序后期还可能涉及行政诉讼。对于没有经过实质审查就授权的实用新型专利和外观设计专利来说，耗费大量的时间和精力去无效宣告和诉讼并不值得。在漫长的专利侵权诉讼中如何才能兼顾效率与公平，笔者认为可以在专利侵权诉讼中增加一项仅针对实用新型专利、外观设计专利的个案认定制度，尤其是针对那些技术内容简单，权利要求的新颖性、创造性辨识容易的专利。具体来讲，就是在专利侵权民事、行政纠纷案件中，将专利是否有效这一行政认定的权力赋予审理这些案件的法院，但法院只能进行个案认定，也就是说，在一定的范围内打破我国专利审理民事、行政二元制的限制，以提高专利纠纷案件的审判效率。当然，每一个方案都不是一蹴而就的。下面笔者针对个案认定制度的试点方案作具体的说明。

1. 从专业的法院、法庭开始试点

这样的制度设计无形中对法官提出了更高的要求，即专利法官不仅要熟悉专利的相关法律法规，而且还要掌握一定的技术知识，相当于还兼了一部分审查员判断专利有效性的工作。好在我们欣喜地看到国家针对知识产权案件正在走审判专业化的道路，从之前的"三审合一"，到几年前在北京、上海、广州设立专门的知识产权法院，到之后在南京、苏州、成都、武汉等设立专门的知识产权法庭，审判专业化的道路越来越完善。希望以后这些法院在招录专利法官的时候，还要增加既懂法律又懂技术的复合型人才，最好是要求这些法官有专利代理师之类的背景。所以笔者的设想是先从这些专门的知识产权法院、知识产权法庭开始试点，因为这些法院、法庭通常都聚集了知识产权方面的专业法官。

2. 从相对简单且易出现无效纠纷的实用新型专利、外观设计专利试点

在专利类型上，可以优先选择实用新型专利和外观设计专利。通常，相对于发明专利而言，实用新型专利和外观设计专利在授权时只是进行了形式性审查。以新颖性、创造性为例，从概率上来讲，这两类专利容易出现不足，即它们的权利稳定性比较差。另外，从司法实践来看，通常侵权人针对上述专利提出无效宣告请求的理由主要集中在专利缺乏创造性上。当然可以从一些技术内

容明显十分简单、权利要求书明显缺乏新颖性或创造性的专利开始试点。刚开始试点时，如果主审法官作出了个案认定的决定，则可以提请审判委员会或庭长审查指导；也可以专门成立个案认定制度指导委员会，专门对该类案件进行业务指导。当然，如果主审法官无法判断某专利侵权案件是否要进行个案认定，也可以提请上述机构或人员进行业务指示，等到该制度趋向于成熟时，再由主审法官个人进行判断。当然，这类案件的涉案专利是否明显缺乏新颖性或创造性的举证责任在于被告，主审法官根据被告提供的证据进行判断。如果被告怠于提供证据的，主审法官没有主动审理涉案专利是否明显缺乏新颖性或创造性的责任，也无须就此作出判定。

3. 专利无效或部分无效的裁判效力仅限于个案

专利无效或部分无效的裁判效力应仅限于个案，法院的个案认定行为并不是对该专利是否有效的行政认定行为，也不及于其他的案件。也就是说，在具体产生纠纷的这个案件中，法官将被告提供的证据材料（形式可以参考当事人在无效宣告程序中提供给国家知识产权局专利局复审与无效审理部的证据材料）作为判断专利有效与否的事实基础，将《专利法》《专利法实施细则》及相关司法解释作为判断的法律基础，来判断被告提供的请求是否为《专利法实施细则》第65条规定的可以申请专利无效宣告的理由，其中主要涉及对涉案专利权利要求创造性的评价。如果法官认为无效宣告理由成立，就在审理专利侵权纠纷中一并认定该专利在该案中无效宣告成立。现实中，由于之前我国片面追求专利的数量，专利的质量，特别是实用新型和外观设计的质量不尽如人意。尽管现在专利申请质量有所改观，但实用新型专利、外观设计专利十年和十五年有效期现状会使质量改观存在滞后性，这也就给个案认定留下了很大的需求空间。笔者思路来源于以往法院针对驰名商标的个案认定。这样做的优点在于：既尊重了国家知识产权局专利局复审与无效审理部对专利无效的行政确认权利，又体现了司法审判的效率。其实，在国家知识产权局专利局复审与无效审理部进行的专利无效宣告的案件中，当事人不服，则最终还是要在法院走行政诉讼程序来确定，因此法院其实具备认定和判断专利是否有效的能力。而且，如果在个案中法官根据被告提供的材料判定专利具有新颖性或创造性的，则被告依然有权向国家知识产权局专利局复审与无效审理部提起无效宣告程序，因此个案认定程序与无效宣告程序也不会产生矛盾或冲突。

（三）增加恶意诉讼赔偿制度

针对恶意诉讼的问题，笔者建议在立法中增加恶意诉讼赔偿制度，以维护公平的市场行为，鼓励真正创新。当然，权利人是否存在恶意的举证责任在于侵权人，比如，侵权人需要举证证明自己因对方的恶意诉讼产生了损失，损失可以包括律师费、交通费、材料费、误工费、产品停止销售带来的损失等。无损失则无赔偿，该制度的启动也应以侵权人受损害为前提。

  关于恶意诉讼损害赔偿程序制度，目前已有许多学者研究并发表论文。就专利侵权诉讼而言，还可能涉及不正当竞争的行为。关于如何判断是否为恶意，举例来说，专利权人明显是在一项技术公开后再去申请专利（比如由自己在先公开），并用该专利提起侵权之诉。由于是专利权人自己已经在先公开，通常来讲具备明知的故意，在这种情况下提起的诉讼就可能会涉及不正当竞争的目的。也就是专利权人明知自己的专利权缺乏新颖性，权利基础不稳定，专利权的效力存在明显的瑕疵，还恶意起诉去骚扰竞争对手，扰乱正常的市场竞争秩序，可以认为达到了恶意诉讼的恶意程度。当然，对于专利权人自己的在先公开这个问题，具体情况仍需要具体分析。比如，由于发明专利、实用新型专利的特殊性，专利权利的保护范围由专利权利要求书记载。如果专利权人只是在先公开了设备的一幅外观图，而该外观图无法涵盖专利权利要求的全部技术特征，则就不能被认为是已经在先公开；但是如果是在先公开了所有视图，且这些视图已经能完整反映所有技术特征，则应认定是明显构成在先公开的情况。其他比如专利权人在申请专利之前已形成在先公开销售、在先公开展出、在先公开发表等，也均可以被认定为专利权人主观上已经知道自己在先公开了。另外，权利人通过抄袭行业标准、本行业通行的技术方案、竞争对手已充分公开并被市场知晓的技术方案等，再去申请专利，并通过该授权专利来进行所谓的维权诉讼，这种情况也可以被认定为恶意诉讼。当然，恶意诉讼的举证责任应该由侵权人来举证。

  因此，增加恶意诉讼赔偿制度，可以有效扼制专利恶意诉讼，从而对减少垃圾专利申请、维护社会公平、促进社会诚信等都会是有益的帮助。

三、专利制度改进的展望

  综上，笔者希望：通过增加实用新型专利、外观设计专利的专利权评价报告－撤销程序，清理实用新型专利和外观设计专利中的低质量专利，为公共领域留下更多更好的东西，同时警醒专利代理师撰写出高质量的专利，优化专利代理行业；通过增加实用新型专利、外观设计专利的个案认定制度提高审判效率，节约司法资源；通过增加恶意诉讼赔偿制度，防止专利权人利用公共资源恶意申请专利并提起维权诉讼，扰乱市场竞争秩序，最终实现效率和公平双赢。这些制度的建立和运行以及相互之间的有效配合，对提高整个社会的专利申请质量、促进社会诚信、提高效率和维护社会公平等方面都将大有裨益。

从诉讼案例浅谈高质量专利

王美健[*]　钱成岑[**]　黄艳福[*]

【摘　要】
　　伴随国内专利申请量的不断增加，专利权人也开始利用专利来保护产品和市场，专利诉讼案件数量呈逐年递增的趋势。很多时候，一些创新高度较高的技术因专利质量不高而无法限制仿冒者，导致专利诉讼或无效的败局；相反，一些创新高度不高的技术却因专利质量较高而获得了较大范围的保护，不仅限制了仿冒者，而且实现了跨领域的保护。笔者将从案例入手探讨专利的高质量问题，以期找寻高质量专利的共通点，并对专利代理师有所启发和借鉴。

【关键词】
　　高质量专利　专利保护　专利诉讼　专利保护范围

一、引　言

　　通常评价专利的质量高低是比较难的，因权利要求与产品是否对应，权利要求保护范围是否合理、是否包含有非必要技术特征，是否存在可替代方案等

---

[*] 作者单位：四川知石律师事务所。
[**] 作者单位：成都九鼎天元知识产权代理有限公司。

原因，在尚未发生仿冒或侵权时，很难被知晓。所以，常以专利诉讼来检验专利的质量。笔者旨在通过专利诉讼案件，分析和梳理出专利质量问题的共性，再分析专利质量问题的原因，找出满足专利诉讼要求的高质量专利的条件，以引导如何撰写高质量专利。

《专利法》第64条第1款规定："发明或者实用新型专利权的保护范围以其权利要求的内容为准，说明书及附图可以用于解释权利要求的内容。"专利保护的核心在于权利要求的内容，因此笔者将用案例来分析权利要求的问题，并分析和探讨专利质量。❶

二、从诉讼案例看专利质量问题

（一）专利技术取证难

在专利诉讼中，判断是否构成专利侵权，需要将被诉侵权技术与权利要求对比，因此在启动诉讼时，需要对被诉侵权技术进行证据固定，俗称取证。

案例一：（2017）川01民初3357号侵害发明专利纠纷案件，该案所涉专利为"一种取消地下室外立面操作通道的施工方法"，如图1所示。

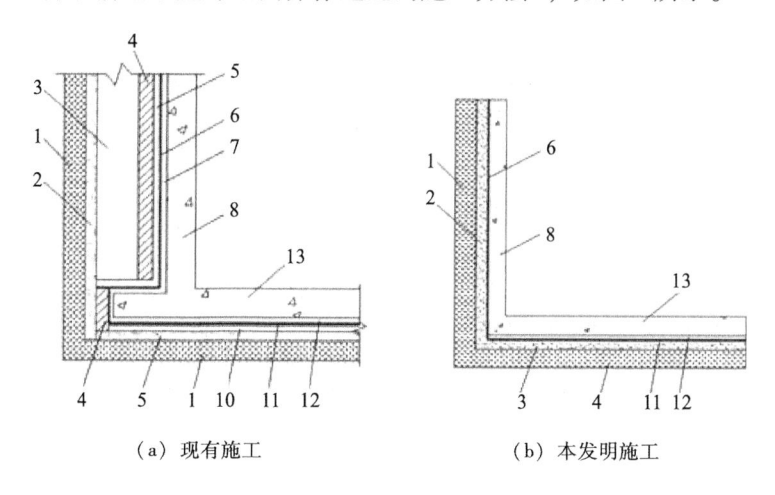

（a）现有施工　　　　　　（b）本发明施工

图1　案例一所涉专利

---

❶ 王敏，王丽，陈亮，等. 浅谈对权利要求保护范围的解释［C］//中华全国专利代理人协会. 2013年中华全国专利代理人协会年会暨第四届知识产权论坛论文汇编第四部分. 北京：中华全国专利代理人协会，2013：6.

涉案专利权利要求 1 为：一种取消地下室外立面操作通道的施工方法，其特征在于：包括以下步骤：（1）施工挖空桩或灌注桩；（2）开挖土石方，在开挖后的基面上喷射混凝土基层，并直接在喷射混凝土基层上施工外立面防水层；（3）施工地下室底板细石混凝土层，在所述细石混凝土层上直接原浆找平；（4）施工地下室底板防水层，整个地下室防水工程全部完成；（5）施工地下室底板防水保护层；（6）铺设地下室底板钢筋；（7）浇筑地下室底板混凝土；（8）铺设地下室外立面及楼面钢筋，地下室外立面不留操作通道；（9）浇筑地下室外立面和地下室楼面的混凝土；（10）拆除地下室内模板和架管，地下室工程土建部分基本完成。

涉案专利为施工方法，包含有"先后顺序"的施工步骤过程。为证明施工方的侵权行为，需要对整个施工过程取证，但基于工地的安全管理，非施工人员无法进入施工场地拍摄，进而更无法取证整个施工过程。因此，在该案中，在特征对比环节时，权利人所提交的证据仅包含部分施工步骤，而并无法完整地证明施工步骤过程，最终致使权利人无法达到预期维权目的。

从该案中不难发现，如果专利保护涉及方法、配方、某次状态或过程时的情形、某些不易被发现的细节，会给诉讼取证或举证带来困难，甚至可能造成最后案件的败诉。

（二）无法确定专利保护范围

在诉讼的技术比对环节，需要将侵权技术与权利要求对比，但前提是要清楚涉案专利的保护范围。若保护范围不清晰，则会导致对比过程无法进行。

案例二：（2019）川 01 知民初 194 号侵害发明专利纠纷案件，该案所涉专利为"一种平面砂布轮"，如图 2 所示。

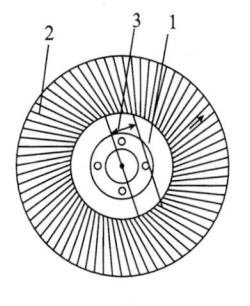

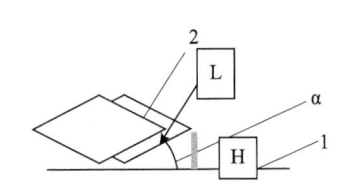

(a) 整体示图　　(b) 砂布片与载体所在平面夹角示意

图 2　案例二所涉专利

涉案专利权利要求1为：

一种平面砂布轮，包括载体（1）和附着在载体（1）上的砂布片（2），其特征在于：所述砂布片（2）与载体（1）所在平面的夹角α符合下述公式，sinα=砂布厚度×片数/内圆周长

其中内圆周长为所述平面砂布轮的内圆周长，砂布厚度指的是单张砂布片的厚度，片数指的是所述平面砂布轮上所附着的砂布片的总片数。

该案审理过程中，法官指出三个问题：

问题1：涉案专利的保护范围不明确，不清楚公式所体现出的具体含义。经代理人解释：<u>公式左边为 sinα = H/L，从图2标注可知 H 为砂布轮的整体厚度，L 为每片砂布片的倾斜边长度</u>；在砂布轮规格一定的情况下，砂布厚度和内圆周长为定值，因此"砂布厚度×片数"是所有布置在载体上砂布片的总厚度，<u>公式右边的"砂布厚度×片数/内圆周长"是指砂布片设于载体上任意两砂布片之间的间隔</u>。所以整个公式所表达的意义在于：<u>砂布片片数与砂布轮的整体厚度之间对应关系</u>。

问题2：那么公式两侧均为变化值，其保护范围将处以一个不确定的状态，因此涉案专利无法确定其保护范围。经代理人解释：<u>公式左边sinα 为正弦函数，公式右边为直线，当二者存在相交的值，即为涉案专利的保护范围</u>。

问题3：砂布轮作为一般打磨工具，其精确度要求并不高，那么在判断侵权时，公式两边的数值完全相等，还是在精确到小数点后多少位进行四舍五入来判断侵权（在测量过程中，发现公式两边的数值，在小数点后不相等的情况下）？经代理人解释：应当根据实际使用情况进行四舍五入来判断侵权。

涉案专利在撰写和审查时，权利人以为的范围是：正弦函数与直线的交点值。但是从诉讼来看，法官认为公式两边均为变量，两个变量是无法确定保护范围的。可见，理论上存在且清晰的特征，在实际诉讼时，并非清晰且可能无法确定权利要求书的保护范围。❶

（三）权利要求内容不清楚

权利要求包含若干技术特征，分别为部件或关系特征。在诉讼时，容易指出部件特征，但是关系特征却较难被指出，甚至因为某些关系特征不清楚而导致整个权利要求保护范围不清楚。

---

❶ 王庆龙. 深度解析"权利要求保护范围的解释"[J]. 专利代理，2020（2）：91-96.

案例三：（2015）成知民初字第290号实用新型专利纠纷一案，该案所涉专利"用于浇筑钢筋混凝土构件的支撑架"如图3所示。

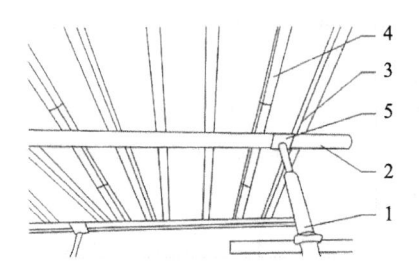

图3 案例三涉案专利

涉案专利权利要求1为：用于浇筑钢筋混凝土构件的支撑架，其特征在于：主要由两根以上的横梁（2）以及位于横梁（2）之间并设置在横梁（2）上端面的钢矩管（3）组成。

该案中，被告指出：特征"横梁（2）上端面"不清楚，本领域技术人员对具有一定长度的物品才会说"端"，如一端和另一端，但是不清楚涉案专利中的"上端面"是哪一端，且从附图中也无法得出，仍然无法确定哪个面属于上端面，因此保护范围不清楚。

该案因某一个位置特征不清楚，导致该专利的保护范围不清楚。

（四）权利要求保护范围较小

权利要求中包含非必要技术特征，如多余的部件、功能性限定、相互关系等，导致了保护范围较小，侵权技术不落入涉案专利保护范围，构成不侵权。不难发现存在很多保护范围相当小的专利。这种专利毫无保护作用，更不是笔者所称的高质量专利。

案例四：（2014）成民初字第461号发明专利纠纷案件中，涉案专利为"一种花生糖的制备方法"，具体涉案权利要求1为：

一种花生糖的制备方法，它包括以下步骤：

（1）花生仁58～65份、化学饴糖15～20份、白砂糖12～17份、食用油3～10份；

（2）花生仁加工：把花生仁烘烤至七成熟，颜色仍呈白色时，即出炉去皮，再挑选无霉变的花生仁待用；

（3）化糖：锅内放入重量配比的白砂糖和相当于白砂糖重量25%～30%的水后加热，白砂糖充分溶解后，即加入所述重量配比的化学饴糖，形成糖液；

（4）过罗：将上述糖液过滤后出去杂质后，倒入另一糖锅中；

（5）熬糖：继续加热糖液，并边搅拌熬糖，待品温达到135℃时，糖溶液形成糖膏，然后再加入所述重量配比的食用油并搅拌均匀，待品温达到160℃时即挪离炉火；

（6）将步骤（2）中挑选好的熟花生仁加热至50~90℃；

（7）搅拌成型：将熬糖锅挪离炉火后，立即向锅内倒入步骤（6）加热的熟花生仁并搅拌均匀，冷却凝固后，切块即形成花生糖（酥）。

涉案专利是由配方和方法步骤组成，疑似侵权技术应同时满足配方与方法步骤才能构成专利侵权。该案中，专利权人的证据为被告备案的生产工艺文件。虽然该文件中采取了涉案专利的方法特征，但二者的配方部分明显不同，不构成专利侵权。反观涉案专利的公开文本中，配方和方法属于不同的独立权利要求；审查时，也仅是配方部分被指不具备创造性。但是专利权人在答复审查意见时，将配方部分和方法部分合并形成新的独立权利要求，导致最终的专利诉讼时极难获得专利保护。更有案例中，由于专利权人在发明名称中添加了非必要的限定如引用场景等，保护范围过小，无法获得保护。

（五）技术方案本身新创性不足

《专利法》第47条第1款规定：宣告无效的专利权视为自始即不存在。在专利诉讼中，一旦专利权被全部无效，专利诉讼将无法继续。因此，专利权利的稳定性决定专利诉讼的结局。

案例五：（2016）最高法民申3098号再审案件中，涉及专利为"IC卡智能表"，具体权利要求1为：一种IC卡智能燃气表，包括至少一个基表与CPU控制模块，基表中设置有机电阀以及气源输入口与气源输出口；CPU控制模块……；所述的CPU控制模块中设置两次扣数时间间隔的最大值与最小值。

该案一审时，经过庭审对比，被判决被告构成专利侵权。被告不服，向四川省高级人民法院提起上诉，同时向原专利复审委递交了专利无效宣告请求。经过二审庭审，仍然认定构成专利侵权，维持原判。被告对该结果仍然不服，向最高人民法院递交再审申请，与此同时，涉案专利经过无效宣告请求口头审理后，被认定为专利全部无效。最高人民法院最终经过开庭对比后，认定涉案产品不构成专利侵权。

此案涉案专利为发明专利，但所涉技术创新性高度并不高，较多特征均可在现有技术中找到原文记载，即便是较为重要的特征"所述的CPU控制模块中设置两次扣数时间间隔的最大值与最小值"，也在专利权人在先申请的专利文献中能够找到类似的方案。因此该案虽然在一审和二审均判决被告构成专利侵权，但被告方（无效宣告请求人）通过专利无效宣告程序，将涉案专利的权利要求全部无效后，釜底抽薪永绝后患，完全杜绝了专利侵权。

综上所述，从诉讼案例来看，诉讼中常会发现专利质量问题，从而大大降低涉案专利的质量，严重影响专利诉讼案件的结局，导致专利权人无法获胜。

三、导致专利质量不高的原因分析

在发现诉讼案件中的专利质量问题后，进一步分析如下。

（一）对技术方案的理解不到位

在专利申请时，撰写者对于技术方案的理解程度将严重影响专利申请的质量，具体影响如下。

1. 没有提炼到核心技术点

在专利中没有突出核心技术点，使核心技术没有得到保护。例如某研磨机实用新型专利权纠纷案，涉案专利的核心为研磨机构，但是专利权人却将"所述加压机构包括压杆、摆杆座以及压力加载组件，所述压杆前端部与油石上端面对应，其后端与压力加载组件铰接，所述压杆中部与摆杆座滑动连接，所述直线滑台通过传动机构与压杆连接，所述压力加载组件对压杆后端始终存在向上的推力，使所述压杆前端存在向下的压力，所述压盘机构设置在压力加载组件一侧……"等非核心技术点均写入独立权利要求中。而仿冒者抄袭了核心技术点，通过改变上述非核心技术点的定位机构和直线滑台，有效避开了该专利。所幸与涉案专利同日递交的发明专利申请尚未授权，于是将核心点技术点作为分案申请，重新上位构建专利保护范围："一种研磨机的中点跟随研磨机构，其特征在于，包括加压机构、拉杆机构，所述加压机构包括压杆及压力加载组件，所述拉杆机构包括用于拉动油石往复运动的拉杆；所述压杆能跟随油石作往复运动，并通过压力加载组件使压杆的前端压紧在油石上，且压紧点始终保持在油石与待研磨面对应贴合段的中点位置。"重组后的权利要求直指该技术方案的核心：所述压杆能跟随油石作往复运动，并通过压力加载组件使压杆的前端压紧在油石上，且压紧点始终保持在油石与待研磨面对应贴合段的中点位置。这样减少了其他诸多非必要的技术特征，才有效避免了仿冒者的继续仿冒。

2. 对创新点的把控不足

很多时候专利代理师在撰写专利时，为了保证独立权利要求的技术方案完整，容易将诸多创新特征作为现有技术撰写到前序中，而整个独立权利要求冗长而不简洁，致使的创新点没有得到较好的保护。

3. 多个创新点并没独立申请保护

专利撰写时，将多个单独的创新点合并到一套权利要求中，而没有将这些创新点单独进行专利申请或作为独立权利要求撰写，导致应该被独立保护的创新点没有得到有效的保护。

4. 对技术创新高度理解不到位

对于创新点的"新创性"并没有把握好，将创造性高度不高的技术作为发明专利申请，导致发明专利未授权，同时错失实用新型专利保护的机会。

（二）未考虑诉讼的取证问题

在专利撰写时，并没有考虑如何更利于证据获取和固定。从案例一和案例四可知，这一类专利在诉讼时均存在取证难的客观情况。如果案例一在撰写时能以层状布置结构申请专利保护，那么在取证时仅需证明相应层状结构，势必使取证难度大大降低。

（三）未站在仿冒者角度考虑

在撰写专利申请时，很多时候为满足专利授权，可能会将写入从属权利要求或说明书的特征写入独立权利要求中（例如上述案例二中将公式写入独立权利要求中，以及案例四中将配方写入方法类独立权利要求中），导致维权时存在不清楚或不落入保护范围的情况。

笔者认为其根本原因是，在撰写时没有站在一个仿冒者的角度去看待该方案。若站在仿冒者角度，就需要思考如何去仿冒该专利技术并绕开权利要求保护范围，需要思考该专利可能会存在哪些问题以及应该如何去攻击该专利。

（四）经验不足

由于相关经验较少，并不知晓诉讼中技术对比环节的过程，对独立权利要求中的非必要技术特征不够敏感，为了使独立权利要求更清晰，加入过多的非必要技术特征。

在审查意见答复时，急于获得专利授权，缺少对专利审查意见的争辩，特别是当部分特征未被评价创造性时，就迅速将其并入独立权利要求中，丧失了与审查员争辩的机会，错失争取更大保护范围的机会。

在专利授权未缴费前，未评价权利要求范围是否合理，也没有考虑将专利分案的方案，导致授权的独立权项范围较小，无法保护该专利的方案，更错失优化专利技术保护范围的机会。

（五）专利布局不到位

从诉讼的角度来看，很多专利的独立权利要求范围很大，但从属权利要求范围就瞬间变小，独立权利要求与从属权利要求之间缺少保护范围的过渡，导致从属权利要求的上位不够。另外，在同一件专利中包含若干创新点，并没有将有价值的创新点分开单独申请，而仿冒者却仅抄袭部分真正有价值的创新点，并不构成专利侵权，专利申请布局不到位。

四、如何撰写满足诉讼要求的高质量专利❶

诉讼是检验专利质量的手段，专利质量的高低将影响专利诉讼的结果。因此，专利诉讼的准备应该从专利撰写开始，也就更应该考虑如何撰写好高质量的专利。

（一）权利要求范围易于取证

为克服诉讼取证难的问题，在专利撰写时，需要考虑权利要求的范围是易于取证的，具体为：①独立权利要求保护的是最小的制造、销售单元；②方法类的权利要求改为系统类或结构类；③权利要求的撰写应当体现或考虑应用端、服务端或客户端场景；④考虑侵权技术证据的获取/固定难易程度；⑤考虑侵权技术方案获得的成本高低。❷

案例六：共享单车电子锁系统实用新型纠纷案件，涉案专利为"使用条码的电子锁系统"。涉案专利的权利要求1为：使用条码的电子锁系统，包括电子锁、条码、带有条码识别功能的智能终端，智能终端和电子锁通过无线电方式通信，其特征在于，电子锁上或电子锁的附近有条码。

该案中，权利人以共享单车的应用程序和使用过程截图作为证据，以诉专利侵权。从该案可知，涉案证据为大街上随处可见的共享单车，而涉案专利的独权范围正好是使用者利用手机扫描电子锁上二维码时相互通信和信号传递的关系。单纯从证据获取和固定来看，该专利所涉侵权技术是很容易被获取的，且获取成本极低。

---

❶ 杨艳丽. 论专利权保护范围的确定及专利的侵权判定 [D]. 北京：中国政法大学，2005：5 - 13.

❷ 吴孟秋，李慧. 从侵权角度探讨专利申请文件的撰写策略 [C] //中华全国专利代理人协会. 2013 年中华全国专利代理人协会年会暨第四届知识产权论坛论文汇编：第三部分，2013：245 - 251.

（二）降低侵权判断的难度

为了降低侵权判断难度，在专利申请时应该考虑：①权利要求的特征应易于字面侵权判断，如案例六可直接通过字面侵权判断；②将抽象化/模糊化的技术方案具体化或有形化；③将专利技术方案的核心点更突出，减少非核心技术点；④权利要求中应当减少具体关系特征，如案例三中的"横梁上端面"就是一个具体的关系特征，若改为"横梁上"，因减少了关系特征，则可避免不清楚的情况；⑤权利要求中应当撰写相对关系特征而非绝对关系特征；如案例三中的"设置在横梁上端面的钢矩管"就是绝对的关系特征，若改成"钢矩管相对设于横梁的上方"，也就形成了相对关系。

（三）撰写多组权利要求

在撰写权利要求中，按"零部件—机构（如：曲柄滑块机构）—结构—装置—系统—方法—应用"的顺序，考虑分别撰写多组保护主体的权利要求，提高专利的授权概念，同时拓宽相应技术的保护的可能性。例如《专利审查指南2010》中灯丝改进的案例，应当考虑"灯丝、灯泡、灯头、手电筒"等多组独立权利要求的撰写方式，以形成较好的专利保护。

另外，当同一技术方案中包含若干创新点时，申请一件专利是不能较好地保护该技术方案的，因此应考虑合理的专利布局方案，以形成较好的专利组合，再利用专利组合之间的搭配关系，利于专利诉讼维权。例如案例五的诉讼过程，专利权人的维权策略就是将天然气燃气表的1件发明专利和5件实用新型专利搭配起诉，致使被告代理人在初期应对时需将精力分散到6个案件，而专利权人则集中力量在上述涉案专利中，这种精力集中度的对比也可能影响到诉讼的结果。可见，布局好专利组合可使专利诉讼具有较大的优势。

（四）恰当的权利要求保护范围

独立权利要求的保护范围是否越大越好？显然不是，若独立权利要求范围过大：①专利稳定性不好，容易被现有技术无效；②降低审查员对涉案专利创造性高度的预期，致使发明专利授权较难。但独立权利要求的保护范围过小，根本无法用于专利诉讼。因此笔者认为应当追求恰当的权利要求保护范围，既可用于专利诉讼，又使涉案专利不容易被无效。

案例七：（2017）川01民初1111号发明专利权纠纷一案，涉案专利为"缆线敷设管道"。涉案专利权利要求1为：缆线敷设管道，包括相互铰接的链节……，其特征在于，至少一个铰链连接按下述方式构造：为了构成和/或松开铰链连接,各分别待相互连接的和/或待彼此松开的链节(2)和/或铰链元件沿一个不同于缆线敷设管道纵轴线(9)的方向(8)进行连接和/或分离。

该案的诉讼过程中,侵权产品被判定全部特征落入独立权利要求的保护范围,构成相同侵权。在申请专利无效宣告过程中,在无效宣告证据中找到了相类似的技术方案,如图4所示。

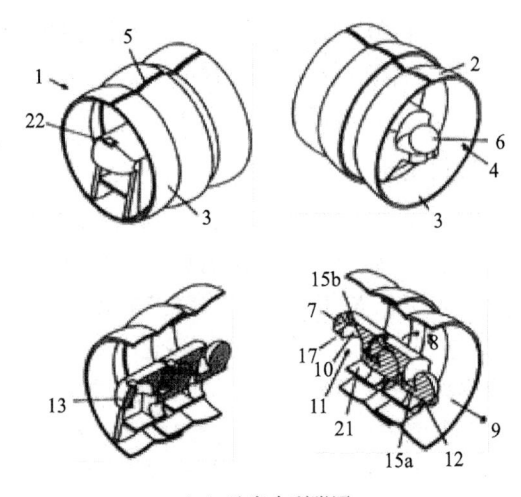

(a) 涉案专利附图

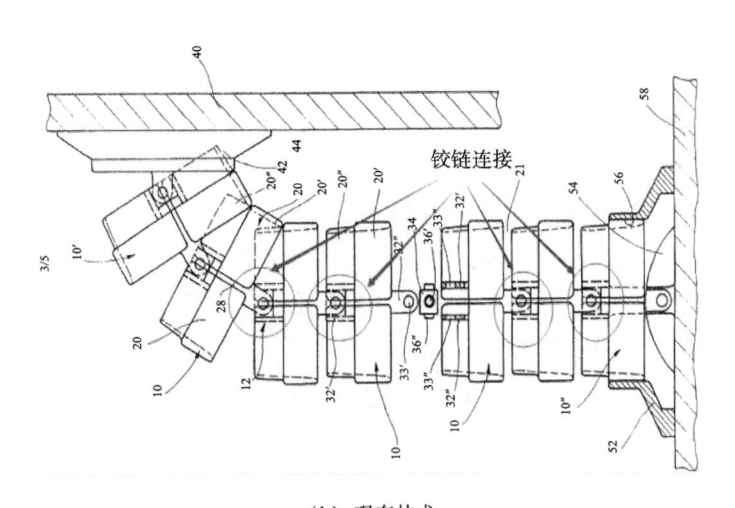

(b) 现有技术

图4 案例七涉案专利和相关现有技术

将现有技术与涉案专利进行对比可知，二者的区别仅在于：现有技术采用十字铰接的方式连接，其连接和分离的方向为垂直于纵轴线的；而涉案专利采用球铰，基于球铰其是沿一个不同于缆线敷设管道纵轴线（9）的方向（8）进行连接和/或分离。正是基于该区别技术特征，致使涉案专利被数次申请无效却仍然维持专利权有效。

可见，涉案专利与现有技术的区别不大，但该专利正是找准了区别点，基于该区别点与现有技术之间的差异进行撰写，得到了恰当的权利要求范围，继而在确保了专利权稳定的同时获得了专利诉讼的胜诉。

（五）包含有若干种相同或相似的替代方案

当站在仿冒者的角度去思考技术方案时，会有很多替代方案或规避方案。在专利撰写时，应当梳理出这些技术方案的共通关系/特性，再甄别出具有新创性的特定技术特征，以便将所有技术方案的核心纳入独立权利要求中，再将这些方案全部纳入从属权利要求和具体实施例中，使权利要求书得到说明书的支持。

综上所示，从专利诉讼的角度来看，是否能构成高质量的专利，要看该专利在专利诉讼过程中能否简便地固定证据，能否让法官快速地掌握权利要求保护范围，能否快速地进行技术特征对比，能否将各种仿冒技术落入保护范围，专利的权属是否稳定等。相信从这些角度去思考专利撰写，最终能够形成一件件利于专利诉讼的高质量专利。

五、结　语

笔者从专利诉讼的一些实际案例出发来探讨专利质量问题、原因以及如何撰写高质量专利，以期引导专利代理师在专利申请初期就为专利诉讼准备，从而实现在今后的专利诉讼过程中见到更多国内高质量专利的远期目标，真正地保护技术创新。本文仅为笔者的一些粗陋见解，如有不当之处，还望批评指正。

专利侵权案件中举证妨碍制度探究

——以破坏保全证据行为的法律责任承担为视角

赵臻淞[*]　倪歆晨[*]

【摘　要】

目前,以侵权损害赔偿认定为视角对知识产权案件中举证妨碍制度的适用与完善进行的研究众多,而对知识产权案件中破坏保全证据行为等举证妨碍行为进行研究较少。笔者从专利侵权诉讼中举证妨碍的法律规定切入,通过两个司法案例的比较,阐述了直接推定由妨碍人承担侵权后果的妨碍行为之构成要件,以及举证妨碍制度在专利侵权破坏保全证据案件中适用的意义,最后提出通过优化法院的保全措施和强化证据妨碍制度的适用效果来完善举证妨碍制度在专利侵权破坏保全证据案件中的适用,以期为司法实践提供一点借鉴和参考。

【关键词】

专利侵权　举证妨碍制度　破坏保全证据　侵权事实　不利推定

举证妨碍,又称为证明妨碍,最早来源于德国相关法律,后来在我国台湾以及日本等均有相关理论和制度的体系出现。目前各国或地区并未对举证妨碍

---

[*] 作者单位:江苏漫修律师事务所。

的定义作出较为一致的规定，但一般而言，举证妨碍是指一方当事人因可归责于对方当事人或第三人诉讼中或诉讼外、故意或者过失的作为或者不作为，致使自己的证明行为变得困难或者不可能实现的情形。❶ 在知识产权诉讼案件中，举证妨碍主要包括拒不提供与侵权有关的账簿、资料或提供虚假的账簿、资料以及破坏（转移、篡改、擅自拆装）被保全的侵权产品。❷

一、专利侵权诉讼中举证妨碍的规定及其理解

（一）专利侵权诉讼中举证妨碍的规定

2020年5月1日施行的修正案通过后，《最高人民法院关于民事诉讼证据的若干规定》（以下简称《民诉证据规定》）第95条给出了一方当事人拒不提交证据的妨碍情形的规定。❸ 在知识产权领域，与查明损害赔偿有关的举证妨碍规制已有大量的法律规定，而与查明侵权行为有关的举证妨碍的法律规定则不多。2019年8月6日通过的《江苏省高级人民法院关于实行最严格知识产权司法保护为高质量发展提供司法保障的指导意见》（以下简称《江苏指导意见》）第12条充分强调了在知识产权领域依法适用举证妨碍制度的情形。❹ 2020年11月18日施行的《最高人民法院关于知识产权民事诉讼证据的若干规定》（以下简称《知产证据规定》）第14条对专利侵权案件中破坏（转移、篡改、擅自拆装）被保全的侵权证据的妨碍情形作出了更加明确的规定。❺ 在2020年11月18日之前，对于破坏被保全的侵权产品的妨碍行为，法院一般采用《民诉证据规定》第95条转化适用，而自2020年11月18日之后，对于上述行为，法院就可以直接适用《知产证据规定》第14条进行裁判。

---

❶ 包冰锋.民事诉讼证明妨碍规则之具体适用［M］.厦门：厦门大学出版社，2015：1.
❷ 陈顺.证明妨碍制度在知识产权诉讼中的若干法律问题研究［J］.法制博览，2017（9）：1-5.
❸ 《最高人民法院关于民事诉讼证据的若干规定》第95条规定："一方当事人控制证据无正当理由拒不提交，对待证事实负有举证责任的当事人主张该证据的内容不利于控制人的，人民法院可以认定该主张成立。"
❹ 《江苏省高级人民法院关于实行最严格知识产权司法保护为高质量发展提供司法保障的指导意见》第12条规定："依法适用举证妨碍制度。对于法院责令提供证据的要求，持有证据的当事人拒绝提供、提供虚假证据、提供证据不全面，或者毁灭证据的，应当根据案件情况作出不利于该方当事人的事实推定，并可以根据情节轻重予以罚款、拘留。"
❺ 《最高人民法院关于知识产权民事诉讼证据的若干规定》第14条规定："对于人民法院已经采取保全措施的证据，当事人擅自拆装证据实物、篡改证据材料或者实施其他破坏证据的行为，致使证据不能使用的，人民法院可以确定由其承担不利后果。构成民事诉讼法第一百一十一条规定情形的，人民法院依法处理。"

（二）专利侵权诉讼中举证妨碍制度的理解

有学者认为在破坏（转移、篡改、擅自拆装）被保全的侵权证据的专利侵权案件中，当被告或者第三人实施了破坏被保全的侵权产品的行为后，实际上就剥夺了原告平等接近、利用保全证据的机会，损害了原告的合法权利，因此，法院使用举证妨碍制度进行规制是基于权利平等原则，其目的是保证双方当事人的权利平等。也有学者认为实施了破坏被保全的侵权产品行为的被告或者第三人违反了《民事诉讼法》的诚实信用原则。根据该原则，任何一方当事人在诉讼程序中均应诚实守信，故其不诚实的行为应该受到法律的制裁。❶

在很多专利侵权案件中，对于原告而言，获得被告的侵权产品以证明被告的侵权行为不是容易的事情。鉴于一些侵权设备体积大、金额高而无法公证购买，被告的销售行为隐秘，使用方拒绝配合公证保全证据等原因，原告往往只能依赖法院进行证据保全，而此时对于最接近证据所在位置的被告而言，存在转移、篡改、擅自拆装被保全的侵权产品的便捷性，一旦实施了破坏被保全的侵权产品的行为，对于原告而言就会存在举证不能的情形。而此时适用举证妨碍实际上是法院对举证责任的重新分配或者调整，以平衡双方当事人的武器，调整当事人事实上的不平等来实现平等的攻防，也有学者称为武器平等原则。❷ 法谚曰："所有的事情应当被推定不利于破坏者。"❸

二、举证妨碍制度在专利侵权破坏保全证据案件中的理解和适用

（一）司法实践的考察

1. 推定侵权事实成立——索奥斯公司与添百利公司、明阳公司专利侵权案（以下简称"添百利案"）

索奥斯公司是"钢化炉反弯钢下铰链滚轮结构"与"一种钢化炉自动反弯钢结构"实用新型专利的专利权人。2012年9月26日，根据索奥斯公司的证据保全申请，佛山市中级人民法院依据（2012）佛中法立保字第521-1号民事裁定书对明阳公司内的被诉侵权产品"水平辊道式反弯钢化"机组进行

---

❶ 姚志坚，柯胥宁. 知识产权诉讼中证明妨碍制度的适用与完善：以侵权损害赔偿认定为视角[J]. 人民司法，2020（19）：19-23.

❷ 程书锋，余朝阳. 论证明妨碍规则在知识产权诉讼中的适用与完善[J]. 电子知识产权，2018（7）：93-99.

❸ 郑玉波. 法谚：二[M]. 北京：法律出版社，2007：4.

了查封。经法院查明，2012年4月24日，添百利公司向明阳公司提供水平辊道式正反弯钢化炉一套，即该案被诉侵权产品，货款为人民币843000元。同年8月，该案被诉侵权产品在明阳公司安装调试到位。在一审现场勘验时，法院将被诉侵权产品的实物与之前保全时所拍摄的图片进行了比对，发现：保全时的被诉侵权产品中并无"直线光轴"，而现在进行比对的被诉侵权产品中已明显多了一根光轴，被诉侵权产品滚轮部分由原来圆筒状被改成哑铃状。法院认为被诉侵权产品具有涉案两件专利技术要求1的全部技术特征，落入涉案专利权的保护范围。一审判决酌定添百利公司赔偿索奥斯公司经济损失。添百利公司不服一审判决，上诉至广东省高级人民法院。（2014）粤高法民三终字第463号以及（2014）粤高法民三终字第464号民事判决书确认添百利公司未经一审法院许可，擅自对法院保全的被诉侵权产品进行改动，由此所产生的不利法律后果应由添百利公司承担。最终广东省高级人民法院认为一审判决有充分的事实和法律依据，并予以支持。

2. 部分推定但认定侵权事实不成立——宏邦公司与广思公司专利侵权案（以下简称"广思案"）

宏邦公司具有专利号为ZL201120203178.8、名称为"一种微型金属化电容器焊接编排机的素子搬运机构"的实用新型专利。经宏邦公司申请，上海知识产权法院以拍照、录像、张贴公告、贴封条方式查封了一台广思公司生产场地内的MS-FHGP-C1赋能焊接灌胶组立机（被控侵权产品），该产品为正在制造过程中的半成品。开庭时发现被控侵权产品存在毁损，广思公司搬动了机器位置，涉案的素子搬运机构在工作台面以上部分的零部件尚完整，在台面以下部分的第一、第二驱动机构被拆卸，放置于机箱内。一审法院认为，鉴于被控侵权产品中被控侵权的部分第二驱动单元被拆解，而被告对侵权证物负有保管责任，应对无法进行技术比对承担不利的法律后果，故推定被控侵权产品具备第二驱动单元。但是结合现存证物以及保全时的视频、照片情况可以进行部分技术特征的比对，被控侵权产品不具备涉案专利"第一驱动单元""第一复位弹簧"的技术特征，故最终根据全面覆盖原则判决被控技术方案未落入权利要求1的保护范围，驳回宏邦公司的全部诉讼请求。❶

---

❶ 参见：上海知识产权法院（2017）沪73民初79号民事判决书、上海市高级人民法院（2018）沪民终438号民事判决书。

（二）直接推定由妨碍人承担侵权后果的妨碍行为之构成要件

1. 妨碍人客观上存在证明协力义务

有学者认为证明妨碍以证明协力义务的存在为前提。❶ 在专利侵权破坏保全证据案件中，妨碍人的证明协力义务主要体现为保证保全证据不被改动，与侵权判决结果有利害关系的案件当事人、案外人均具有证明协力义务。在添百利案中对被诉侵权产品负有保管义务的直接责任人为明阳公司，其作为被诉侵权产品的使用者直接保管保全产品，在法院进行证据保全后，应当具有防止被诉侵权产品被改动的直接义务。而添百利公司作为利害关系人同样对保全证据的不被改动负有不可推卸的责任。虽然添百利公司作为被诉侵权产品的生产销售者、调试者不直接保管证据，但是保全证据的侵权认定以及该案最终判决均会对添百利公司产生重大利益影响。因此，添百利案中明阳公司、添百利公司均具有证明协力义务。而在广思案中，广思公司作为制造方，对法院诉前保全的证据自然具有保管义务，同时也具有防止证据被改动的责任。

2. 妨碍人主观上实施了证明妨碍行为且无正当理由

妨碍人实施的妨碍方式包括作为和不作为。在添百利案中明阳公司无技术能力进行改装，而添百利公司在被诉侵权产品被查封后依然对其进行了数次所谓的"调试"。因此，明阳公司作为使用者仅具有未严格保管保全产品致使添百利公司有机会多次改动保全产品的不作为行为，明阳公司对于添百利公司改动保全产品的行为无法提供任何合理解释。而添百利公司实施了改动证据的作为行为，且对于被诉侵权产品在被保全之后被改动的事件亦无合理的解释。在广思案中，广思公司在自己的厂房内轻易即可改动诉前保全的证据，其给出了将部件"借给"其他机器使用的理由显然无法构成"正当理由"。

3. 妨碍人损毁保全证据的行为导致被妨碍人的侵权主张无法成立，同时妨碍了正常诉讼秩序

被妨碍人主张的证据内容对妨碍人不利，妨碍人损毁保全证据的行为会直接导致被诉侵权产品是否落入专利保护范围无法查清，继而被妨碍人也即原告的主张侵权行为无法成立，导致被妨碍人需承担不利的裁判结果。另外，妨碍人损毁保全证据的行为也同时妨碍了民事诉讼程序的顺利正常进行。一行为产生两项法律后果，侵害被妨碍人的利益可以由"举证责任转移""直接做出不

---

❶ 程书锋，余朝阳. 论证明妨碍规则在知识产权诉讼中的适用与完善[J]. 电子知识产权，2018（7）：93-99.

利推定""由妨碍人承担不利的法律后果"来平衡，侵害正常的诉讼秩序则由司法制裁来规制。

在添百利案和广思案中被告同样存在改动保全证据的行为，这将直接导致无法进行侵权产品的比对，使得原告主张的侵权行为无法成立。法院对妨碍人作出不利推定体现的是对于"谁主张，谁举证"这一民事诉讼证明基本法则在特定情形下的适当修正，目的是要避免因僵化、机械适用该证明基本法则而可能给寻求司法救济之善意无过错的专利权人造成不公正的结果。同时，妨碍人行为严重妨碍了法院审理案件，扰乱了司法秩序，影响司法公正。最终两案法院均对妨碍人给出了罚款的司法制裁。法院对妨碍人采取罚款的公法层面制裁，体现的是法律对于妨碍人妨害民事诉讼、破坏诉讼秩序的否定性评价。公法层面及私法层面的两项举措各司其职，并行不悖。

4. 侵权行为的存在具有高度盖然性

原告须尽力举证使法官认为侵权行为的存在具有高度可能性，❶ 而且原告已经尽了合理的努力，但除该诉前保全证据无法再获得（购买、公证保全等手段）被诉侵权产品。也即至少应该满足以下要件：第一，诉前、诉中证据保全的图片、视频、产品资料等证据中反映的结构不存在与涉案专利技术特征不构成相同、等同的部分；第二，图片、视频、产品资料等证据中无法反映出来的结构（如内部结构）与涉案专利构成相同、等同具有高度可能性。上述要件也是上述两案出现不同判决结果的关键所在。上述两案中的被告都成立证明妨碍行为，但最终广思案的被告没有承担败诉的不利后果，可见直接推定由妨碍人承担侵权的不利后果还需要有"侵权行为存在高度盖然性"这一构成要件。

在添百利案中，保全时的被诉侵权产品中并无"直线光轴"，光轴部分明显被改动过，而该部分结构正是判断被诉侵权产品是否落入涉案专利保护范围的争议焦点之一。添百利公司对此结构进行改动是意图想要逃避侵权责任的表现，因此可以推定添百利公司制造、销售的被诉侵权产品就"直线光轴"部分技术特征与涉案专利相同。法院据此进一步推定，不能排除有关图片不能直接反映的部位也存在被改动过的可能性，并认为就"直线光轴"部分技术特征与有关图片不能直接反映的部位没有必要再进行技术对比，而有关图片上可

---

❶ 程书锋，余朝阳. 论证明妨碍规则在知识产权诉讼中的适用与完善［J］. 电子知识产权，2018（7）：93-99.

以直接反映的技术特征与涉案专利比对均可构成相同，在此基础上被诉侵权产品落入了涉案专利权的保护范围具有高度盖然性。

在广思案中，被控侵权产品中被控侵权的部分第二驱动单元被拆解，法院据此推定广思公司制造的产品具有第二驱动单元，但又依据现有的物证等资料判断被控侵权产品不具备涉案专利"第一驱动单元""第一复位弹簧"的技术特征，因而未落入涉案专利保护范围，认定不构成侵权。在此案中，广思公司制造的被控侵权产品中被控侵权的部分是否构成专利侵权这一事实可以直接查清，故而就可以查清的部分无法直接作出对妨碍人不利的推定。根据添百利案和广思案的判决结果，可见法院认为广思公司的行为未导致"证据不能使用"，故无法对其作出承担不利后果的推定。

三、举证妨碍制度在专利侵权破坏保全证据案件中适用的意义和完善

（一）举证妨碍制度在专利侵权破坏保全证据案件中适用的意义

被控侵权产品被法院保全后，妨碍人作为最接近证据的当事人，私自改动证据即体现出妨碍人侵权的主观故意。为了维护司法公正，应对此类案件中的妨碍人加重制裁。《知产证据规定》的出台给相关案件的司法实践提供了正确的价值和理论导向。该规定立足知识产权诉讼的特点和实际，明确妨碍人需要承担不利的后果，实际上大大减轻权利人的举证负担，降低了维权成本，化解了"举证难"问题，加强了知识产权诉讼诚信体系建设。

在《知产证据规定》出台后，在笔者代理的（2019）苏05知初1122号、（2021）最高法知民终334号周某（原告、被上诉人）与无锡瑞之顺机械设备制造有限公司（被告、上诉人，以下简称"瑞之顺公司"）发明专利侵权纠纷案（以下简称"周某维权案"）中，瑞之顺公司在一审中实施了转移诉前保全产品并导致该产品灭失的行为。2020年苏州知识产权法庭作出（2020）苏05司惩1号决定书，给出了20万元的司法制裁，该侵权案件的一审判决书中更是全额支持了原告100万元的诉讼赔偿请求。瑞之顺公司不服上诉，二审最高人民法院驳回了瑞之顺公司的上诉请求，维持原判。正如二审判决书的裁判要旨指出：倘若将无法准确查明技术事实所产生的结果意义上的证明责任风险，不分情况地一概分配给对此毫无过错的专利权人，并以此为由驳回其专利侵权指控，对专利权人而言难谓公正，亦无异于对不法实施妨害民事诉讼行为之被诉侵权人予以纵容，不符合现代民事诉讼应当兼顾程序正义与实体正义之价值

理念。可见，司法实践同样顺应法律规则给出的导向，对于妨碍人破坏证据的行为的发展趋势必然是作出严厉的司法制裁。

(二) 举证妨碍制度在专利侵权破坏保全证据案件中适用的完善

1. 完善法院的保全措施❶

首先，应当在保全现场对被保全的证据作出标识，比如贴封条等，使被保全证据可以明显与其他产品区分开，同时对外部充分拍照、摄像固定证据，防止一些没有被贴封条的部位被修改，且如果有条件，应要求被申请人提交产品的图纸以保证产品内部结构不被修改。另外，根据《知产证据规则》第15条，人民法院进行证据保全，可以要求当事人或者诉讼代理人到场——此处的规定依然是"可以"而非"应当"。司法实践中法院进行证据保全往往不会通知专利权人参加，这就会导致专利权人无法获得接近、观察被保全证据的机会，在诉讼的勘验过程中，只能将法院拍摄的照片、视频与被勘验的保全证据进行比对，从而无法准确判断细节部位是否曾被修改，使得被告无惧司法惩治而私自修改产品内部结构的情况出现。正如笔者代理的周某维权案中，瑞之顺公司认为司法制裁远比专利侵权判决的金额低，所以宁愿冒着被司法制裁的风险也要顶风作案，修改证据。因此应当尽量让专利权人充分参与保全过程，❷接触被保全的证据，从而尽可能防止被告无视司法制裁风险，破坏证据的事情发生。其次，在保全过程中也需要尽量加大保全力度，比如加上贴封条等司法强制标志，提高威慑力。

2. 强化证据妨碍制度的适用效果❸

实际上在司法实践中，当法院需要适用证据规定时存在一定的自由裁量权，可以仅对部分改动过的结构作出不利推定，也可以直接对全案的侵权事实存在作出不利推定。在添百利案中，法院认为妨碍人实施了妨碍行为后，现场对比中的被诉侵权产品已经不是原来证据保全时的被诉侵权产品，此时进行技术对比已经失去意义，对于图片不能直接反映的部位就应当直接推定落入涉案专利权的保护范围。笔者认为在这种案件中，涉嫌侵权人实施破坏证据的行为首先肯定需要受到司法惩戒，在客观事实上，如果能有充分证据证明涉嫌侵权

---

❶❷ 刘建杰. 知识产权诉前证据保全制度存在的问题及如何完善 [J]. 沧州师范学院学报，2013 (3)：74-77.

❸ 张曦，邵军. 民事诉讼证明妨碍法律规则之重构 [J]. 河南财经政法大学学报，2017 (6)：151-158.

人不侵权的,那就按照事实判定为不侵权。但是如果存在有任何事实无法查清、无法确认的情况,那么就必须作出不利推定,因为知识产权本身的无形性和技术专业的壁垒已经造成了侵权判断困难,而任何可疑的破坏行为一定需要作出不利推定,才是对权利人最有利的。

综上,在专利侵权案件中存在涉嫌侵权人破坏保全证据的行为时,在公法层面上,应当对涉嫌侵权人的破坏行为作出有力的制裁;在私法层面上,需要根据案件的实际情况秉公处理,在真伪不明的情况下积极适用举证妨碍制度以保证裁判结果的公正公平。

有专门知识的人参与专利诉讼及复审无效程序之实务探析

慕　弦[*]　刘兰兰[*]　贾庆忠[*]　邵　伟[*]

【摘　要】

　　科学技术的飞速发展使得专利所涉及的技术知识更加专业化和复杂化，从而给国务院专利行政部门和法院的审查和审理工作带来极大的挑战。《民事诉讼法》第82条规定当事人可以申请人民法院通知有专门知识的人出庭，就鉴定人作出的鉴定意见或者专业问题提意见。鉴于目前的《民事诉讼法》体系对于有专门知识的人出庭的规定仍存在许多空缺，且实务中对于这一制度的运作更是存在诸多混乱和不统一，笔者以与技术密切相关的专利诉讼及复审无效为视角，在研究大量案例的基础上，以"民事诉讼篇"、"行政诉讼篇"和"复审无效篇"三个篇章从"资质探究"、"程序规范"和"意见效力"等多个角度梳理有专门知识的人参与专利诉讼及复审无效的实务现状，以对专利代理师和律师代理专利案件提供指导和参考。

【关键词】

　　有专门知识的人　专家辅助人　专家证人　专家意见

---

[*] 作者单位：北京市永新智财律师事务所。

科学技术的飞速发展使得专利所涉及的技术知识更加专业化、复杂化和精细化，从而给国务院专利行政部门和法院的审查和审理工作带来极大的挑战。为了有助于案件事实的查明，最高人民法院2002年颁布的《关于民事诉讼证据的若干规定》第61条第1款规定："当事人可以向人民法院申请由一至二名具有专门知识的人员出庭就案件的专门性问题进行说明。……"该法条在被2013年1日施行《民事诉讼法》修正案后的第79条❶（后改为2021年12月24日第四次《民事诉讼法》修正案后的第82条）吸收，从而以正式立法的形式确认了有专门知识的人参与诉讼的制度。据此，在司法实践中，尤其在涉及专门性问题的诉讼中，特别是专利纠纷诉讼中，时见有专门知识的人参与。

本文从"民事诉讼篇"、"行政诉讼篇"和"复审无效篇"三个篇章分别介绍有专门知识的人参与民事诉讼、行政诉讼和专利复审无效程序的相关法律规定及实务经验。

一、民事诉讼篇

有专门知识的人参与民事诉讼的制度是为了解决司法鉴定制度的弊端，借鉴英美法系的专家证人制度和日本的诉讼辅助人制度创设的。本篇章从"专家辅助人与专家证人之辨析"、"资质探究"、"程序规范"和"意见效力"四个方面梳理了这一制度的内容和运行现状。为了丰富素材，本章所选取的案例没有局限于专利案件，而是还包括非专利知识产权案件以及少数非知识产权案件——后两类对于有专门知识的人参与专利诉讼同样具有参考意义。

（一）专家辅助人与专家证人之辨析

在司法实践中，无论在口头上还是在法律文书中，"有专门知识的人"也被称为"专家辅助人"或"专家证人"。

为了了解实务中这三种称谓的使用情况，笔者在"中国裁判文书网"中针对最高人民法院及北京、上海和广州知识产权法院这四家法院以"有专门知识的人"、"专家辅助人"和"专家证人"分别作为关键词进行检索，在限定为"民事案由"并通过逐篇浏览以剔除不相关案例后，共获取164个案

---

❶ 具体内容为："当事人可以申请人民法院通知有专门知识的人出庭，就鉴定人作出的鉴定意见或者专业问题提出意见。"

例❶，并对这 164 个案例分类统计后获得图 1，其中的数据分别表示上述四家法院在裁判文书中使用这三种称谓的案件数量。

从图 1 可知，在这三种称谓中，"专家辅助人"被使用最多，"专家证人"次之，"有专门知识的人"使用最少，且前两者的使用数量之和是后者的 8 倍之多。究其原因，可能是"有专门知识的人"虽为法定称谓，却略显冗长和拗口，且字面含义过于笼统和模糊，缺乏对其诉讼地位或职能的特指或限定。

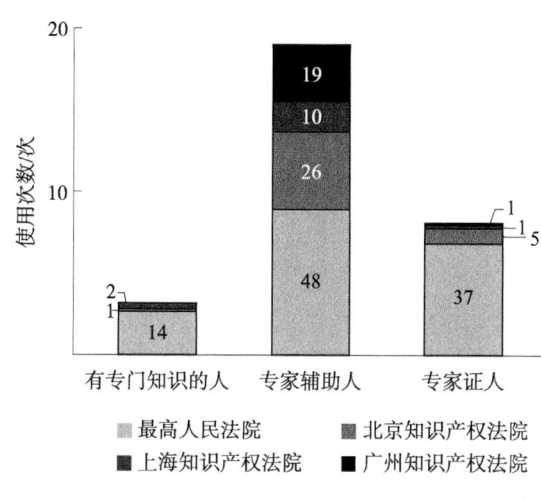

图 1 四家法院使用三种称谓的情况

此外，笔者发现司法实践中对于"专家辅助人"和"专家证人"这两者称谓的使用也颇为混乱，这主要表现在以下方面：

（1）在同一案件中在庭审❷和裁判文书中分别使用不同的称谓，例如在奇虎与腾讯滥用市场支配地位纠纷案❸中，在庭审中称呼专业人员为专家证人，在裁判文书中称为专家辅助人；

（2）在同一案件的庭审中对同一专业人员使用不同的称谓，例如 MCI 荷兰公司与宁波精成车业有限公司侵害发明专利权纠纷案❹二审庭审中；

（3）在同一裁判文书中对同一专业人员使用不同的称谓。

---

❶ 统计数据截至 2021 年 7 月 23 日。
❷ 本文中提及的庭审信息均获取自"中国庭审公开网"（网址：http://tingshen.court.gov.cn）的庭审录像。
❸ 参见：最高人民法院（2013）民三终字第 4 号民事判决书。
❹ 参见：最高人民法院（2019）最高法知民终 208 号民事判决书。

此外，不同法院对于有专门知识的人的法庭席位安排也尚未形成统一，有安排在诉讼代理人席一侧（如礼来与华生专利侵权案❶的二审庭审中）或证人席的，也有安排在位于双方诉讼代理人席之间专门的专家辅助人席的（例如最高人民法院指导案例160号蔡某某与润平公司侵害植物新品种权纠纷案❷的二审庭审中）。

实务中称谓使用和席位安排的混乱实际上反映出司法界对于依《民事诉讼法》第82条规定参与民事诉讼的有专门知识的人的法律性质和诉讼地位，尚未形成一致的认知。

笔者认为，专家证人作为英美法系的产物，与大陆法系中的证人概念并不相符，因为大陆法系中的证人概念是狭义的，即仅指因亲自耳闻目睹了解案件事实情况的第三人，其证言为体验性的客观陈述；而具有专门知识的人对专门性问题的解释、说明从本质上言是一种推断性的意见陈述。❸ 从这一点而言，"专家辅助人"比"专家证人"更与中国的法律体系兼容，且"专家辅助人"这一称谓准确地反映了其对当事人的"辅助"职能。

最高人民法院民事审判第一庭在其编著的《新民事诉讼证据规定理解与适用》❹ 一书中指出"专家辅助人"比"专家证人"更与"有专门知识的人"的本质相符，"对于审判实践中当事人……申请所谓专家证人出庭作证的情形，应当向当事人进行释明，要求其……更正申请的内容。而绝不应出现根据当事人申请通知所谓的专家证人出庭作证、以专家证人的证言作为认定案件事实根据的情况。"原北京知产法院院长宿迟在CCTV-12播放的法制节目《现场》❺ 中也曾就瓦莱奥与卢卡斯侵害发明专利权纠纷❻一案针对专家辅助人制度向观众进行过普法介绍。

由此可以窥见，司法机关应已明确了依《民事诉讼法》第82条出庭有专门知识的人的专家辅助人性质并对此进行了解释、论证和澄清，以期在理论界和实务界达成一致认知。

---

❶ 参见：最高人民法院（2015）民三终字第1号民事判决书。
❷ 参见：最高人民法院（2019）最高法知终14号民事判决书。
❸ 李学军，朱梦妮. 专家辅助人制度研析[J]. 法学家，2015（1）：147-163.
❹ 最高人民法院民事审判第一庭. 最高人民法院新民事诉讼证据规定理解与适用：下[M]. 北京：人民法院出版社，2020：724-730.
❺ 最高人民法院. 侵害发明专利权纠纷（2019）最高法知民终2号[EB/OL]. [2022-12-15]. http://tingshen.court.gov.cn/live/4898022.
❻ 参见：最高人民法院（2019）最高法知民终2号民事判决书。

出于简练的目的，下文中使用"专家辅助人"来指代依《民事诉讼法》第 82 条参与民事诉讼的有专门知识的人。

（二）资质探究

对于专家辅助人的资质，目前的《民事诉讼法》及其相关规定并无明确要求。笔者在上述 164 个案例中并未发现由于资质不合格而被法院不予准许出庭的案例。实务中，申请出庭的专家辅助人的教育背景和职业呈现多样化，其中不乏诸如高校和科研院所的科研人员及专业机构（例如司法鉴定机构、经济咨询公司和会计师事务所❶）的专业人员这类资历获得普遍认可的专家，但也有公司员工和在校学生❷这些可能在日常生活中很少被冠以专家头衔的人员。

尽管法院并未对申请出庭的专家辅助人苛以严格的准入门槛，但是参与诉讼的双方当事人却经常会对对方专家辅助人的资质予以猛烈的挑战。例如在上文提到的奇虎与腾讯滥用市场支配地位纠纷案的庭审中，一方对另一方的专家辅助人从道德诚信、经济学专业水平以及权威性三个方面质疑。尽管在该案的裁判文书中法院表明"对于专家的教育背景、工作经历、研究成果应适当留意而不必苛求"，但是这些质疑未必不会影响法官对专家意见的采信度及其自由心证。

鉴于此，诉讼当事人如果准备聘请或委托专家辅助人出庭的话，除了审慎地选择合适的专家之外，还应当在出庭时携带用于证明其资历和学识的证明文件（例如工作证、劳动合同、职业资格证、学历学位证等）。如果没有提交证明文件的话，则有其意见不被采信的风险。例如在某建设工程施工合同纠纷案中，法院在裁判文书中明确表示对某专家辅助人陈述的意见不予采信，原因在于其未提交所从事职业范围的证件。

进一步而言，除了优秀的个人背景信息之外，有利地影响法庭对专家辅助人之意见的评判因素还包括：风度；严肃、谦虚且礼貌的态度；在质疑和回答对方询问时合理而坚定；尽量采用浅显的语言解释技术问题。上文提及的瓦莱奥与卢卡斯侵害发明专利权纠纷案中，一方的专家辅助人田某某的谦逊、平和且专业的回答获得了法院的明确认可，值得作为专家辅助人出庭的学习材料。

---

❶ 参见：广东省高级人民法院（2014）粤高法民三终字第 878、879、936、937、938、1033 号民事判决书，最高人民法院（2019）最高法民终 1779 号民事判决书。

❷ 参见：最高人民法院（2015）民三终字第 1 号、（2020）最高法知民终 1593 号民事判决书。

（三）程序规范

1. 启动方式

根据《最高人民法院关于适用〈中华人民共和国民事诉讼法〉的解释》（以下简称《民诉解释》）和 2019 年修正的《关于民事诉讼证据的若干规定》的规定，申请专家辅助人出庭应遵守如下规范：①在举证期限届满前提出；②申请书中应当载明有专门知识的人的基本情况和申请的目的。

如果不遵循期限要求，则有申请被驳回的风险。例如在某侵害著作权纠纷案中，法院指出：某某公司在一审举证期限届满前并未提出专家辅助人出庭的申请，不符合前述规定。

如果在举证期限届满前对是否申请专家辅助人出庭尚在犹豫当中，笔者建议可以先提出申请，后续决定放弃的话，则可以在开庭前或庭审中撤回申请。

对于申请书，应当以书面方式提交。对于申请书中的申请目的，需载明专家辅助人在法庭审理中参与诉讼活动的范围。在拟写申请目的时，应在逻辑上严谨，避免出现专家辅助人所要说明的内容与案件争议点之间缺乏关联的缺陷。在某合同纠纷案中，争议点是案涉协议的效力，而当事人申请专家辅助人出庭的目的是证明案涉协议的履行存在税务问题。法院驳回了该申请，理由是"在案涉协议并不会因当事人违反税收规定而导致无效的情况下，当事人是否存在税务问题、专家辅助人是否出庭等对审查案涉协议的效力并无影响"。

2. 参与庭审

根据法律规定，专家辅助人不能参与也不得旁听，除对鉴定意见质证或者就专业问题发表意见之外的法庭审理活动。在实务中，法院通常的做法是：在庭审中的法庭调查阶段涉及相关的争议焦点或争议焦点下的相关具体问题时，依当事人申请或自行安排专家辅助人出庭，并在专家辅助人发表完意见并接受双方当事人及法庭的询问后要求其退庭。

为了更好地阐述自己的专业意见，专家辅助人可以在出庭前预先制作 PPT，以可视化地向法庭呈现自己的意见。另外，专家辅助人不要以宣读事先准备的书面材料的方式发表意见，这不仅可能会被法庭阻止，而且会引起法庭对专家专业性的质疑。

（四）意见效力

根据《民事诉讼法》第 82 条的规定，专家辅助人可发表的意见包括两类，一类是就鉴定意见提出的意见，另一类是就专业问题提出的意见。《民诉解释》第122条将后类意见拟制为当事人的陈述，将前类意见定性为当事人对鉴定意见的质证意见，这实际上也属于当事人的陈述，而当事人陈述是《民事诉讼法》第66条规定的法定证据形式之一。据此，专家辅助人的意见成为一种法定的证据种类。不过，这种证据类型上的认可实际上极大地弱化了专家辅助人意见的证明力，因为当事人陈述本身可采性就比较低，通常低于书证和物证，也低于或等于鉴定结论，且不能单独作为认定案件事实的根据。❶

为了调查实务中法院对专家辅助人意见的采信状况，笔者将法院观点划分为四类，分别是至少部分采信、完全不采信、态度不明确和其他（包括驳回出庭申请）并对前述164个案例进行了分类统计，得出图2所示的统计结果。

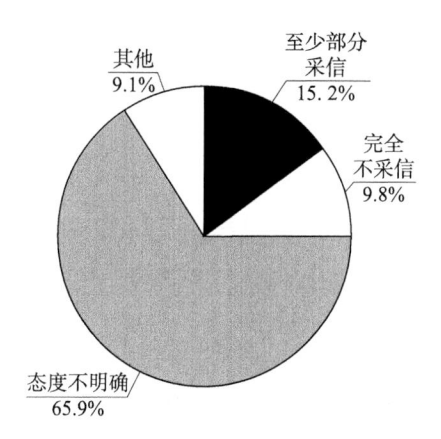

图2 164个案例的专家辅助人意见采信状况

从图2可以看出，有不到1/5的专家辅助人意见被至少部分采信，另有将近2/3的案例中法院没有透露对专家辅助人意见的看法。由此可见，法院不仅对专家辅助人意见评判持审慎和严格的态度，而且倾向于不对外公布其对专家辅助人意见的观点。对此，笔者认为，既然专家辅助人陈述是一种证据形式，那就应该公布其意见。尤其是当双方当事人都有专家辅助人且发表的意见相反时，法庭不仅应该公布各个专家辅助人的意见，而且要对到底采信哪一种意见给出结论，否则就相当于法庭没有对证据进行认证就作出判决，程序上存在一定问题。

此外，笔者整理出可能降低专家辅助人意见可采性的几个因素，对于律师

---

❶ 《关于民事诉讼证据的若干规定》第90条规定："下列证据不能单独作为认定案件事实的根据：（一）当事人的陈述；……。"

和专利代理师的实务具有一定的借鉴意义：

（1）意见与待证事项缺乏关联性，例如在某专利权权属纠纷案中，待证事项是涉案专利属于职务发明，而专家辅助人发表的意见是涉案专利与某案外专利具有同一性，对此，法院的观点是："故诉争专利与前述两项专利在技术上是否具有同一性……，与……诉争专利是否为职务发明创造没有关联。专家辅助人发表的意见，本院不予采纳。"

（2）意见过于上位和空泛，例如在某合同纠纷案中，法院认为："专家辅助人的陈述只是介绍了损失计算方法和一般原则，并不能证明某某公司停井损失的实际数额。"

（3）仅提供法律意见，例如在某专利无效行政纠纷案中，法院认为："其（专家辅助人）完全针对本专利的创造性发表评论，实际是提供法律意见，本院不予采纳。"

二、行政诉讼篇

2002年10月1日施行的《最高人民法院关于行政诉讼证据若干问题的规定》第48条规定："对被诉具体行政行为涉及的专门性问题，当事人可以向法庭申请由专业人员出庭进行说明……。"该制度与民事诉讼中的专家辅助人制度颇为类似，以至于在实务中，尤其在专利行政诉讼和专利民事诉讼中，对两者并没有予以严格区分。因此，上一篇章中阐明的内容同样适用于专利行政诉讼。

三、复审无效篇

专利复审请求和专利无效宣告请求的审查，核心是对技术的审查。专利审查人员和专利代理师虽然具有理工科背景，但是当面临着更迭迅速、复杂多样的技术问题时，知识储备有时难免"捉襟见肘"。因此，专利复审和无效宣告程序同样存在专门知识的人辅助当事人陈述专业意见的需求。不过，在民事诉讼中，出于五花八门的案情需要，专家辅助人可能来自社会科学、自然科学和形式科学等各种领域和学科，而在专利复审和无效宣告程序中，所需要的有专门知识的人主要是具有专门技术知识的人（本文中以下简称"专家"）。

（一）程序规范

《民事诉讼法》中的专家辅助人制度是否适用于专利复审和无效宣告程序，这点有待考究。尽管《专利审查指南2010》（本文中以下简称《指南》）

第四部分第八章规定了"无效宣告程序中有关证据的各种问题，适用本指南的规定，本指南没有规定的，可参照人民法院民事诉讼中的相关规定"，且专家辅助人制度正是规定在《民事诉讼法》中的证据章节，但从目前的专利复审和无效宣告实践来看，并没有为专家辅助人出庭设立专门的规范性流程。另外，笔者在"复审无效决定及判决检索系统"（以下简称"检索系统"）中以"专家辅助人"为检索词进行搜索，只命中 1 例无效宣告请求审查决定（WX27553），但是其涉及参与该案的在前诉讼程序的专家辅助人，该专家并未参与本次无效宣告程序。

由此可见，至少到目前为止，专利复审和无效宣告程序并没有明确引入专家辅助人制度。但是，实务中当事人又亟需有专门知识的人的辅助。如何解决这一矛盾？笔者结合案例和自身的代理经验总结出以下可行途径。

1. 参与方式一：提交书面专家意见

通过书面方式参与既适用于专利复审程序，也适用于专利无效宣告程序。尤其对于鲜少启动口头审理的复审程序而言，提交书面专家意见几乎是唯一可行的参与方式。书面专家意见可以以"专家声明"（例如 FS130497 案中）、"宣誓证词"（例如 WX25493 案中）、"专家证言"（例如 FS130006、WX11255 案中）等方式提交，必要时可以辅以专家简历、著作等作为证明专家专业性和权威性的证据，以最大可能地提高专家意见的可信度。需要注意的是，在提交专家简历与专家专著和文章时，应当阐明其证明目的，否则可能会被合议组认为与案件在技术上无直接关联而被排除。例如在 FS111004 案中，合议组在复审决定中指出"专家简历与本案也无任何关联"。

《指南》第四部分第八章第 2.2.1 节中规定："当事人提交外文证据的，应当提交中文译文，未在举证期限内提交中文译文的，该外文证据视为未提交。……"该规定是否适用于专利复审程序，实践中存在争议。笔者在检索系统中以"专家 and 证人"为关键词命中了 32 篇决定，其中包含 21 篇复审请求审查决定和 11 篇无效宣告请求审查决定。在这些决定中，发现共有 5 篇复审请求审查决定未提交专家声明的中文译文，但是合议组均未提异议，有些还具体回应了专家观点（如 FS124779、FS101700 案）。由此可见，在复审程序中，外文证据的中文译文的提交可能不是必需的。不过，笔者仍建议最好提交中文译文，一方面遵守《专利法实施细则》第 3 条"依照专利法和本细则规定提交的各种文件应当使用中文……"的规定，避免证据视为未提交的风险；另一方面方便合议组对专家意见的阅读和理解，以提高采信度。

此外,《指南》第四部分第八章还规定了对域外证据应履行公证认证手续。❶ 因此,在专利无效宣告程序中,来自域外的专家意见如果没有履行规定的公证认证手续,则会被排除。例如在 WX2549 案中,无效宣告请求审查决定指出:"尽管请求人提交了证据 8(某博士的宣誓证词书)的公证文件,但并未履行认证手续,……其真实性难以获得认可,故在本案中不能作为……证据使用。"

该规定是否适用于专利复审程序,实践中也存在争议。不过,至少从上述21 篇复审请求审查决定来看,在域外证据均未履行公证认证手续的情况下,未有一个案例的合议组提出异议。

2. 参与方式二:参与口头审理

在目前的口头审理程序规范缺失"专家辅助人"相关规定的情况下,专家通常需要借助"证人"或"代理人"的身份参与口头审理。

当以证人身份参与口头审理时,应遵循《指南》对证人的以下规范:

(1) 仅能就其出具过的证言出庭作证;

(2) 需在口头审理通知书回执中声明,并写明证人姓名、身份证号、工作单位(职业)、要证明的事实;

(3) 出席口头审理时携带身份证件;

(4) 不能旁听,询问其他证人时不得在场;

(5) 回答合议组和双方当事人的询问。

作为另一种选择,专家也可以以受当事人委托的公民代理人的身份参与口头审理。对于公民代理,《指南》规定"公民代理的权限仅限于在口头审理中陈述意见和接收当庭转送的文件"。因此,其代理权限只能是一般代理。不过,关于公民代理的规定记载在《指南》第四部分第三章第 3.6 节,其是否适用于专利复审程序也尚待探究。

当以代理人身份参与口头审理时,根据《指南》规定出庭应携带授权委托书原件和身份证原件,以备查验。

对比"证人"或"代理人"这两种身份,可以发现各有利弊。前者相较于后者的优势在于不占用代理人名额❷且无须隐去专家身份,其专家身份实际

---

❶ 2021 年 8 月 3 日发布的《指南》修改草案征求意见稿删除了认证手续的要求,保留公证手续的要求。

❷ 《指南》第四部分第四章第 3 节规定:"……参加口头审理的每方当事人及其代理人的数量不得超过四人……。"

上在一定程度上有利于其意见的可信度。后者虽然隐去专家身份并占用代理人名额，但是出庭所受限制少，例如无须像证人那样预先提交书面证言，也无须考虑利害关系，更可以全程参与口头审理。

（二）意见效力

在上文提及的32篇决定中，只有1篇决定（FS2207）中合议组采信了专家意见，另有21篇决定中合议组明确表示不采信专家意见，8篇决定中合议组未表明对专家意见的态度，还有2篇决定的案例中当事人放弃了曾提交的专家意见，具体数据统计情况如图3所示。由此可以窥见，在专利复审和无效宣告程序中，合议组对于专家意见的采信现状并不乐观。

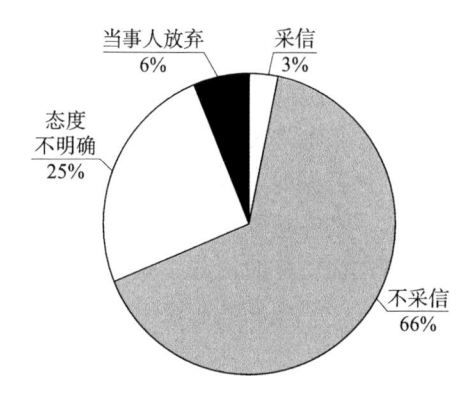

图3 32篇决定的专家意见采信情况

对比专利复审程序和专利无效宣告程序，可以发现两者对于专家意见的审查也不尽相同。总的来说，专利无效宣告程序相较于专利复审程序更注重依照《民事诉讼法》中的证据规定来审查专家意见，比如会考察域外证据的证明手续是否完善、专家是否与当事人有利害关系等；另外，专利复审程序相较于专利无效宣告程序更注重从技术角度评价专家意见，较少考虑技术之外的其他因素。

此外，笔者基于案例研究整理出以下有助于提高专家意见采信度的建议，供专利代理师和律师参考：

（1）减少书面意见中的笔误。例如在WX20772案中，书面专家意见阐述的是本专利的德国同族的说明书公开不充分问题，以兹证明本专利存在相同缺陷。但是专家意见中将该德国同族的公开号中的一个数字写错，导致该专家意见因缺乏关联性而被排除。

（2）确保书面意见没有法律错误和疏漏。实践中，部分意见不恰当也有导致整个意见被排除的风险。例如，在 WX22154 案中，专家证言中提及了一篇文献作为公知常识的证据，该文献的公开日晚于本专利申请日并不会影响对专利创造性的评价，导致专家证言中的其余内容也未被采信。

（3）对于公司技术人员，建议作为委托代理人而非证人出庭，以绕开利害关系的不利影响。例如在 WX34743 案中，专利权人请求出庭作证的专家是其公司员工，对此，合议组指出："两者存在利害关系，……在无其他证据可以与反证 1（专家证言）相互印证的前提下，反证 1 不能单独作为认定其所主张内容真实客观的依据。"

四、结 语

综上所述，有专门知识的人作为在科学、技术以及其他专业知识方面具有特殊专门知识或经验的人员，根据当事人的请托，出庭辅助当事人对讼争的案件事实所涉及的专门性问题进行说明或发表专业意见和评论，弥补了当事人及其代理人以及审判、审查人员在专业知识方面的欠缺，提高了审查效率。在实务中，考虑委托有专门知识的人出庭时，务必审慎且严密地考虑其出庭的必要性，谨慎选择适当的专家并且应当缜密地制定出庭策略。

论专利审查、无效中的"福尔摩斯"现象

管高峰[*]

【摘　要】

　　在欣赏文学、影视作品时，有个很有趣的"福尔摩斯"现象。这个有趣的现象看起来和专利审查似乎风马牛不相及，但事实却是很多审查员乃至代理人都没意识到，但它确实在发生，甚至可以说每天都在频繁发生。通过本文，审查员能够意识到这个现象及其本质原因所在，那么在实践中就能尽量予以避免。而且代理人即使遇到这个问题，也能够通过前述思路进行争辩，给发明人的发明创造争取一个更为公平、公正、客观的审查结果。

【关键词】

　　创造性　审查意见　答复

不少人都看过福尔摩斯探案故事，或者以福尔摩斯故事作者而命名的日本知名动漫《名侦探柯南》，或者类似的其他破案、解密的电影，其中有个很有趣的现象：在人们获知犯罪的真相之前，所有的一切都看起来那么天衣无缝、无懈可击——但当人们得知罪犯的真面目以后，回过头来审视整个事件的前因

---

[*] 作者单位：成都九鼎天元知识产权代理有限公司。

后果时，却又会明显发现一切漏洞百出，连连感叹："这么简单明显的线索，我当初怎么就没看出来呢？"笔者将这种现象称为"福尔摩斯"现象。

这是因为，在实际探案的过程中，探案者所面临的各种迹象、线索、假象众多，而从中找到真相显然是件异常艰难的事情——犹如从事件迷宫的起点寻找一条通向真相终点的路，一开始就有若干条路可选，而每条路又有若干支路可选，由此，可能的路线数量呈几何级数上涨，而真相的路却只有一条。

但当知道幕后真凶以后，再回过头来审视整个案件时，下意识地，我们会把目光紧紧地盯在这个真凶上，其他本来会造成众多干扰的其他人物、事件因素在无意识间都被统统排除在外了。此时，我们自然会很容易地发现各种漏洞——当你大海捞针的时候，自然很难发现真相，但当你拿着放大镜找茬时，哪怕没有问题都可能会找出问题来，更何况真凶本来就有问题呢。

而且，原来很多真凶用来迷惑你的手段、很多原来不合理的现象，此时也纷纷被看个透彻了，因为此时你也会在下意识中不停地寻找各种可能、合理的解释，有意地将这些解释往最终真相上靠，使得这些现象能够与你获知的最终真相相符。

这个有趣的现象，看起来和专利审查似乎风马牛不相及，但事实却是很多审查员乃至代理人都没意识到这个现象，它不但发生，甚至可以说每天都在频繁发生：

虽然发明审查的机制是事后通过检索得到对比文件再与其进行对比，但很显然，这些检索得到的文件仅仅是用于判断的素材，关键是利用这些素材，站在本发明作出之前的本领域技术人员的角度，回本溯源，以一个发明创造作出的自然和客观过程，推测是否能从对比文件的结合得到足够教导和启示。

但是，现实中，却有一个如同前述"福尔摩斯"现象很容易被人忽视却非常重要的关键问题：

当人们被告知结果时，似乎很容易就会推导出各种合乎逻辑的原因和规律，但实践检验又常常无情地将这些看似合乎逻辑的规律推翻。原因在于，从结果推导原因的时候，人们往往无意识地将眼界缩得很小，基本上只围绕结果而展开，且无意识地为这种结果寻找各种看似合理的原因，从而使得这个结果/规律合理地成立但事实上，在事情从发生到产生结果的客观过程中，影响因素并不仅是前述逆推中所局限的围绕结果的一些因素，其面临的影响因素往往不在同一个量级，由此导致前述所推导出的那些看似合乎逻辑的原因和规律在数量庞大的影响因素面前纷纷失效。

"福尔摩斯"现象之所以频繁发生,就是因为专利审查不可避免地是由人来完成,虽然规定了众多客观规则,但仍不可否认的是,审查者的主观性在其中发挥了重要的作用,而前述作为人的主观判断过程中的客观规律又为这一"主观性"进一步推波助澜,最终明显的现象是:

(1) 审查者的眼界在无意识中缩得很小,基本上只围绕结果(检索结果和待审查申请)展开,很容易就忽略了一个发明创造作出的自然和客观过程;

(2) 审查者往往在无意识中会为这种既定的结果寻找各种看似合理的原因,从而使得这个结果/规律合理地成立,而实际上这些看似合理的原因/解释又恰恰和真相相去甚远。

案例一:笔者代理了某项发明创造,其中与审查员的某个关键争辩点在于:
该申请某个发明点在于"黑麦草、白三叶和尼泊尔酸模三种植物混种,实现对铅污染的土壤的修复";

而对比文件1、4分别公开了黑麦草、白三叶单独对铅污染的修复;

对比文件3仅仅公开了酸模叶蓼对铅污染的修复(酸模叶蓼与尼泊尔酸模同属蓼科植物);

对比文件2中公开了植物间套种既有提高植物对重金属提取的例子,也有减少植物对重金属提取的例子。

审查员认为:"酸模叶蓼属于蓼科植物,同时蓼科植物中酸模也是铅富集植物,因此本领域技术人员有动机从蓼科植物中筛选出尼泊尔酸模……虽然对比文件2中公开了植物间套种既有提高植物对重金属提取的例子,也有减少植物对重金属提取的例子,但是既然存在植物间套种可提高重金属提取的例子,那么本领域技术人员就有动机去尝试采取混种的方式去修复重金属污染,不会因为存在负向的例子就不去尝试。"

这个思维逻辑在审查实践中乍一看似乎合情合理,对此,笔者的答复大意是(本文重新进行梳理调整):

(1) 对比文件2给出植物套种可能会有相互削弱,也可能有相互提高,或者一个提高一个降低的情况出现,那么重金属富集植物之间的套种作用到底是如何,对比文件2并未给出确切的说法。事实上,根据常识,任何人都可以在不做任何科学实验的情况下推测植物混种会导致相互提高、相互降低或者一升一降的情况出现,因此对比文件2既没有给出正向的技术启示,也没有给出反向的技术启示。

(2) 以该案为例,在一个发明创造作出的自然和客观过程中,本领域技术人员面临的是成千上万能够修复土壤铅污染的植物，黑麦草、白三叶、酸模叶蓼三种植物并没有特别的闪光点能够吸引本领域技术人员的注意（现有技术既没有说明这三种植物的修复能力"鹤立鸡群"，也没有说明它们之间"相互吸引"——具有协同作用），对于本领域技术人员而言，凭什么会将目光从茫茫"植"海中锁定它们三位并刻意地为它们之间牵上红线？除非有一双"上帝之手"，或者一双"月老之眼"，或者所谓"冥冥之中自有感召"，否则在客观发明创造作出的过程中是不会出现这种刻意或者动机的——而在审查中为什么会出现？因为审查员是在通晓了该发明后作出的事后检索，因此，审查员的目光下意识地就仅仅锁定在了黑麦草、白三叶、酸模叶蓼三者身上了，而仅仅针对三个目标对象作出发明创造，与客观发明创造中针对成千上万目标对象作出发明创造的难度显然不在一个量级上。

（3）哪怕如审查员所言，不考虑现有技术中植物的组合会带来负面效果的例子，仅考虑会带来正面效果的例子，本领域技术人员有动机去将黑麦草、白三叶与其他植物进行组合，审查员在通晓本发明之后再回头进行审视时，目光自然而然地仅仅聚焦在尼泊尔酸模上，得出认为本发明组合是显而易见的结论似乎也合理。但是，请注意，对于本领域技术人员而言，在本发明公开之前，现有技术给他们的信息仅仅是黑麦草、白三叶与其他植物进行组合可能会提高对铅污染的修复，并未给出这个其他植物应该是什么植物的任何信息，此时他们面对的是数量庞大的植物，再两两配对或三三组合更是多不胜数。虽然理论上穷尽所有组合必然能得出本发明中的组合，但在这样千亿分之一的概率下，这种组合就不能说是显而易见或有限次试验就能得到的。

案例二：在另一个相似案例中，该申请的一个关键发明点在于：种植红果黄鹌菜修复土壤重金属镉污染，对比文件1公开了宽叶山蒿修复土壤重金属镉污染，而对比文件2仅仅公开了"日本黄鹌菜和异叶黄鹌菜两种黄鹌菜种子对于低浓度镉胁迫具有一定的耐受性，在高浓度条件下也能萌发，但萌发率较低，萌发时间滞后，可能具有成为富集植物的潜力"，据此审查员认为本领域技术人员有动机筛选对比文件2的黄鹌菜的同科属植物，从而得到该申请的红果黄鹌菜修复土壤重金属镉污染。

同样地，笔者作了与案例一类似的陈述，大意如下（本文重新进行梳理调整）：

在客观的实际发明创造的过程中，本领域技术人员在面临本发明的问题时，实际的客观研究过程应当如下所示：

首先，本领域技术人员在对比文件 1 的基础上，去寻找一种新的修复果园土壤镉污染的方法，而且还是采用寻求镉超富集植物的方式修复果园镉污染的方法，其面临两个问题，第一是合适的植物，第二是合适的方法。

对于第一个问题，世界上的植物如恒河沙，不可尽数，一一验证显然是不可能的。按照创造性判断的动机规则，本领域技术人员只会有动机从已公开的镉超富集植物的同科属植物中去寻找。

但是，在这种寻找中，本领域技术人员会发现，已公开的镉超富集植物众多，但是这些镉超富集植物的同科属植物并不一定也是镉超富集植物（比如景天科景天属植物东南景天为锌、镉超富集植物，而景天科景天属植物佛甲草和养心菜就不是超富集植物，可参见《农业环境科学学报》2003 年第 5 期的《东南景天对锌镉复合污染的反应及其对锌镉吸收和积累特性的研究》）。

对于本领域技术人员而言，很显然会明确：这种同科属植物间是否具有镉超富集性是没有规律可循的，更何况对于不是镉超富集的植物就更不可能有动机对其同科属植物进行进一步验证了。

在此，基于现有技术所能给出的信息，第三方在创造性判断的逆推过程中，由于开篇所述存在的问题，会无意识地将目光只锁定在黄鹌菜上。但是，在客观的发明创造的过程中，本领域技术人员无法将目光只锁定在黄鹌菜上。

已公开的镉超富集植物并不包括黄鹌菜，对比文件 2 仅仅公开了"两种黄鹌菜种子对于低浓度镉胁迫具有一定的耐受性，在高浓度条件下也能萌发，但萌发率较低，萌发时间滞后，可能具有成为富集植物的潜力"。

但是，众所周知：

（1）种子能发芽并不代表其植株能够具有良好的镉污染耐受性，能够在镉污染环境下顺利成长、壮大起来；

（2）对比文件 2 还明确指出，低浓度镉下耐受性较好，但高浓度下发芽已经很困难了，这显然对于需要治理的镉污染土壤的高浓度特性是不适宜的；

（3）对镉污染的耐受性更不代表镉污染的富集性：对重金属具有较强忍耐性不一定会有重金属超富集。重金属耐性植物能够在高浓度的重金属胁迫条件下正常生长，但重金属富集量却很低。根据《冬季农田杂草繁缕对镉的积累特性研究》（《生态环境学报》2014 年第 4 期）的研究，在土壤镉浓度为 60mg/kg 时，附地菜、棒头草、婆婆纳、胜红蓟、雀舌草都能够正常生长，说明这些植物对镉都具有很强的耐性，但这些植物地上部分的镉含量都相对较低，完全达不到超富集植物的标准（100mg/kg）。

而基于前述陈述，审查员又进一步指出"植物修复包括植物稳定、植物提取、植物挥发和根系过滤4种类型，重金属超富集植物属于植物提取，本领域技术人员在知道对比文件2的黄鹌菜的种子对重金属镉具有耐性，但不具备富集的特性的情况下，有动机进一步研究其他修复模式，如植物稳定，通过根部对金属的积累和沉淀或根表吸持来加强土壤中污染物的固定，然后再推至同科属植物，从而得到本发明的红果黄鹌菜"，试图寻找新的合理理由。

但是，笔者通过调查发现：

这个推导逻辑看似合情合理，但事实上却存在本文开篇的那个关键问题，由此进一步陈述：

"其一，根本地，本发明相对对比文件1要解决的技术问题只是寻找另一种镉超富集植物的方式，即通过植物提取来实现镉污染的修复，所以在实际客观的研究过程中，根本上就不存在往所谓植物稳定、植物挥发和根系过滤等方向研究的动机。

"其二，事实上，所谓的植物稳定仅仅是'比如矿山废弃地不仅占用大量土地，同时有些还是潜在的、持久而严重的重金属污染源。地表植被破坏易导致严重的水土流失，同时伴随着重金属元素的迁移扩散而带来更大范围的污染。植物稳定技术利用植物根系的吸附作用或通过根系分泌物等使土壤中的重金属移动性降低，生物有效性下降，降低其迁移和生物毒性。在这一过程中，土壤中重金属含量并不减少，但形态发生了变化（参见《广东农业科学》2011年第20期的《植物稳定技术在金属矿山废弃地修复中的利用》）。

"即所谓植物稳定，仅仅是为了避免重金属污染的扩散，并无法修复污染地的重金属污染。因此，可以理解的是，前述所谓植物稳定的逻辑推导事实上也仍然是我们作为第三方容易出现的，在无意识间为了得到既定结果做了主观联想，并不了解真正的植物稳定的实际情况，结果得出看似合情合理，但结合实际的植物稳定却发现完全不是一回事的结果。"

如前所述，专利审查不可避免是由人来审查。虽然规定了众多客观规则，但仍不可否认的是，审查者的主观性在其中发挥了重要的权重作用，而前述作为人的主观判断过程中的客观规律又为这一"主观性"进一步推波助澜，最终导致了本文所讨论现象的广泛存在。但是，只要审查员能够意识到这个现象及其本质原因所在，那么在实践中就能尽量予以避免，而且专利代理师即使遇到这个问题也能够通过前述思路进行争辩，给发明人的发明创造争取一个更为公平、公正、客观的审查结果。

无效宣告过程中马库什权利要求的修改

丁文蕴[*]

【摘 要】

马库什权利要求是化学领域中较常见的一种权利要求的撰写方式。在专利申请实质审查过程中,对于马库什权利要求的修改并没有特别限定,可以根据现有技术的公开情况删除其中一个或多个可选择要素。而专利无效宣告过程中,对权利要求的修改有更高的要求。目前司法实践中对于马库什权利要求的修改进行了严格限制,不允许删除马库什要素中任一变量的任一选项。为此,笔者认真研究了近期国家知识产权局专利局专利复审与无效审理部作出的相关无效宣告请求审查决定,对每个案例进行了分析,并提出了关于如何撰写相关专利申请,以及在实质审查过程中如何修改相关权利要求的建议和意见。

【关键词】

无效宣告 马库什权利要求 修改

---

[*] 作者单位:北京银龙知识产权代理有限公司。

一、关于马库什权利要求的定义

马库什权利要求是化学领域中较常见的一种权利要求的撰写方式。

何为马库什权利要求？《专利审查指南2010》中有相关定义：如果一项申请在一个权利要求中限定多个并列的可选择要素，则构成马库什权利要求。如果一项马库什权利要求中的可选择要素具有相类似的性质，则应当认为这些可选择要素在技术上相互关联，具有相同或相应的特定技术特征，该权利要求可被认为符合单一性的要求。这种可选择要素称为马库什要素。

最常见的，马库什权利要求限定了一个或多个通式化合物，具有多个可变化基团，对该可变化基团进行了多个并列可选择限定，从而形成一个化合物树状簇。

二、专利无效宣告过程中的修改原则及方式

在专利实质审查过程中，对于马库什权利要求的修改并没有特别限定，可以根据现有技术的公开情况删除其中一个或多个可选择要素。

而专利无效宣告过程中，对权利要求的修改有更高的要求。发明专利或者实用新型专利文件的修改仅限于权利要求书，其修改原则是：

（1）不得改变原权利要求的主题名称；

（2）与授权的权利要求相比，不得扩大原专利的保护范围；

（3）不得超出原说明书和权利要求书记载的范围；

（4）一般不得增加未包含在授权的权利要求书中的技术特征。

外观设计专利的专利权人不得修改其专利文件。

修改方式主要包括两种：

1. 删除以外的方式

（1）对权利要求的进一步限定：是指在权利要求中补入其他权利要求中记载的一个或多个技术特征；

（2）对明显错误的修正。

2. 删除方式

权利要求的删除和技术方案的删除。❶

在专利无效宣告过程中，这样严格的修改限定，目的是保持授权权利要求

---

❶ 参见：《国家知识产权局关于修改〈专利审查指南〉的决定》（国家知识产权局令第74号）。

的公示性和稳定性，维护公众的信赖利益。

三、无效宣告过程中马库什权利要求的修改

由于无效宣告过程中的删除式修改只能针对权利要求或技术方案，对于马库什权利要求涉及的马库什要素是否可以任意删除，在最高人民法院（2016）最高法行再第41号判决作出之前，有两种针锋相对的观点：一种是把马库什权利要求作为一个整体方案，不允许任意删除；另一种是把马库什权利要求作为多个并列技术方案的组合，认为可以任意删除。

最高人民法院作出（2016）最高法行再第41号判决（WX16266），基本上统一了审查或审理思路，该案具体如下。

该行政案件的涉案权利要求1要求保护的是：

一种制备用于治疗或预防高血压的药物组合物的方法，该方法包括将抗高血压剂与药物上的可接受的载体或稀释剂混合，其中抗高血压剂为至少一种如下所示的式（Ⅰ）化合物或其可用作药用的盐或酯，

其中：R^1代表具有1~6个碳原子的烷基；R^2和R^3相同或不同，且各自代表具有1~6个碳原子的烷基；R^4代表氢原子或具有1至6个碳原子的烷基；R^5代表羧基、式$COOR^{5a}$基团或式—$CONR^8R^9$基团，……

在专利无效宣告审理过程中，专利权人对权利要求进行了上述修改。❶

对于无效宣告过程中上述修改，最高人民法院认为：

"鉴于化学发明创造的特殊性，同时考虑到在马库什权利要求撰写之初，专利申请人为了获得最大的权利保护范围就有机会将所有结构方式尽可能写入一项权利要求，因此在无效阶段对马库什权利要求进行修改必须给予严格限制，允许对马库什权利要求进行修改原则应当是不能因为修改而产生新性能和

---

❶ 参见：专利无效宣告请求审查决定书 WX16266。

作用的一类或单个化合物，但是同时也要充分考量个案因素。如果允许专利申请人或专利权人删除任一变量的任一选项，即使该删除使得权利要求保护范围缩小，不会损伤社会公众的权益，但是由于是否因此会产生新的权利保护范围存在不确定性，不但无法给予社会公众稳定的预期，也不利于维护专利确权制度稳定。"

通过上述案件，最高人民法院对马库什权利要求的修改进行了严格限制，虽然要充分考量个案因素，但最终因为删除可能造成不确定性，从而不允许删除化合物中任一变量的任一选项。

最高人民法院的上述审查思路是有道理的。化合物马库什权利要求应是基于说明书中列举的具体例子，结合本领域技术人员常识概括出的上位概念，属于一种上位概括的特殊方式。与通常通过基于具体概念用上位特征或上位术语对技术方案进行概括性限定相比，马库什权利要求的方式是通过多个并列的可选择要素的罗列形成了一个上位概念。这个上位概念不应是一个个具体物质的并列集合，而是通过一个个点、枝、杆形成的化合物树状簇，从而形成了一个整体方案。

因此，在无效宣告过程中，应该限制对该整体方案的任意修改。这一点与在评价新颖性、创造性时作为现有技术的马库什权利要求无法公开具体化合物的思路也是一致的。

四、近期案例研究及思考

研究近期无效过程中的马库什权利要求的修改案例如下。

案例1 专利无效宣告请求 WX35381

在专利无效过程中，专利权人对权利要求进行了如下修改：

1. 一种黑色活性染料组合物，包括式（Ⅰ）、式（Ⅱ）、式（Ⅲ）化合物……

其中，M_1、M_2、M_3各自独立地为氢、钾、钠、锂或铵；R_1、R_2各自独立地为$-CH=CH_2$或$-C_2H_4OSO_3M_1$，R_3、R_6各自独立地为（$C_1\sim C_4$）的烷基或（$C_1\sim C_4$）的烷氧基，R_4、R_5其中有一个为$-CH=CH_2$，另一个为$-C_2H_4OSO_3M_2$，R_7为$-CH=CH_2$或$-C_2H_4OSO_3M_3$……

无效宣告请求审查决定最终没有接受该修改，认为：

"权利要求1属于典型的马库什权利要求。专利权人针对马库什权利要求所做出的'删除R_3和R_6定义中的部分选项'的修改方式不属于并列技术方案的删除，同时也不属于使用其他权利要求记载的技术特征对权利要求1进行进一步限定以缩小保护范围的情形，因此，专利权人提交的修改文本不符合无效宣告程序中有关修改权利要求的规定，不予接受。"

案例1中，权利要求1中R_3、R_6各自独立地为（$C_1 \sim C_4$）的烷基或（$C_1 \sim C_4$）的烷氧基属于并列可选的马库什要素，与R_3、R_6并列的M_1、M_2、M_3，以及R_4、R_5等也由分别多个并列可选的马库什要素限定，各要素之间相互依存，从而形成了一个结构复杂、相互牵连的网状整体方案。因此，对于其中一个分枝的马库什要素的任意删除可能会引起整个方案的改变，而这种改变不属于并列技术方案的删除，也不属于使用其他权利要求记载的技术特征对权利要求1进行进一步限定以缩小保护范围的情形，因此，该修改没有被接受。该案显示，在无效宣告请求审查过程中，采用了最高人民法院（2016）最高法行再第41号判决的基本审查思路，即：典型的马库什权利要求，在无效宣告过程中，原则上不允许删除部分并列要素。

案例 2　专利无效宣告请求 WX38769

在专利无效过程中，专利权人对权利要求进行了如下修改。

1. 一种用于聚合物的添加剂组合物，其中包括：

组分 A：80wt%~99.99wt% 的具有式（Ⅰ）所示结构的二烷基次膦酸盐，

$$\left[\begin{array}{c} O \\ \| \\ R^1-P-O \\ | \\ R^2 \end{array}\right]_m M^{m+} \quad (Ⅰ)$$

其中，R^1、R^2 相同或不同，表示为乙基、丙基和/或丁基；

M 为 Mg、Ca、Al、Zn、Fe；

m 为 2~3；

组分 B：……

组分 C：0.75wt%~0.9wt% 具有式（Ⅲ）所示结构的亚磷酸盐……

其中，R^3 表示为 H；M 为 ~~Mg~~、~~Ca~~、Al、Zn、~~Fe~~；m 为 2~3；

组分 B 为 0wt%、组分 C 不为 0wt%，且 A、B 和 C 组分的总和始终为 100wt%。

$$\left[\begin{array}{c} O \\ \| \\ O-P-O \\ | \\ R^3 \end{array}\right]^{2-}_{1/2m} M^{m+} \quad (Ⅲ)$$

无效宣告请求审查决定最终接受了该修改，认为：

"组分 C 结构的变化并不会对共同应用的其他组分 A、B 的结构产生影响，而组分 C 中 R^3 唯一表示为 H，并非可变量，因此组分 C 中变量仅为 M 和 m，但鉴于 m 表示 M 所选金属的价态，其值由金属 M 唯一确定，因此组分 C 中的实际变量只有 M。在这种情况下，M 的选择可以视为并列技术方案，因而专利权人的修改是可以接受的。"

基于该案，反观马库什权利要求的定义，该定义并没有将马库什权利要求局限于化合物，并没有排除组合物权利要求也可以被认定为马库什权利要求。《专利审查指南 2010》第二部分第十章第 8.1.2 节中举的【例 4】，就是一种除草组合物，该组合物中的组分具有并列的可选择要素，也可能形成马库什权利要求。而该案无效宣告请求审查决定中认为由于"组分 C 结构的变化并不会对共同应用的其他组分 A、B 的结构产生影响",因此独立地考虑对组分 C 的修改,进而对组分 C 限定。由于变量实质上是一个,所以组分 C 可以被视为一组并列技术方案。可见,并不是马库什权利要求均不能删除其并列的要素,而是要充分考量个案因素。如果删除并列的要素对于权利保护范围不会产生不确定性的影响,也是被允许的。在该案中,组分 A 和组分 C 确实有多个并列可选择要素,但对组分 C 的修改不会影响到组分 A,权利要求的保护范围是确定的,而组分 C 的变量只有一个,被视为并列技术方案,因此可以进行删除。

案例 3 专利无效宣告请求 WX38388

该案的权利要求 1 限定如下:

1. 式 I 化合物或其可药用盐,

其中:

R^0 是氢或卤素;

R^1 是氢、卤素或取代或未取代的包含 1、2 或 3 个选自 N、O 和 S 的杂原子的 5 或 6 元杂环基;

R^2 是氢或 C_1-C_8 烷基;

R^3 是 C_1-C_8 烷基亚磺酰基、C_1-C_8 烷基磺酰基、C_5-C_{10} 芳基磺酰基、未取代或取代的氨甲酰基或未取代或取代的氨磺酰基;或……

(I)

5. 权利要求 1~4 任一项的式 I 化合物,其中:R^0、R^1 或 R^2 为氢。

专利权人在针对无效宣告请求答辩时,将原权利要求 5 中 R^1 为氢的技术方案作为权利要求 1,并删除原权利要求 5 中 R^0 或 R^2 为氢的技术方案。

形成新权利要求 1:

式 I 化合物或其可药用盐,

其中:

R^0 是氢或卤素;

R^1 是氢;

R^2 是氢或 C_1-C_8 烷基；……

无效宣告申请审查决定最终接受了该修改，认为上述修改符合《专利法》第 33 条以及无效宣告程序中对于修改的规定。

该修改并不是对马库什权利要求中并列取代基的任意删除，原因是原权利要求 5 由三个并列技术方案组成，可以分别将权利要求 1 中的 R^0、R^1 或 R^2 代替为氢，修改后的权利要求 1 是原权利要求 5 中 R^1 为氢的技术方案。事实上这是对权利要求 1 进行了删除，而不是修改权利要求 1。

因此，在撰写专利申请时，对于马库什权利要求，多组织并列的从属权利要求是非常重要的，可以在一定程度上克服无效过程中修改受限的缺陷。

案例 4 专利无效宣告请求 WX39597

该案的权利要求 1 限定为：

1. 式（Ⅰ）化合物，

中取代基定义如下：X 为 CH_3，Y 为 CH_3，A 为 CH_3 和 G 为 H；

X 为 Br，Y 为 CH_3，A 为 CH_3 和 G 为 H；

X 为 CH_3，Y 为 CH_3，A 为 CH_3 和 G 为 $\overset{O}{\underset{}{\text{C}}}\text{OC}_2\text{H}_5$；

X 为 Br，Y 为 CH_3，A 为 CH_3 和 G 为 $\overset{O}{\underset{}{\text{C}}}\text{OC}_2\text{H}_5$；

X 为 CH_3，Y 为 Br，A 为 CH_3 和 G 为 $\overset{O}{\underset{}{\text{C}}}\text{OC}_2\text{H}_5$；

X 为 Br，Y 为 CH_3，A 为 CH_3 和 G 为 $\overset{O}{\underset{}{\text{C}}}\text{O-CH}_2\text{-C}_6\text{H}_5$；

X 为 Br，Y 为 CH_3，A 为 CH_3 和 G 为 $\overset{O}{\underset{}{\text{C}}}\text{-cyclopropyl}$；或

X 为 Cl，Y 为 CH_3，A 为 C_2H_5 和 G 为 $\overset{O}{\underset{}{\text{C}}}\text{-iC}_3\text{H}_7$。

专利权人在无效宣告申请口头审理当庭对权利要求进行修改：其对原权利要求1的部分化合物进行了删除，仅剩下原第三个化合物。

无效宣告申请审查决定中认为原权利要求1保护8个具体化合物，其实质上保护8个并列技术方案，对并列技术方案的删除符合无效宣告程序中有关权利要求修改的规定。

对于该案，对专利申请人的教导是，如果权利要求中可选的并列要素较少，将其写为多个并列技术方案也不失为一种选择。这样撰写使得在后续无效宣告过程中的修改变得更加灵活。特别是对于在专利申请中特别优选的化合物，将其作为明确的并列技术方案在从属权利要求中进行限定是非常必要和优选的。

五、对专利申请人的建议

总之，对于马库什权利要求，特别是对马库什化合物的修改在无效宣告过程中被严格控制，所以要求专利申请人在撰写权利要求时需组织更完善的从属权利要求。特别需要注意的是，对于在说明书中已记载或经实施例证明的优选实施方式，最好在从属权利要求中通过并列的方式进行保护。此外，在实质审查期间，要充分利用修改时机，将权利要求限定为合理范围，从而提高专利权的稳定性，防止在后续无效宣告申请审查期间因为无法修改权利要求而令人遗憾地丧失专利权。